아카이브
콘텐츠 아카이빙

아카이브 콘텐츠 아카이빙

ARCHIVE CONTENTS ARCHIVING

노명환 외 지음

2019 개정판

HU:iNE

『아카이브 콘텐츠 아카이빙』 책 2019년 판을 펴내며

2017년 8월에 출판한 이 책이 2019년 벽두에 첫 개정판을 내게 되었다. 아직까지는 사회에 많이 알려지지 않은 영역의 전문 서적이라 시간이 더 걸릴 것으로 생각했는데, 독자들의 큰 호응에 힘입어 비교적 빠른 시간에 개정판을 낼 수 있었다. 이 시대가 아카이브와 기록학, 아카이빙을 통한 아카이브와 콘텐츠의 연관 관계 등이 많이 알려지고 있는 시점이라는 생각이 들기도 한다. 이번 개정 작업에서 미진하다고 생각된 많은 부분을 보완하였다. 이를 '2019년 판'이라 부르기로 했는데, 앞으로 계속 연도를 표시해 가며 개정 보완 작업을 해가려 한다.

이 책은 한국외국어대학교의 연구 지원 사업인 <<HUFS 특성화 사업>>의 지식콘텐츠학부 프로그램 개선 및 교재개발 프로젝트의 일환으로 기획되었다. 이는 콘텐츠학에서 아카이브와 아카이빙의 기록학이 필수적이라는 인식 속에서 이루어졌다. 기록학과 콘텐츠학의 융합을 통해 학문의 새로움과 풍성함을 추구했다. 예를 들어, 기록학은 콘텐츠학을 통해 그 활용성을 더욱 높이고 콘텐츠학은 기록학을 통해 탄탄한 기반을 가질 수 있다는 인식을 확고히 했다. 기록학과 콘텐츠학의 관계와 그 의의에 대해서는 이 책의 첫 장인 총론에서 자세히 다룬다. 기획 과정에서 지식콘텐츠학부 운영위원회 선생님들께서 큰 노고를 쏟아주셨다. 깊이 감사드린다.

이 책이 전문 연구가들, 일반인 그리고 학부 학생들은 물론 대학원생들에게 이 분야의 좋은 길잡이가 되기를 바란다. 아울러 이 분야를 위한 좋은 책들을 앞으로도 지속적으로 만들어 낼 것을 약속한다.

본서의 집필을 위해 한국기록과정보·문화학회 회원이시면서 한국외대 인문대학 정보·기록학 융합전공 및 대학원 정보·기록학과, 인문대학 지식콘텐츠학부에서 강의 하시는 선생님들께서 많은 수고를 해주셨다. 특히, 이 저자 선생님들 가운데서 편집위원으로 위촉되신 선생님들께서 열정을 쏟아 주셨고 한상진 선생님께서는 최종 원고 정리 편집 일을 도맡아서 해 주셨다. 이 자리를 빌어 저자 선생님들, 편집위원, 특히 한상진 선생님께 깊이 감사드린다.

이렇게 좋은 책을 만들어 주신 한국외대 지식출판콘텐츠원의 백승이 선생님을 비롯 여러선생님들께도 깊은 감사를 드린다.

2019. 3.

저자들을 대표하여 노명환

목차

제2부 콘텐츠의 이해 _ 69

총론:
아카이브와 콘텐츠, 콘텐츠와 아카이빙

총론:
아카이브와 콘텐츠, 콘텐츠와 아카이빙

노명환

이 책은 아카이브, 콘텐츠, 아카이빙에 관한 주제들을 풍부한 사례들과 함께 다룬다. 이 주제들은 특히, 콘텐츠를 위해서 아카이브가 필요하고, 콘텐츠는 아카이빙 되어 재활용되어야 한다는 제안의 뜻을 담고 있다. 여기에는 오늘날 제4차 산업혁명에서 말하는 연계와 융합, 개방과 공유의 개념이 전제 조건으로 들어 있다.

아카이브학, 즉 기록학 측면에서 이러한 관점은 기록의 개방과 공유, 연계와 융합의 활성화를 통해 기록 콘텐츠 제작을 활발히 하고 기록의 활용을 촉진하는 전략과 연계되며, 이러한 콘텐츠를 다시 아카이빙의 대상으로서 포착하는 것이다. 콘텐츠학 측면에서 이는 콘텐츠의 원천을 연계와 융합, 개방과 공유가 녹아드는 아카이브에서 찾는 것을 의미한다.

또한 콘텐츠 자신이 아카이빙 됨으로써 개방과 공유, 연계와 융합의 활성화를 통해 새롭게 콘텐츠를 위한 가치들을 창출하는 선순환의 끊임없는 작용을 뜻한다.

아카이빙은 기록의 수집, 평가, 선별, 분류, 정리, 기술, 보존, 서비스라는 제 과정을 의미한다. 이 과정을 통해 아카이브가 만들어지고 콘텐츠 제작을 위한 원천을 제공한다. 아카이브를 기반으로 제작된 콘텐츠는 다시 아카이빙되어 이후 콘텐츠 제작에 활용된다. 기록에 담긴 정보와 기록을 매개로 한 기억이 당대 사회 속에서 공유되고 순환되는 이 과정은 아래의 그림과 같이 표현할 수 있다.

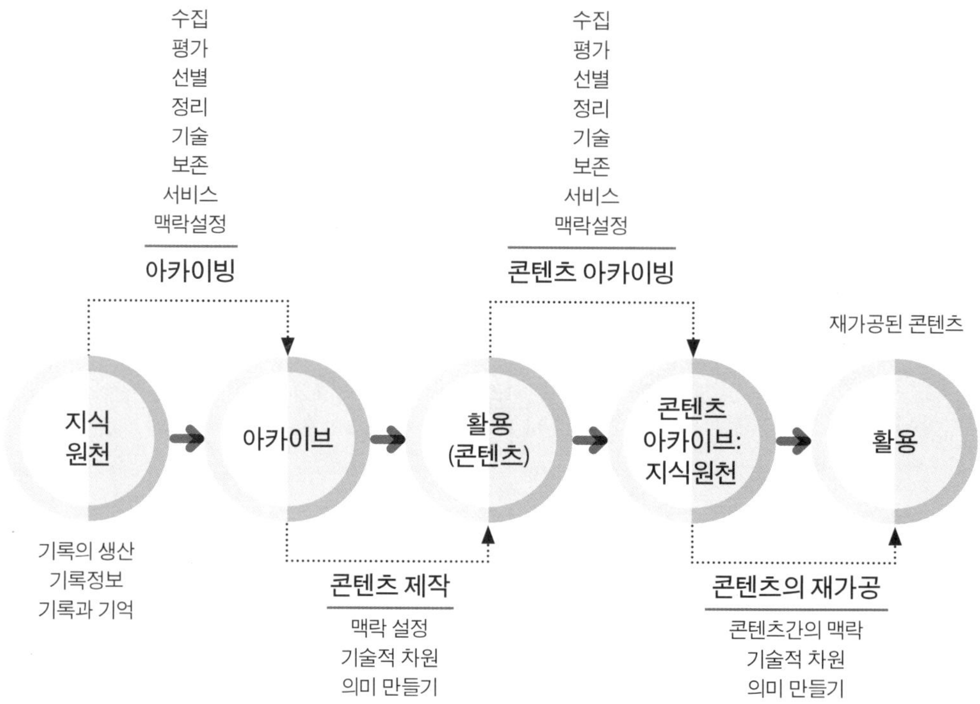

이 책은 아카이브는 무엇이며, 아카이빙은 어떠한 작업인지에 관한 문제제기로부터 시작된다. 아카이브는 장소로서의 기록보존소 또는 기록 그 자체를 의미하며 이는 인간 경험의 증거물로서 지식의 원천을 이룬다. 그러면 지식의 보고로서 기록보존소는 어떻게 만들어지고 어떻게 운영되며, 기록보존소 안의 기록은 어떠한 의미와 가치를 갖는가? 우리는 이 질문에 답하기 위해 기록이 기록보존소 안에 존재하게 될 때까지의 과정, 즉 아카이빙이 어떻게 이루어지는가에 대해 잘 이해할 필요가 있다. 제도와 장소로서의 아카이브는 이러한 아카이빙의 결과이고, 아카이브가 기록 자체를 의미할 때는 아카이빙의 대상이 된다. 따라서 이 책에서는 기록의 수집, 평가, 선별, 분류, 정리, 기술, 보존과 서비스 과정을 이론적이고 실무적 차원에서 살펴볼 것이다.

이 책은 아카이브는 무엇이며, 아카이빙은 어떠한 작업인지에 관한 문제제기로부터 시작된다. 아카이브는 장소로서의 기록보존소 또는 기록 그 자체를 의미하며 이는 인간 경험의 증거물로서 지식의 원천을 이룬다. 그러면 지식의 보고로서 기록보존소는 어떻게 만들어지고 어떻게 운영되며, 기록보존소 안의 기록은 어떠한 의미와 가치를 갖는가? 우리는 이 질문에 답하기 위해 기록이 기록보존소 안에 존재하게 될 때까지의 과정, 즉 아카이빙이 어떻게 이루어지는가에 대해 잘 이해할 필요가 있다. 제도와 장소로서의 아카이브는 이러한 아카이빙의 결과이고, 아카이브가 기록 자체를 의미할 때는 아카이빙의 대상이 된다. 따라서 이 책에서는 기록의 수집, 평가, 선별, 분류, 정리, 기술, 보존과 서비스 과정을 이론적이고 실무적 차원에서 살펴볼 것이다.

아카이빙 과정에서 맥락(context)이라는 개념은 매우 중요하다. 기록보존소에 보존된 기록들은 대부분 생산 시점부터 제 관점의 맥락들을 가지고 있다. 그러한 본래적 맥락 관계는 일정한 의미를 구성해낸다. 아카이빙은 이러한 본래의 맥락을 보존하고자 최대한 노력을 한다. 그런데 또한 기록이 어떻게 수집되고 평가·선별되고 정리, 기술되었느냐에 따라 일정부분 맥락이 달라질 수밖에 없다. 본래의 맥락을 보존하고자 하는 아카이빙은 새로운 맥락을 또한 구성해 낸다. 이리하여 기록의 상호 관계와 의미가 일정부분 달라진다. 따라서 아카이빙을 통해 앞에서 언급한 것처럼 기록의 분류, 정리, 기술(description)을 통해 기록의 조직화가 이루어지는데, 이는 기록의 맥락을 새롭게 형성하는 중요한 한 분기점이 될 수 있다. 예를 들어 개별 기록 및 특정 기록이 파일링 될 때 파일 단위의 메타데이터 설정은 새로운 의미 관계를 만들어 낸다. 이러한 관점에서 현대 기록학은 기록들이 가지는 본래 맥락의 보호와 새로운 구성이라는 현상에 초점을 맞추고 있다. 즉, 기록관리의 본질과 아키비스트의 역할을 바로 이 서로 모순되는 이중의 지점에서 찾고 있다. 예를 들어, 남아공의 아키비스트 해리스(Verne Harris)와 캐나다의 아키비스트 네스미스(Tom Nesmith)는 아키비스트의 본업을 기록의 맥락 보호와 동시에 구성하는 자, 즉 기록 큐레이터로서 인식하기 시작했다. 호주 모나쉬대학교에서 업워드(Frank Upward) 교수를 중심으로 1990년대 중반부터 기록연속체 (Records Continuum) 이론을 발전시켰는데, 이는 기록의 보존 행위를 통해 시간적, 공간적 맥락의 연속적인 변화와 함께 기록의 의미와 가치가 연속적으로 변화하는 것을 상정하고 있다. 그들은 이를 물리적 혹은 논리적 실체로서의 기록의 본질은 불변이나, 시·공의 맥락이 연속적으로 변함에 따라 기록의 개념적 구성(conceptual construction)이 연속적으로 이루어지는 것으로 설명한다.

이처럼 기록의 수집 및 평가, 정리, 기술의 아카이빙 과정은 본래의 맥락 보호라는 아카이빙의 목적과 새로운 맥락의 구성이라는 아카이빙의 실제적 현상 사이에서 존재한다고 하겠다. 그런데 우리가 콘텐츠를 생산할 때 구성 요소들 간의 맥락 또는 콘텐츠가 위치하는 맥락은 또한 주요한 의미 구성 요소가 된다. 아카이브와 콘텐츠, 그리고 아카이빙을 연계·융합하는 관점에서 이 세 지점을 관통하는 맥락이라는 요소가 공통으로 존재하고 있음은 매우 흥미로운 현상이다. 맥락이 콘텐츠를 생성하는데 중대한 역할을 하듯, 맥락은 기록의 의미에 지대한 영향을 미친다. 맥락 관계 속에 있는 이러한 기록보존소의 기록들은 맥락의 관점을 살리면서 콘텐츠를 제작할 수 있는 가능성을 열어준다.

다양하게 의미가 만들어지는데 있어서 맥락의 중요성을 철학적으로 체계화한 사람이 비트겐슈타인(Ludwig Wittgenstein)이라고 하겠는데, 그는 언어게임(Language game) 이론을 통해 우리가 사용하는 모든 언어들은 상황 맥락에 따라 다른 의미를 갖게 된다는 점을 제시해 주었다. 예를 들어, 우리가 '망치'라는 말을 사용하였을 때, 그것은 상황에 따라 혹은 다른 어휘와의 관계에 따라 '망치 가져와' 혹은 '망치 여기 있소' 등의 수없이 다양한 의미로 통용될 수 있다고 했다. 그런데 상황 맥락은 인간의 생활 세계가 끝없이 다양함으로 차 있듯이 그렇게 다양하다고 했다. 아카이빙 과정이 기록의 의미를 다양하게 만든다는 것은 기록을 다양한 새로운 맥락 속에 위치시킨다는 것을 말한다. 여기에서 우리는 현대 기록학에서 비트겐슈타인의 언어게임 이론이 많이 적용되는 이유를 발견할 수 있다. 기호(sign)가 다양한 맥락 속에서 다양한 의미를 만들어 내는 것에 초점을 맞추어 기호학(semiotics)이 발전하였듯이, 기록의 의미가 다양한 맥락 변화와의 상호 작용에서 다양해지는 현상에 초점을 맞추어 현대 기록학이 정립되어 가는 측면에서 기록학과 기호학이 일정 부분 친연성을 만들어 가게 되었다.

아래의 그림을 통해 우리는 맥락의 중요성을 실감할 수 있다. 두 얼굴 속의 두 눈들은 같은 것인데, 입의 모양에 따라 웃는 눈이 되고 심술 난 눈이 되고 있다. 그리하여 웃는 얼굴, 심술 난 얼굴을 만들고 있다. 눈과 입의 서로 다른 맥락 관계에 따라 서로 다른 눈과 얼굴 전체의 표정이 만들어지는 것이다. 이는 위에서 말한 맥락에 따라 의미가 만들어진다는 표현을 잘 이해할 수 있도록 대변해 준다. 이 그림은 기호학 입문서에 나오는 것으로 맥락에 대한 연구가 중심을 이루는 기호학과 맥락의 보호와 새로운 맥락의 구성에 대해 진지한 고민을 하기 시작한 현대 기록학이 연계·융합될 필요성을 제시해 주기도 한다.

출처: 숀홀 지음 (김진실 옮김), 기호학 입문. 의미와 맥락, 비즈앤비즈 2005, p. 26.

앞에서 언급한 바와 같이 아카이브의 기록은 콘텐츠의 원천이 되고, 콘텐츠는 아카이빙의 대상이 된다. 그리하여 아카이빙 된 콘텐츠는 아카이브의 기록이 될 수 있고, 이는 다시 새로운 콘텐츠의 원천이 된다.

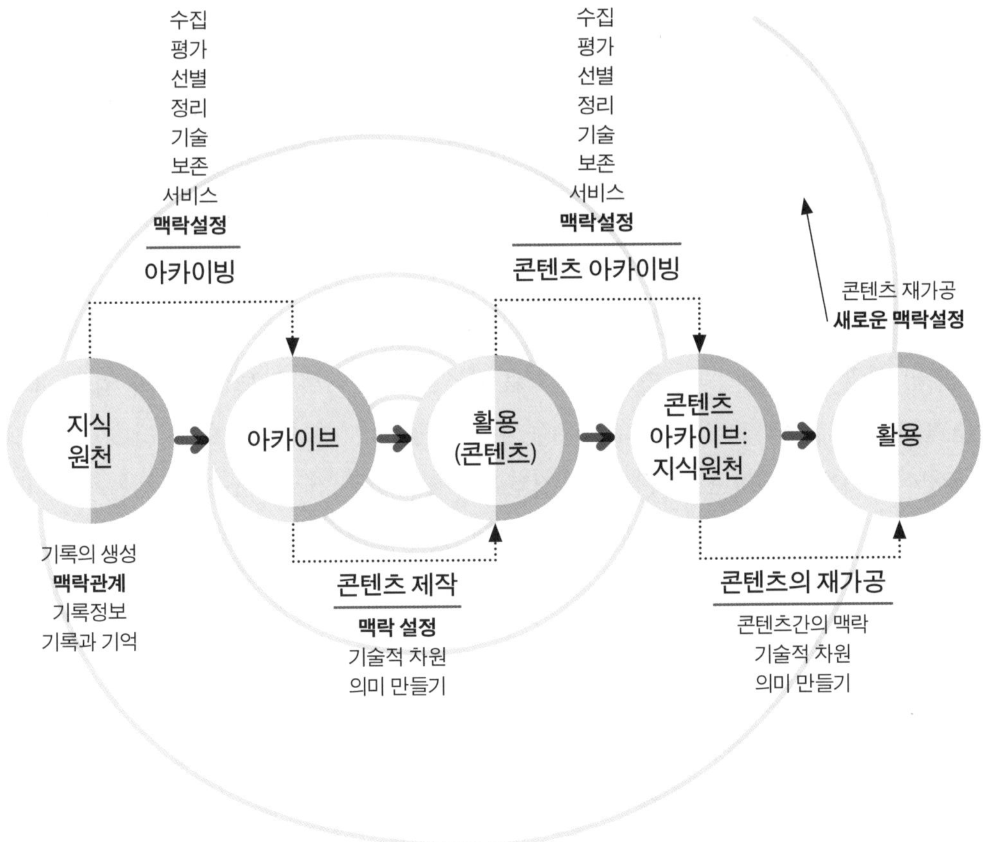

이 과정에서 맥락 관계들이 형성되고 순환의 과정이 끊임없이 이루어질 수 있는데, 위의 그림처럼 이를 예시해 볼 수 있겠다.

이렇게 순환되는 기록의 아카이빙 과정을 우리는 크게 종이기록의 경우와 전자기록의 경우로 나누어서 설명할 수 있다. 종이와 전자의 두 매체가 서로 판이하게 다르기 때문이다. 그러나 이 책에서는 기록학의 전문 분야에서 다루듯 뚜렷한 체계의 구분 속에서 두 매체의 차이를 설명하기 보다는 여러 사례들을 통해 예시할 것이다. 우리는 종이기록, 전자기록 외에 민속기록, 구술기록 등 보다 더 다양한 매체에 따른 기록의 종류를 제시하고 논할 수 있다. 이들은 콘텐츠 제작에 대단히 중요한 의미를 가진다.

이에 대해서도 기록 활용의 여러 사례 속에서 다루어지도록 하겠다. 이제 제4차 산업혁명 시대를 맞이하여 '데이터 기록'이라는 개념을 자주 듣게 되나, 이 개념에 대한 체계적인 학문적 논의는 앞으로 다룰 대상이라 하겠다. 이 책에서는 데이터저널리즘, 인공지능과 기록관리 등의 주제 속에서 '데이터 기록' 문제를 다루는 것으로 소임을 다하고자 한다. 그럼에도 앞으로 종이기록, 디지털 기록들의 원본을 보존한 채, 데이터 기록으로 전환하여 총체적 활용 자산으로 만드는 데이터 거버넌스, 이들의 상호 유기적인 맥락 구성을 통한 새로운 의미 만들기의 데이터 큐레이션 등에 대한 이해의 필요성을 이 책에서 강조하고자 한다. 바로 이러한 측면에서 개방과 공유, 연계와 융합의 제4차 산업혁명의 열쇄가 바로 이 데이터 기록 콘텐츠 아카이브의 성공적인 운영에 달려 있음을 말하고 싶다.

기록의 보존에서 활용으로 이어지는 지점에 기록정보서비스가 자리 잡고 있다. 아카이빙 과정을 통해 기록보존소에서 보존되는 기록은 기록정보서비스의 업무 과정을 통해 연구자들과 일반인들의 활용을 위해 제공된다. 기록의 분류, 정리, 기술 과정에서 이루어진 기록의 조직화는 기록정보서비스를 위한 검색 시스템의 기초가 된다.

이는 다시 기록정보서비스의 업무를 통해 검색시스템으로 완결된다. 그러나 활용 차원에서 기록정보서비스의 핵심은 검색시스템의 제공이라고 할 수 있다. 이 검색시스템은 많은 경우 기록 콘텐츠로 발전했다.

그런데 기록관리 제도의 패러다임 변화 속에서 기록정보서비스의 중요한 부분으로 기록의 검색 기능을 넘어 적극적 활용이 또한 자리 잡게 되었다. 이는 적극적 활용이 적극적 관리를 가능하게 하고 또 촉진한다는 이론적 입장에 근거했다. 기록정보시스템이 콘텐츠 형태를 띠게 되고, 기록보존소 스스로가 자신들의 기록을 활용한 많은 콘텐츠들을 생산하게 되었다. 그리하여 일반인들의 기록 활용을 촉진하고, 기록의 활용 가치를 드높이고자 하였다. 여기에 활용의 기록 콘텐츠라는 개념이 대두되었다. 이러한 과정 속에서 기록정보서비스 업무는 콘텐츠 제작자들에게 콘텐츠의 원천 재료인 기록을 제공하는 동시에 스스로 기록 콘텐츠를 제작하는 활동을 의미하게 되었다.

기록정보서비스 활동의 일환인 기록 콘텐츠 제작 활동은 아카이브 큐레이션 영역을 활성화 시켰다. 아카이브 큐레이션 활동은 또한 온·오프라인의 기록 전시를 활성화 시켰다. 그 중에서 기록보존소가 도서관 및 박물관과 유기적인 융합의 관계 속에서 존재하는 형태인 라키비움(Larchiveum)의 콘텐츠 활용 및 전시 업무가 또한 중요한 이슈가 되었다. 이 책에서 다루는 라키비움의 전시업무는 기록정보서비스의 이러한 발전 단계를 나타내 준다. 이러한 측면에서 기록정보서비스에서 기록관련 다양한 맥락 정보의 제공은 갈수록 중요해 지고 있다.

아카이브 큐레이션 활동은 기록에 의거한 기억을 재구성하는 전시 및 콘텐츠 작업으로도 이어졌다. 여기에서 기록 그대로를 가지고 아카이빙 당시 조직화된 맥락을 그대로 살리려는 노력과 동시에 기록의 정보를 상징화, 추상화, 기호화하여 문화적으로 재구성하려는 다양한 노력들이 또한 들어서게 되었다. 이러한 진전 속에서 기록 영화를 기록 활용의 범주로 이해하기 시작했다. 기록의 활용과 기록 영화가 연계되게 된 것이다. 기록영화는 역동적인 기록 콘텐츠 중의 하나로 이해될 수 있게 되었다. 이러한 상황 속에서 인터뷰 방식을 활용한 기록의 생산 즉, 구술기록의 수집과 아카이빙이 중요한 의미를 갖게 되었다. 다양한 영상 콘텐츠와 기록 영화에서 인터뷰 방식을 활용한 구술기록은 중요한 구성요소이기 때문이다. 다양한 장르에서의 기록 활용은 기록이 매개하는 과거가 기억을 통해 현재와 연결되면서 정치, 경제, 사회, 일상의 영역에서 힘을 발휘하게 되었다. 이는 기록의 시대적, 사회적 역동성을 실감하게 한다. 이와 함께 기록 스토리텔링 영역이 발전해 갔다. 이 책에서는 이 부분이 또한 심도 있게 다루어진다.

이러한 기록의 콘텐츠를 통한 활용은 문화산업의 영역과 연계되어 갔다. 아카이브와 기록관리가 문화산업의 중요한 인프라로 자리 잡아가기 시작했다. 기업과 지자체 등은 기록의 활용 차원에서 역사/문화유산 마케팅(history/heritage marketing), 역사 오락(history entertainment)의 문화산업을 구현해 갔다. 이를 통해 기관에 대한 사실적 홍보를 실시하고 구성원 공동체 내부의 정체성을 돈독하게 하는 계기를 찾았다.

이러한 활용 중심의 기록관리 행위는 앞에서 언급한 대로 기록학의 패러다임 변화 속에서 가능하게 되었다. 기록을 객관적인 물리적 실체(physical entity)로서 만이 아니라 인간의 다양한 인지 작용을 통해 그 의미와 가치가 다양하게 인식될 수 있는 개념적 구성물(conceptual constructs)로서 이해하기 시작하였다. 즉, 인식론적 기록학이 발전하였다. 이리하여 기록의 활용을 관리를 위한 동력으로 삼는 일이 가능해졌다. 크게 보아 기록정보시스템의 일환으로서의 검색을 위한 기록 콘텐츠는 지식콘텐츠라는 맥락에서 이해할 수 있겠다. 이에 비해 기억을 다루는 다양한 형태의 기록 콘텐츠는 문화콘텐츠의 일종이라 할 수 있겠다.

기록정보서비스는 인공지능의 투입과 함께 개인화 서비스를 가능하게 하는 첨단 방향으로도 발전하고 있다. 이는 기록의 원본을 유지한 채 데이터로 전환하는 작업을 통해 그 활용성을 매우 크게 높이리라고 본다. 이미 많은 기업들이 이러한 서비스를 실현하고 있다. 그러나 기록정보서비스 분야에서 인간의 손을 기계가 대체하는 위험성이 우려된다. 또한 다른 한편에 기록의 활용성을 높임으로써 다양한 다른 여러 기록정보서비스의 일자리를 창출할 것으로 예견된다. 현재 디지털아카이브 전반에 인공지능이 투입되고 있으며, 아카이브의 데이터 콘텐츠 활용 기회를 높이고 있다. 그러나 그것이 어떠한 방향이 되어야 하는가에 대해 우리가 날카롭고 깊은 관심을 모을 필요가 있다. 수많은 반복적이고 단순한 업무의 부담으로부터 아키비스트들을 해방시키고 전문적이고 창의적이며 생산적인 업무에 전념할 수 있도록 돕는 것이 되어야 할 것이다. 인간이 중심이 되고 인간을 위한 사회의 발전을 위해 우리는 이 현상을 잘 파악하고 슬기로운 응전을 해야 할 것이다. 이 책에서 이 주제를 다루는 이유이다.

디지털 시대에 웹기록의 관리가 중요한 연구 및 업무 대상이 되었다. 검색시스템으로서 그리고 문화적 활용의 차원에서 웹기록 콘텐츠는 중요한 이슈가 되었다. 기존의 디지털 아카이브를 한 단계 뛰어넘는, 4차 산업혁명의 맥락 속에서 이해될 수 있는 영상 아카이브와 데이터저널리즘, 소셜미디어 아카이브 등이 아카이브와 콘텐츠의 새로운 차원을 예고하고 있다. 이러한 내용들을 여러 풍부한 사례들과 함께 이 책에서 다룬다.

궁극적으로 이 책은 지금까지 서술한 내용들을 세부 주제별로 다양한 사례들과 함께 설명함으로써 아카이브와 콘텐츠, 콘텐츠와 아카이빙의 내용과 우리가 가야할 방향을 제시하고자 했다. 콘텐츠가 어떻게 아카이빙 되어 재활용되는가 하는 주제는 별도의 장에서 다루고 있지 못하나 각 주제들에서 녹여내어 설명했다.

이 책에서 매우 아쉬운 것은 공공분야와 기업 등의 기록에 대한 콘텐츠 활용의 사례들을 별도의 장으로 다루지 못한 점이다. 특히, 각 가정 및 동호회 등 민간부문에서 아카이브와 콘텐츠의 수요가 대단히 크게 일고 있는데, 이에 대해서 깊이 다루지를 못하고 있다. 이 주제들이 각 장들에서 사례로서 일부 다루어지고 있다. 그러나 앞으로 이들을 심도 있게 다루는 출판 작업들을 계속 수행할 것을 다짐한다. 그리하여 이 분야 관심 있는 학생들을 위한 좋은 교재 및 일반 독자들을 위한 저서들이 풍부하게 쌓여갈 수 있기를 희망한다.

끝으로 독자들의 편의를 위해 이 책의 각 장들의 핵심 요지를 짧게 정리하면 다음과 같다:

1-1에서는 아카이빙을 이해하기 위해 우선 "기록"이란 무엇인가부터 짚어보았다.

기록과 관련된 몇몇 어휘들이 영어권에서 어떻게 정의되는가를 살펴보고 관련된 관리 원칙이 무엇이 있는지 알아보았다. 이를 통해 기록이란 용어가 문화마다 나라마다 조금은 다르게 정의되고 있음을 이해할 수 있을 것이다. 실제 상황에서 레코드와 아카이브의 구분이 모호해지는 경우가 종종 있기 때문에 기록은 광의의 의미에서 정보로 인식되어야 할 필요가 있다. 따라서 레코드나 아카이브가 확실한 경계가 존재하지 않을 때가 있음을 인지하고 유연하게 관련 용어를 대할 필요가 있다. 본 장은 이러한 "기록"과 "기록 관리"의 의미와 개념, 원칙에 대한 내용이다.

1-2장은 기록 콘텐츠 구축의 기본 토대가 되는 기록물의 관리과정에 대해 설명하고 있다. 기록의 생산과 등록에 대해 우선적으로 살펴본 다음, 이어 수없이 많은 기록물 가운데 일정 가치기준에 따라 중요 기록물을 선별하는 평가 이론 및 방법론을 제시하였다. 이와 아울러 기록물의 논리적 구조를 창출하는 조직화의 이론 및 방식에 대해서도 살펴보았다.

1-3장은 아카이빙의 사례 중 마을기록관에 대한 것이다. 오늘날 문화적으로 소외된 마을을 되살리고, 정체성을 강화하고 마을과 외부세계를 연결하고 소통시키는 기제로서 마을기록관의 중요성이 부각된다. 마을기록관이 설립되기 위해서는 주민들의 인식과 정부와 지자체의 지원, 학자들의 지속적인 관심과 이론적인 선도가 있어야 한다. 마을기록관에는 전시공간 외에도 자료의 보존공간, 관리공간, 교육공간, 휴식공간을 두기 위해서 민가의 각 공간을 적절하게 활용해야 한다. 마을기록관은 마을을 새롭게 의미화 시키고, 주민을 문화국민으로 향상시켜 삶의 질을 나아지게 하고, 마을과 외부세계를 소통하는 관문, 균형있는 지역발전을 위한 방향으로 활용되어야 한다. 마을기록관은 전시, 교육, 연구 및 자료수집 활동을 하며 운영과 관리에 있어서는 민·관·학이 협력해야 한다.

2-1장은 기록콘텐츠란 무엇인가에 대한 설명이다. 기록 콘텐츠는 사회적·문화적 목적을 위해 평가되어 선별된 기록물들을 대상으로 한다. 따라서 기록 콘텐츠는 기록물 자체에 대한 접근이 어려운 사람들에게 보다 쉽게 기록물에 접근할 수 있는 소통과 계승의 원천이 된다. 기록 콘텐츠는 또한 해당 기록과 관련한 지역과 기관에 대한 홍보 및 구성원들의 정체성을 고취시키는 중요한 역할도 담당한다.

2-2장 '스토리텔링과 콘텐츠'는 기록 활용의 다양한 사례에서 스토리텔링이 어떻게 구현되고 있는지 살펴보고 있다. 기록은 본래 이야기 구조로 되어 있다. 기록은 사연을 품고 있고, 그 사연은 다시 이야기로 발현된다. 이 과정이 곧 스토리텔링이다. 본 장에서는 기록의 이야기적 본성을 밝히면서, 스토리텔링과의 구성적 필연성을 설명하고 있다.

2-3장 '라키비움과 기록 전시'에서는 디지털 시대의 '지식·정보 제공기관'인 라키비움(Larchiveum)에 대해 설명한다. '기록관(archives)'과 '도서관(library)', '박물관(museum)'의 기능을 융합적으로 통합한 라키비움에서는 세 기관의 지식과 정보, 기록을 활용해 대중적 지식콘텐츠를 제작하고, 이를 시민들에게 제공한다. 현재 많은 기관이 라키비움을 지향하고 있다. 본문에서는 '국립중앙도서관'과 '서울기록원' 등 6개 기관의 라키비움 사례를 소개하고 있다.

2-4장 '아카이브 큐레이션과 콘텐츠'에서는 시민 기록을 기반으로 한 지식 콘텐츠의 의미와 가능성에 대해 이야기한다. 민주주의 시대의 아카이브 큐레이션(archive curation)은 기록이 시민을 만나러 가는 합리적이고 문화적인 모든 과정을 말하며, 최종 결과물은 '기록+기억 콘텐츠' 형태로 나타난다. 이것은 우리 같은 보통 사람들의 기록과 기억이 아카이브 큐레이션과 지식 콘텐츠 생산의 중심이라는 것을 의미한다.

2-5장은 사회적 화두로서의 기억담론의 대두 배경을 살펴보고 기억의 사회적 차원의 접근에 대해 간략히 다룬다. 이를 배경으로 포스트모더니즘의 영향으로 촉발된 기록학계의 패러다임 변화를 기억 연구 차원에서 살펴본다. 기억이 사회적 구성물이라면 이를 매개하는 기록 역시 사회적 구성물이라는 차원에서 '기억 구성으로서의 아카이브'를 다룬다. 그렇다면 기억의 공적 재현 방식으로서 다양한 기록매체들은 어떻게 기억을 사회적으로 생산하는가에 대한 물음을 '영화' 매체를 통해 설명한다. 사회적 기억의 재현방식으로서 왜 영화 매체가 효과적인지를 한국전쟁과 관련한 국내 영화를 통해 살펴본다.

2-6장은 기록영화의 사회적 역할을 함께 살펴보고자 한다. 기록영화를 경험하는 여러 방법들이 있다. 지상파 방송에서 쉽게 접할 수 있는 '인간극장'(휴먼다큐멘터리), '그것이 알고 싶다'(탐사보도다큐멘터리), '다큐프라임'(정보전달형다큐멘터리) 등이 대표적이다. '워낭소리', '님아 그 강을 건너지 마오' 등의 상업배급망을 통한 극장용 기록영화도 있다. 더불어 위와 같은 이윤을 목적으로 하지 않는 날선 작가영역의 기록영화가 존재한다. 이는 저예산, 독립기록영화로 우리가 매일 대면하는 이 사회를 작가 고유의 시선으로 내용화하고 이를 다양한 미학적 실험들로 재현하고자 노력한다. 다음의 글은 '누구에 의한 어떤 기록인가'를 진지하게 고민하고, '기록되어진 것과 기록하는 것'의 맥락, 탈맥락 그리고 재맥락화의 과정을 통해 기록영화의 사회적 역할에 대해 고민할 수밖에 없는 어떤 작가의 작은 경험담이다.

3-1장은 기록물관리기관에서 서비스하고 있는 기록정보콘텐츠의 개념을 정의하고, '공공기록물 서비스 표준'(NAK/S 25:2015 v1.0)에 따른 개략적인 콘텐츠 구축 절차를 소

개하였다. 특히 국가기록원, 서울특별시, 민주화운동기념사업회 등 기록물관리기관의 콘텐츠 구축 사례를 구체적으로 제시함으로써 기록정보콘텐츠에 대한 독자의 이해를 돕고자 하였다.

3-2장은 개인 맞춤형 서비스에 대하여 다루었다. 이를 위해 먼저 개인화 서비스란 무엇인지에 대한 설명을 하고 개인화 서비스의 세 가지 유형인 개인화 페이지, 개인화 검색, 그리고 개인화 추천에 대해 알아보았다. 그리고 이 중에서 가장 활발히 활용되고 있는 개인화 추천 서비스인 추천 시스템을 대표적인 기업 서비스 사례들을 통해 살펴보았다.

3-3장 '소셜미디어 아카이브와 콘텐츠 활용'에서는 소셜미디어의 정의와 특징을 비롯해 소셜미디어의 역사와 현황 등을 각종 사례와 통계를 통해 살펴보았다. 또한 여러 소셜미디어 중 그 영향력과 활용도 등에서 대표성을 갖는 4개의 소셜미디어(유튜브, 블로그, 트위터, 페이스북)를 선정해 그 활용과 가치를 분석하였다. 소셜미디어의 특성상 기준이 되는 시기에만 국한되는 현황과 분석이지만 나름의 의미와 경향성을 파악할 수 있을 것이다.

3-4장에서는 영상의 생성부터 활용까지 살펴보며 디지털영상에 대한 이해를 높이고자 하였다. 이를 위해 영상의 역사와 변천을 통해 최초의 기록부터 사진, 영화의 등장에 대한 내용을 살펴보고, 영화와 전파 기술의 결합으로 이루어진 새로운 영상기술과 디지털 영상에 대해 알아보았다. 또한 디지털 영상을 정리하기 위한 방법으로 데이터베이스 구축과 영상정보에 대한 저장 방법, 인식 및 처리 방법 등을 살펴보았고, 동영상 분석 및 영상 추출 등을 통해 영상의 활용 방법에 대해 알아보았다.

3-5장은 디지털 아카이브에 대한 것이다. 콘텐츠의 디지털화와 디지털 아카이브의 정보기술 분야에 대해 살펴보고자 한다. 또한, 디지털 아카이브와 인공지능 기술의 현황에 대해 살펴보고 디지털 아카이브에 적용 가능한 요소기술 및 기능에 대해 살펴보았다.

제1부
아카이빙의 이해

1-1. 아카이브와 아카이빙

조민지

기록 콘텐츠는 아카이빙으로부터 나왔다. 아카이빙을 해야 기록 콘텐츠를 만들 수 있다는 의미이다. 아카이빙은 아카이브로 만드는 것이다. 그렇다면 기록 콘텐츠의 원천인 아카이브는 무엇이고 아카이빙은 무엇일까? 이번 장에서는 아카이빙을 이해하기 위한 기록의 의미와 개념, 원칙에 대해 알아보기로 한다.

1. 기록, 레코드, 아카이브

기록(記錄). 기記(쓰다) 록錄(남기다). 써서 남기고자 하는 모든 것이 기록이다. 아마 사람들은 저마다 다른 기록에 대한 이미지를 갖고 있을 것이다. 누군가에게는 낡고 오랜 종이일 수도 있고 누군가에게는 소송에서 요긴하게 증거로 쓰인 공문서를 뜻할 수도 있을 것이다. 물론 오늘의 메모도 어제의 공문서도 모두 기록이 될 수 있다. 기록은 다양한 형태로 존재하는데 가장 보편적인 문서에서부터 카드, 도면, 시청각 자료, 행정박물 등도 포함한다. 또한 전자기록, 슬라이드 필름이나 인화 네거티브와 같은 유형으로도 생산된다. 우선, 기록관리 영역에서 말하는 기록에 대한 몇 가지 정의를 모아보면 다음과 같다.

• 개인이나 조직이 활동이나 업무 과정에서 생산하거나 접수한 문서로서 일정한 내용 · 구조 · 맥락을 가진다. (기록학 용어사전, 2008)
• 조직이나 개인이 법적 의무를 수행하거나 업무를 처리하는 과정에서, 증거와 자산으로서 생산, 접수, 유지하는 정보 (ISO 15489-1, 2016)
• 1. 증거로 사용할 수 있는 법적 혹은 업무적 속성을 지닌 필사본이나 출력물
  2. 내용 · 맥락 · 구조를 가지고 어떤 매체에 고정된 데이터나 정보 (A glossary of archival and records terminology, SAA, 2005))

생각했던 것보다 기록이 엄정하게 정의되고 있음에 조금 놀랐을 수도 있을 것이다. 하지만 우리가 흔히 쓰는 이 "기록"이라는 용어에는 사실 여러 가지 의미가 포함되어 있다. 서양 학문인 기록학(archival studies)의 용어들을 한국어로 번역하는 과정에서 레코드(records), 아카이브(archives), 도큐먼트(document), 매뉴스크립트(manuscript) 등이 모두 "기록"으로 번역되기도 하였다. 기록은 광의의 의미에서 정보로 인식되어야 할 필요가 있으며, 실제 상황에서 레코드와 아카이브의 구분이 모호해지는 경우가 종종 있다. 따라서 레코드나 아카이브가 어떤 확실한 경계가 존재하지 않을 때가 있음을 인지하고 보다 유연하게 이 용어를 대할 필요가 있다. 비록 전자기록과 디지털 네트워크 환경의 급속한 변화로 그 대상과 의미 재정의가 이어지고 있지만, 아카이빙을 배우는 이 책의 맨 첫 장에서는 우선, 기록을 뜻하는 몇몇 어휘들을 영어권에서 어떻게 범주화 해왔는가를 중심으로 살펴본다.

1) 레코드(records)

레코드는 고유한 활동이나 거래의 결과물이다. 공적이고 법적인 임무를 수행하고 처리하는 과정에서 생겨난 어떤 것이 레코드 즉, 기록이다. 기록이 그 업무에 대한 증거가 될 수 있는 이유도 이러한 공적 행위의 결과이기 때문이다. 이때 기록을 만들어 내는(생산하는) 주체는 조직이 될 수도 있고 개인이 될 수도 있다. 그 조직 또는 개인은 자체적인 기능이나 활동, 업무, 거래의 결과로 레코드를 생산해 낸다. 앞선 기록에 대한 정의에서 반복적으로 언급되는 내용, 구조, 맥락은 엄정한 의미의 기록, 즉 레코드

를 이루는 3대 구성 요소이다. 이 요소들을 모두 갖추어야 비로소 확실하고 근거 있는 레코드라고 할 수 있다.

먼저 내용(content)은 레코드를 만들어낸 이 즉, 생산자가 의도하는 것을 포함하고 있는 정보들이다. 기록은 업무 행위나 활동에 관한 사실을 그대로 반영해야 하는 것이므로 기록의 내용에는 정확하고 그 행위에 대한 모든 것을 담고 있어야 한다. 이렇듯 기록의 내용으로 정확하고 완벽한 모든 정보를 담음으로 해서 그 기록은 믿을 수 있는 것이 된다. 내용은 텍스트, 이미지, 소리 등 정보의 한 부분을 이루는 것으로 '무엇 (what)'에 해당된다고 할 수 있다.

구조(structure)는 기록물의 내용이 표현되는 것으로, 기록의 물리적 특성, 내용의 내적인 체계를 의미한다. 기록된 내용을 명백하게 이해할 수 있도록 해주는 내 · 외적인 형식이 바로 구조다. 기안문의 경우를 예로 들어보자. 머리글(행정기관명, 수신자, 경유), 본문(제목, 내용, 붙임), 맺음글(발신자, 결재 경로, 시행일자 등)과 같은 형식적인 구조를 가지고 있음을 알 수 있다. 또한 기록은 구조적인 관계도 필요로 한다. 하나의 파일 내에 있는 기록들의 구조들을 통해 기록이 전하고자 하고 의미하는 내적 체계를 이해할 수 있게 한다. 따라서 구조는 증거가 어떻게 생성되고 보존되었는지와 관련된 물질적, 구체적 특징을 보여주는 것으로 '어떻게(how)'에 해당된다.

맥락(context)은 기록을 의미 있게 만들어 주는 배경 정보를 뜻한다. 기록이란 그것이 만들어지고 사용된 환경에 대한 정보에 의해 진짜임을 입증할 수 있어야 한다. 맥락은 이를 설명하고 이해하게 하는 배경들이다. 맥락은 증거의 생성을 둘러싼 기능적이고 조직화된 개별 상황이다. 앞선 '무엇을, 어떻게'를 뺀 나머지 것들에 해당된다고 할 수 있다.

특히 기록이 증거로 정의되기 위해서는 다음의 세 가지 요소를 지녀야 한다.[1] 첫째는 고정되어야 한다. 정적인(static) 것은 시간과 공간속에 묶여 쉽게 실수로, 혹은 고의적으로라도 바뀔 수 없게 되는 상태를 의미하며, 안전하게 그대로 남게 되어 증거로서의 자질을 지니게 된다. 둘째는 유일함이다. 유일하다(unique)는 것은 특별하다는 의미가 아니라, 증거가 그 내용, 맥락, 구조를 그대로 지닌다는 가정 하에 특정한 정보와 사

1) Laura Millar, Archives : Principles and practice in records management and archives, Neal-Schuman Publishers, 2010, pp. 11~13

실들의 연속적 묶음 또는 인과 관계를 제공한다는 특징을 뜻한다. 세 번째는 진본이어야 한다. 진짜인(authentic) 것은 특정 아이템이 그것이 주장하는 바를 그대로 증명할 수 있다는 것을 의미한다. 특히 진본을 확인하는 중요한 기준은 관리 연속성(chain of custody)이다. 이는 기록이 생산된 이래 그것을 보유한 개인 또는 기관들의 연속적 승계가 어떠했는지 살펴보는 것으로, 진본은 관리의 단절이 없음을 입증할 수 있어야 한다.

또한 레코드는 현용기록물(current records)이라고도 하는데 현용 즉, 현재 사용하는 기록물이라는 의미이다. 현재의 사용이 완료된 현용기록물 중 영구 가치가 있는 소수의 기록은 일련의 평가와 과정을 거쳐 영구기록물로 남게 되는데, 이때 장기적인 가치를 인정받아 보존되는 것이 바로 아카이브다.

2) 아카이브(archives)

아카이브는 두 가지의 뜻을 포함하고 있다. 첫째는 장기적이고 영구적인 가치를 인정받아 남겨진 영구기록물이라는 의미이고, 둘째는 이러한 영구기록물을 보존하는 장소를 뜻한다. 즉 레코드가 장기적이고 지속적인 가치를 인정받아 이관되고 보존된 기록물이 아카이브이며, 이를 보관하는 곳도 아카이브다. 그러나 아카이브를 이렇게 이중적인 의미로 수용한 것은 그리 오래되지 않았다. 옥스퍼드 영어 사전에 따르면, 아카이브는 라틴어 archia, archiva, 그리고 공적 기록을 뜻하는 그리스어 arkheia에서 왔으며, 17세기 초까지만 해도 "공적인 문서들이 보관되어 있는 장소"를 의미했다.

이렇듯 주요 기록물과 이를 보존하는 공간을 모두 포함하는 용어로 이해될 수 있는 아카이브는 이를 이룰 수 있는 요건 중 그것의 연원이나 보존 장소는 지금으로서는 그렇게 본질적인 것은 아니다. 중요한 것은 첫째, 어떤 목적으로 생산되고 집적되었는가의 문제이며 둘째, 어떤 가치가 있는가의 문제이다. 목적은 주로 공식적, 법적, 행정적 조치 과정들 중에 그 업무를 달성하기 위한 것에 있으며 가치는 고유성과 공식성 그리고 연구, 참조, 문화적 가치를 포함한다.

그러나 지금까지의 레코드와 아카이브의 구분은 북미 영어권에서 일반적으로 사용되는 정의이다. 유럽은 전통적으로 조금 다르게 정의하고 있었다. 많은 유럽인에게

"아카이브"는 현재 사용 목적의 레코드와 장기 보존 레코드 모두를 포함하는 단어로 인식되고 있다. 예로 프랑스는 레코드에 상응하는 용어가 없으며, 레코드는 현용 아카이브(archives courantes), 아카이브는 최종 아카이브(archives définitives)로 쓴다. 또한 영국은 전통적으로 레코드와 아카이브를 구분해서 사용하지 않았다. 레코드는 법정 기록에 의해 생성된 문서를, 아카이브는 업무의 부분으로 생성되고 결과적으로 보존되는 것을 의미했다.

미국은 현재 조직의 필요에 의해 생산, 보존되는 것은 레코드, 처음 목적과 다르게 이용되는 별개의 레코드는 아카이브로 구분했다. 사실상의 레코드와 아카이브의 구분은 바로 미국, 특히 미국 아키비스트 테오도르 셸렌버그(Theodore Shellenberg)의 정의에서 시작되었다. 그러나 호주에서는 이러한 레코드와 아카이브의 엄격한 구분에 대해 무척 비판적이었다. 레코드와 아카이브는 동시에 그 특성을 가질 수도 있으며 레코드에서 아카이브로 변하는 한 지점이 존재하지 않는다고 믿었다. 그래서 기록이 가진 연속성(continuum)을 주요 관점으로 해서 기록의 개념과 관리 방식을 발전시킨 나라이기도 하다. 호주는 아카이브를 "조직의 기억"으로 이해하고 있으며, 기관이나 개인에게 지속적인 가치를 지닌 레코드 전체로 정의한다.

3) 매뉴스크립트(manuscript)와 도큐먼트(document)

매뉴스크립트는 필사본이라는 번역어로 더 익숙한 것처럼, 공식적이고 법적 처리의 결과로 인해 유기적으로 이관된 기록물은 아니다. 특히 미국에서 아카이브는 조직이나 기관에 의해 만들어진 것으로, 그리고 개인이나 가족에 의해 만들어진 것은 매뉴스크립트로 구분했다. 우선 미국아키비스트협회가 발간한 용어집에 따르면, 손으로 쓴 도큐먼트 또는 저자의 초고라고 정의하고 있다. 그러므로 매뉴스크립트는 레코드나 아카이브처럼 업무의 결과로 이관되는 것이 아니라, 그 자체가 가진 가치로 인해 인위적으로 수집되는 것이다. 따라서 매뉴스크립트는 레코드의 요건에서 엄정하게 요구하는 내용, 구조, 맥락의 3요소를 충족하지 않아도 된다. 마찬가지로 관리 단위도 보통의 레코드나 아카이브와 달리 "콜렉션(collection)"으로 관리하게 된다.

도큐먼트에도 여러 가지 의미가 있다.

1. 하나의 분리된 단위로 취급되는 기록물 그 자체
2. 어떤 매체에 고정된 정보나 데이터이지만 공적 레코드의 일부분이 아닌 것
3. 과거에는 증거로 사용될 수 있었을 공적, 법적 속성을 가졌던 필사체 또는 인쇄물 등을 뜻한다.

정황에 따라 도큐먼트는 레코드 속성을 완결하게 갖추지 못한 어떤 것을 지칭하기도 한다. 또한 도큐먼트가 가진 "기록물 자체"라는 의미로 인해 기록화 하여 하나의 관리 단위로 만드는 것을 도큐멘테이션(documentation)이라고 한다. 도큐먼트는 레코드와 달리 정황 정보가 담겨 있지 않으며 거래의 일부분이 아닌 것으로 이해될 수 있다. 따라서 도큐먼트가 비록 과거에는 레코드였다고 추정할 수도 있지만 도큐먼트만으로는 증거로서 기능하기 어렵다. 도큐먼트는 종종 문서로 번역되기도 하고 매뉴스크립트는 필사본으로 번역되기도 하지만 모두 레코드나 아카이브처럼 기록으로 번역되기도 한다.

2. 기록 관리와 아카이빙

앞선 정의에서 살펴보았듯이 "기록"은 맥락에 따라 레코드 또는 아카이브를 지칭한다. 따라서 기록 관리란 문맥에 따라 레코드 매니지먼트 (RM, records management) 또는 아카이브 매니지먼트 (AM, archives management)를 의미하며, 보다 포괄적으로는 "아카이빙(archiving)한다"고 할 수 있다. 기록 관리에 대한 몇 가지 표준과 용어집 상의 정의를 살펴보면 다음과 같다.

- 기록의 생산 유지 활용 처분의 체계적 통제를 목적으로 하는 관리 분야이다. 기록 관리는 기록을 적법 적절하게 생산 관리하여 효율적으로 사용하고 불필요한 기록을 폐기하고 증거적 가치나 영구 보존 가치가 있는 기록을 보존하여 쉽게 검색 활용할 수 있게 하는 일을 말한다. (기록학 용어사전, 2008)

- 기록의 생산, 접수, 유지, 이용, 처분을 능률적이고 체계적으로 통제하는 관리 영역으로서 업무 활동과 처리행위에 관한 증거와 정보를 기록의 형태로 획득, 유지하는 과정을 포함함 (ISO 15489-1, 2016)
- 기록의 전 생애에 걸친 유효성을 보장하기 위한 기록 생산, 이용, 처리, 제어, 유지, 처분에 있어 체계적이고 행정적인 제어를 하는 것 (A glossary of archival and records terminology, SAA)

그러므로 "기록 관리" 혹은 "아카이빙"이란, 기록이 갖고 있는 정보와 증거 가치를 보증하기 위해 그 속성과 품질을 유지하는 과정을 의미한다 할 수 있겠다. 다만, 디지털 환경의 변화는 정보와 기록을 엄격하게 구분하기 어려운 특성이 있으며 증거와 기록의 의미 관계와 획득, 관리 여부를 다시 고려해야 할 필요는 있다. 그러나 기록 관리나 아카이빙 과정을 통해서 그 기록이 진본 즉, 진짜임을 보여줄 수 있어야 하며 다음과 같은 기록의 주요 속성들을 지키고 보존할 수 있어야 다른 정보 유형과 차별화 되는, "공신력 있는" 기록이 될 수 있다.

공신력 있는 기록의 특성

- Authenticity(진본성) - 진짜인지 입증
- Reliability(신뢰성) - 믿을 수 있는지 입증
- Integrity(무결성) - 훼손되지 않았음을 입증
- Usability(이용가능성) - 찾고 이용할 수 있음

즉, 확실하고 믿을 수 있는 기록은 누가 만들고 언제 쓰였는지 알 수 있으며 실제 거래에 대해 완전하고 정확하게 기술되어 있어 신뢰할 수 있는 것을 뜻한다. 먼저 진본성(authenticity)은 그것의 물리적인 구조나 내용, 맥락을 포함해서 내·외부적인 증거에 따라 그것이 진짜임을 결정짓게 하는 판단을 의미한다. 기록이 위조되거나 훼손되지 않은 원래대로의 진짜임을 보장할 수 있는 속성들로, 기록이 그 취지와 맞는지, 그 기록을 생산하거나 보내기로 되어 있는 사람에 의해 이루어졌는지, 명시된 시점에 행위가 이루어졌는지 여부를 증명할 수 있는 요건을 뜻한다. 따라서 기록의 진본성을 입증하

는 행위나 과정을 진본 확인 또는 진본 인증(authentication)이라고 말한다.

신뢰성(reliability)은 기록의 내용이 입증하고 있는 것이 업무 처리나 활동 또는 사실을 완전하고 정확하게 표현하고 있다고 믿을 수 있는 속성들을 의미한다. 신뢰성을 판정할 때의 기준은 관련 업무처리나 사건이 일어난 시점, 혹은 직후에 그 사실에 관한 직접적 지식을 가진 사람에 의해 그 업무를 수행할 때 일상적으로 사용되는 도구에 의해 생산되었는가에 따른다.

무결성(integrity)은 허가되지 않은 변경, 손상 등이 되지 않았음을 입증할 수 있는 질적 상태를 의미한다. 기록의 완전함을 증명할 수 있으며, 인가 받지 않은 변경으로부터 보호되었을 때 충족 가능한 속성으로, 인가를 받은 변경일 경우, 주석, 추가, 수정, 삭제의 과정이 명백하게 드러나고 추적할 수 있어야 한다.

이용가능성(usability)은 기록의 위치를 찾을 수 있고, 검색될 수 있고, 볼 수 있고, 해석될 수 있음을 의미한다. 따라서 기록과 그 기록을 생산한 업무처리, 행위 등이 연결되어 보일 수 있어야 하며, 일련의 활동 과정에서 생산된 기록들 사이의 연계성도 유지되어야 한다. 따라서 기록 관리란 기록을 적법하고 적절하게 생산하고 관리한 후, 효율적으로 사용하고 불필요한 기록은 폐기하며 증거적 가치, 영구보존 가치가 있는 기록은 보존하고 쉽게 검색, 활용할 수 있게 하는 모든 과정을 의미한다.

3. 기록 관리의 기본 원칙

기록 관리에도 원칙이 있으며, 가장 기본적인 대원칙은 출처의 원칙이다.[2] 이는 19세기 초중반 이후에야 성립된 개념으로, 기록이 생산된 연원이나 출처에 따라 아카이빙을 해야 한다는 의미이다. 주제가 가장 중요한 분류 요소인 도서와 달리 기록은 출처에 따라 분류하고 관리한다. 이때의 출처는 레코드나 아카이브의 행정적인 기원을

2) Jennifer Douglas, "Origins: Evolving Ideas about the Principles of provenance", in Currents of Archival Thinking(Terry Eastwood and Hearther MacNeil ed.,), Libraries Unlimited, 2010, pp. 23~25

의미한다. 출처의 원칙은 동일한 생산 출처를 가지는 기록물은 다른 출처의 기록물과 분리해서 관리하는 것이며, 기록의 출처가 같은 기록을 함께 모아서 출처가 다른 기록과 서로 섞이지 않게 관리하는 것을 뜻한다.

물론 기록관리 원칙에 대해 다르게 정의하는 경우도 있다. 우선, 기록학 이론과 실무는 기록관리방법론과 밀접한 관계에 있다. 그런 의미에서 "출처"에 대한 개념과 정의가 시기에 따라, 또 나라마다 약간씩 달랐다. 출처의 원칙과 퐁(fonds) 존중의 원칙을 같은 의미로 보는 견해도 있고, 퐁 존중 원칙의 세부 원칙으로 출처와 원질서 원칙을 두는 경우도 있으며, 세부 원칙이 아니라는 주장도 있다.[3] 그러나 본 교재에서는 Peter Horseman의 "기록학의 유일한 원칙은 출처의 원칙이어야 한다"는 주장[4]을 중심으로 서술하고자 한다. 호스먼의 주장을 그림으로 나타내면 아래와 같다.

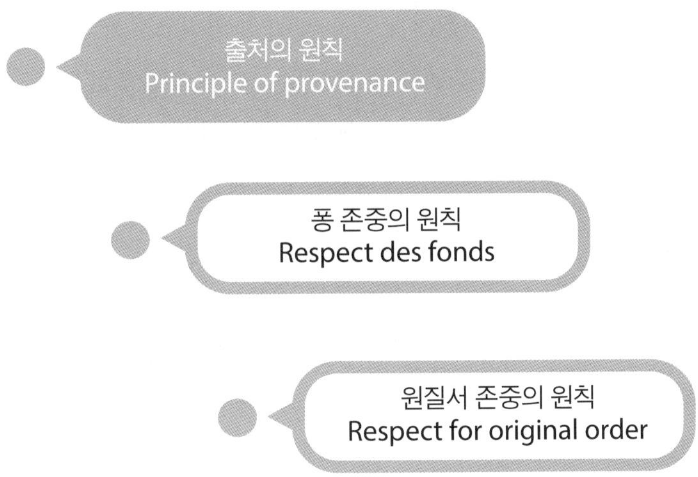

여기서는 출처의 원칙 방법론으로 퐁 존중의 원칙을 들었지만 출처의 원칙은 1874년 프러시아에서 처음 표명되었고, 퐁 존중의 원칙은 그보다 빠른 1841년에 프랑스에서 공식화되었다.[5] 퐁 존중 원칙 이후에 원질서 원칙이 만들어지고 적용되었다. 특히

3) Shelley Sweeney, The ambiguous origins of the archival principle of "provenance", Libraries and the cultural record 43(2), 2008, pp.195~196
4) Jennifer Douglas, p.23에서 재인용....The principle of provenance to be the only principle of archival theory. Peter Horseman, "Taming the elephant: An orthodox approach to the principle of the provenance", in The Principle of provenance, Swedish National Archives, 1994
5) 테오도르 셸런버그, 이원영 역, 『현대기록학개론』, 진리탐구, 2002, p.190

출처는 기록조직화의 원천이면서 물리적, 지적 구조화의 근거이기도 하며 사회 역사적 맥락을 만드는 근본이기도 하다.

이렇듯 출처의 원칙은 기록 관리의 외적 체계로 퐁 존중의 원칙, 내적 체계로는 원질서 존중의 원칙을 따른다. 퐁 존중의 원칙은 최상위 집단인 퐁(fonds)을 중심으로 아카이빙 한다는 의미이다. 퐁이란 하나의 조직이나 가족, 개인이 생산, 수집한 전체 기록을 지칭한다. 기관이나 개인이 어떤 기능을 수행하기 위해서는 그 기록을 생산하게 하는 여러 부서, 개인을 총괄하는 최상위 조직이나 개인의 전체 기록을 하나의 기록 퐁을 통해 모을 수 있다. 퐁은 기록을 서고에서 보존할 때나 분류, 기술할 때 존중해야 할 하나의 출처가 된다. 그러나 퐁 개념은 기록의 물리적인 구성체라기보다는 지적인 구성물에 더 가깝다고 할 수 있다. 원질서 존중의 원칙은 기록 생산 당시의 분류, 편철 방식, 순서를 존중하고 유지하는 관리 방법을 의미한다. 이러한 출처에 따른 관리 방법은 실제 업무를 하는 과정에서 집합적 기술 원칙과 계층적 관리 원칙으로 구현된다.

집합적 기술 원칙 (collective description rule)은 유기체 속성으로서의 총체적 맥락을 우선하여 설명하는 것으로, 의도적으로 하나의 개별 나무보다는 전체적인 숲을 보여주는 방법이다. 계층적 관리와 집합적 관리는 동시에 일어날 수 있는 일종의 관리 방법론이다. 계층적 관리란 다계층 기술 (multi-level description rule) 또는 다계층 정리의 원칙 (multi-level arrangement rule)이라고도 한다. 이는 위계질서와 구조를 중심으로 관리하는 것으로, 한 계층이 아닌 여러 계층으로 나누어 아카이빙하는 방법이다. 최상위의 퐁(fonds)으로부터, 시리즈(series), 철(file), 건(item)까지 여러 계층으로 나누어서 관리하는 방식을 뜻한다.

최상위의 단위로는 퐁 대신에 레코드 그룹(records group)이라는 용어를 쓰는 경우도 있는데, 레코드 그룹이란 하나의 조직이나 가족, 개인이 생산, 수집한 전체 기록을 의미한다. 보존기록관에서 관리상 목적을 위해 출처에 기반 하여 구성한 기록의 집합체로서, 유럽에서 형성된 '퐁'을 미국 환경에 맞게 편의적으로 재구성한 개념이다. 일반 행정 기록 군이나 집합적 기록 군 등은 정리, 기술, 기록정보 서비스 상의 편의에 따라 기록 군이라는 기본 개념을 변용한 경우이기도 하다.

퐁이나 레코드 그룹의 하위 계층으로 기록 시리즈를 형성한다. 기록 시리즈란 동일한 활동과 관련하여 생산, 접수, 활용되어 하나의 편철(filing) 체계로 정리된 기록들의 집합을 뜻한다. 기록 시리즈는 특정 주제를 가졌거나, 동일한 형식을 가지고 있다는 공통점 때문에 형성된 기록 집합체인 경우도 있다. 하나의 기록 시리즈는 여러 개의 기록철로 구성되거나 여러 개의 하위 기록 시리즈로 나뉠 수 있다. 기록 철은 업무나 주제, 용도 등을 기준으로 하나의 폴더에 모아 놓은 기록 건의 집합이다. 기록철은 기록 관리에서 가장 기본이 되는 계층이기도 하다. 이러한 원칙에 따른 아카이빙에 대해서는 별도의 장에서 자세하게 살펴보기로 한다. 중요한 것은 아카이브든 아카이빙이든 그 개념이나 이해는 각기 다른 문화적 차이를 전제로 수용해야 한다는 것이며, 하나의 개념적 카테고리에 가두기보다는 이용자에게 더 잘 설명하고 전달할 수 있는 방법을 찾고 적용해야 한다는 것에 있다.

참고문헌

김정하, 『기록물관리학개론』, 아카넷, 2007

설문원, 「기록관리 원칙의 해석과 적용에 관한 담론 분석: 출처주의를 중심으로」, 『기록학연구』 52, 2017

이정은, 윤은하, 「ISO15489 개정판의 주요 특징에 관한 연구」, 『기록학연구』 57, 2018

조민지, 『기록과 기억의 문화정치』, 한국외국어대학교 대학원 정보기록학과 박사학위 논문, 2014

옥스퍼드 영어 사전 https://www.oxforddictionaries.com/

한국기록학회, 『기록학용어사전』, 역사비평사, 2008

캐롤라인 윌리엄스, 남태우 · 김유승 공역,『기록관리학의 이해』, 태일사, 2008

테오도르 셸런버그, 이원영 역, 『현대기록학개론』, 진리탐구, 2002

한국기록학회, 『기록관리의 이론과 실제』, 조은글터, 2018

한국산업규격 KS X ISO 15489-1, 2007

Richard Pearce-Moses, A Glossary of Archival and Records Terminology, SAA, 2005

Laura Millar, Archives : Principles and practice in records management and archives, Neal-Schuman Publishers, 2010

Terry Eastwood and Hearther MacNeil ed., Currents of Archival Thinking, Libraries Unlimited, 2014

Shelley Sweeney, The ambiguous origins of the archival principle of "provenance", Libraries and the cultural record 43(2), 2008

ISO 15489-1 : 2016 International and Documentation – Records management Part1: Concepts and principles(2nd edition)

1-2. 아카이빙의 과정

김명훈

1. 생산과 등록

1) 기록 생산의 의미 및 원리

기록은 조직 내지 개인의 일상적인 활동과정 속에서 자연적으로 생산·축적된 후, 기록의 라이프사이클(life cycle)을 거치며 그 고유의 가치를 변화시키게 된다. 라이프사이클은 기록의 생산 이후 '현용-준현용-비현용' 단계를 거치며, 현용과 준현용 단계에서는 생산 고유의 목적에 대한 가치를 지니고, 장기간이 흐른 후 생산 본래의 가치가 사라지게 되면 비현용단계에서 역사문화유산으로서의 가치가 새롭게 재생성 된다는 가치의 순환논리이다. 이러한 점에서 기록의 생산 및 등록은 기록이 지닌 현재의 행위에 대한 증거나 정보로서 뿐만 아니라, 향후 과거의 사회상에 관한 기록문화유산 및 콘텐츠 자원을 확보하는 기록관리의 첫 번째 단계라 할 수 있다.

먼저 기록의 생산은 조직의 원활한 운영 및 업무 수행을 위한 방편으로서의 의미를 지닌다. 20세기 이후 문서주의를 특징으로 하는 관료제를 기반으로 조직이 운영되는 가운데, 조직 내의 모든 공식적 업무처리는 기록을 통해 수행되는 관계상, 기록의 생산은 조직 운영상의 가장 중요한 업무 메커니즘이라 할 수 있다. 따라서 기록의 생산 시에는 업무활동의 근거와 처리과정, 수행결과 등이 일목요연하게 기재되도록 해야 할 뿐만 아니라, 효율적인 업무수행을 위해서는 기록물 생산에 대한 관리, 통제가 필수불가결하게 된다. 이와 더불어 기록물 생산은 업무활동에 대한 유일한 '증거'를 확보하는 행위이자, 행정적, 재무적, 법률적 근거자료 축적 및 이를 통한 조직운영상의 책임성·투명성을 확보하는 절차이며, 나아가 조직운영 및 업무수행에 필요한 지식정보자원을 확보하는 행위로도 볼 수 있다. 그리고 기록이 지닌 라이프사이클 속성에 따라 이러한 기록의 생산 절차는 후일 조직에 관한 기록문화유산 및 콘텐츠자원을 확보하는 첫 관문으로도 파악할 수 있다.

이러한 점을 감안할 때 기록의 생산 시에는 사업 내지 업무활동에 관한 유일한 '증거'로 삼을 수 있는 믿을 수 있는 기록이 생산되도록 해야 하며, 기록 자체의 내용뿐만 아니라 해당 기록이 생성된 구조 내지 연원적 맥락에 관한 정보 역시 확보해야 할 필요가 있다. 또한 특정 활동의 과정 및 결과에 대한 정확한 정보가 기재되도록 하며, 업무활동 전반에 걸쳐 필수적으로 생성되어야 할 기록물들을 사전적으로 파악하며 생산될 수 있도록 해야 한다. 소위 '생산지정제도'는 이를 위한 좋은 방안이 될 수 있다. 생산지정제도는 각 조직별 내지 부서별로 업무상의 책임성·투명성 및 유일한 증거의 확보를 위해, 나아가 향후 조직의 역사문화유산이 될 기록의 원천적 확보를 위해, 필수적으로 생산되어야 할 기록들을 사전에 지정하는 제도이다. 이러한 생산지정제도를 시행하기 위해서는 조직의 주기적인 사업·활동을 파악하여 해마다 필수적으로 생산되어야 할 기록물의 범주를 사전에 지정할 필요가 있으며, 아울러 조직의 업무기능·활동 및 절차와 더불어 관련 규정·지침 등에 대한 분석을 기반으로 법적, 재무적, 행정적 '증거'로서의 가치 및 기타 향후 역사문화유산으로서의 활용적 가치에 대한 사전적 분석을 통해, 장기적으로 보존해야 할 기록물의 범주를 지정할 필요가 있다.

2) 기록물 등록의 의미와 원칙

사람이 태어나면 구청에서 출생신고 후 주민등록번호를 부여받게 되듯이, 기록도 생성되면 출생신고를 하는 절차가 등록이다. 기록이 등록되면 주민등록번호와 같은 세상에서 유일한 고유 번호를 부여받게 되고, 이를 통해 조직의 활동 내역을 수록한 기록의 존재가 온 세상에 공표되게 된다. 과거 기록의 등록이 체계적으로 이루어지지 않았을 때에는 해당 기록의 생성 여부조차 파악이 불가능하였고, 이를 악용하여 중요 기록의 불법적인 은닉이나 파기가 만연하였다. 이에 1999년 제정된 우리나라 기록관리법령에서는 공공기관에서 생성된 모든 기록은 하나도 빠짐없이 등록을 의무화하였고, 이를 통해 과거와 같은 불법적인 은닉이나 파기를 원천적으로 차단하고자 하였다.

기록의 등록은 업무의 수행과정에서 생산·접수·배부된 개별 기록물과 각 기록물의 논리적 편성단위인 기록물철에 대해 공식적 관리대상으로서의 자격을 부여하는 작업으로 정의할 수 있다. 즉 각 업무부서에서 생산과 동시에 등록을 시행하게 함으로써 각 기관의 공식적 업무활동 과정 중에 생산·접수된 모든 기록물 전반의 포괄적 문서화를 가능케 하며, 아울러 기록물의 식별 및 향후 검색에 필요한 세부 정보를 사전적으로 구축할 수 있게 해준다.

기록물 등록의 목적은 첫째, 전체 기록관리를 시작하는 기초 작업으로 철저한 기록물관리를 위한 기록물의 통제개시 시점이자 초기 정보화 작업으로서의 의미를 내포하고 있다. 즉 생성된 기록이 모두 등록이 되면 불법적인 파기가 사전적으로 차단됨과 아울러 등록된 모든 기록에는 전문적인 기록관리 조치가 부여됨을 의미하며, 아울러 등록 시 부여되는 기록에 대한 각종 메타데이터들은 향후 기록의 내용 이해 및 맥락 파악에 활용되는 중요 정보원이 되기 때문이다.

둘째, 등록은 과거 결재문서 위주의 등록을 넘어 업무활동 중 생산된 모든 기록을 등록케 함으로써 포괄적 문서화를 가능케 해주며, 이를 통해 각 기관의 업무활동 전반에 대한 증거를 확보케 해준다. 셋째, 등록은 생산·접수된 모든 기록물을 등록케 함으로써 현행 업무상의 참고 활용성을 강화시켜 준다. 넷째, 모든 기록물이 생산과 동시에 반드시 등록되어 기록물 생성사실의 증거가 남음으로써, 업무활동의 투명화를 증진시키고 아울러 업무담당자의 책임성을 제고시켜준다.

이를 감안할 때 기록의 등록 원칙은 각 부서의 공식적 업무활동 과정 중에 생산·접수된 모든 기록물을 등록 대상으로 설정해야 하며, 등록 시 해당 기록물에 대한 상세 정보를 정확하면서도 상세하게 기재하도록 해야 한다. 아울러 단일 기관내 각 부서에서 기재하는 등록정보를 표준화시킴으로써 등록자의 주관적이고 임의적인 등록정보 기재를 방지해야 하며, 주요 업무의 처리에 시간적으로 지장을 초래하지 않고, 또한 초보자라도 손쉽게 등록할 수 있도록 등록업무를 설계해야 한다.

2. 선별과 평가

1) 고전적 가치평가론의 등장

현대 들어 기록의 생산량은 폭발적으로 증가하였다. 매일 매일의 일상생활 속에서 자연스럽게 생산·축적됨에 따라 모근 기록을 보존하는 것은 불가능하게 되었고, 이에 기록이 지닌 일정 가치에 따라 중요 기록을 선별하고 불필요한 기록을 폐기하는 것은 기록관리의 가장 중요한 과업으로 등장하게 되었다. 기록의 평가(Appraisal)는 일정 기준에 따라 중요 기록을 선별하는 기록관리의 절차 중 하나이다. 가치 있는 기록은 남기고 가치 없는 기록은 폐기시키는 것은 어쩌면 인류의 보편적 행동양식이라고 볼 수 있으나, 특정 기준에 따른 특정 기록물만을 선별한다는 평가 개념은 기록물의 양적 확대와 그 맥을 함께 한다.

20세기 이후 기록의 평가이론 및 방식을 체계화시킨 자는 미국의 Schellenberg로, 기록이 지닌 내용적 가치기준에 따라 중요 기록을 선별하는 라이프사이클론과 결합된 고전적 가치평가론을 정립하였다. Schellenberg의 평가이론 및 방식은 당시 미국적 상황의 투영으로 볼 수 있다. 유럽에 비해 상대적으로 미약한 미국의 기록관리 전통 및 소규모의 분산화 된 기록관리체제는 20세기 이후의 미국적 상황을 반영한 귀결이다. 즉 국가조직의 비대화 및 제1차 세계대전에 따른 기록물의 양적 팽창, 그리고 경제대공황 이후 뉴딜정책에 따른 권력 집중의 시류 속에, 이전의 체제와는 단절된 국립기록청을 주축으로 한 대규모의 중앙집권적 기록보존체제를 형성시켰으며, 이전의 방식으로는 불가능한 대량의 기록물을 통제할 수 있는 선별장치의 필요성에 직면하게 되었다. 바로 여기서 시간의 흐름에 따라 내용적 가치가 변한다는 라이프사이클론을 기반으로, 현용과 준현용단계 사이에 또한 준현용과 비현용단계 사이에 평가 주체를 달리하며, 내용적 가치를 바탕으로 한 가치평가론을 체계화시킨 것이다.

이와 같은 배경 하에 성립된 Schellenberg의 가치개념은 기록이 생성된 본래의 목적을 의미하는 1차적 가치(Primary Value)와, 생성 시효가 소멸된 이후 역사 및 연구 등의 방면에 이용되는 2차적 가치(Secondary Value)로 나뉘어진다. 이러한 양분된 가치구분은 기록물에 대한 양분된 개념 정의로 이어진다. 우선 생산목적 본래의 1차적 가치를 지닌 기록은 '레코드'(Record)로 그리고 생산목적과는 별개의 2차적 가치를 지닌 기록은 '아카이브'(Archive)로 정의 내린다. 여기서 의미하는 아카이브는 "참고 및 연구상의 목적으로, 영구보존의 가치가 있다고 판단되어, 영구보존을 위해 선별된 레코드"를 의미한다. 레코드가 아카이브로 되기 위해서는 생산 혹은 접수된 목적 이외의 가치를 지녀야 하며, 기록물을 생산한 본래의 목적이 소멸된 이후 연구 및 기타 이용상의 목적으로 장기간 활용성을 지속할 이유를 지녀야 한다는 것이다. 이러한 관점에서 본다면 아카이브는 레코드란 전체집합 안에 포함되는 특정원소만으로 구성된 부분집합이며, 이러한 부분집합을 규정하는 것이 평가업무의 핵심 관건이 된다.

그러나 Schellenberg의 이러한 평가방식은 20세이 후반 들어 더 이상 적용하기 어려운 환경에 봉착하게 되었다. 기록 생산량의 폭발적인 급증 속에 개별 기록이 지닌 내용을 분석하여 가치를 평가하는 것은 현실적으로 불가능하게 되었고, 또 사회가 더욱 더 다원화, 복잡화 되어 감에 따라 개별 기록 위주의 선별방식으로는 해당 사건 내지 활동에 대한 파편화된 기록만을 남긴다는 비판에 직면하게 되었다. 이에 Schellenberg가 체계화시킨 미시적 가치평가론에 대한 반향으로 크게 세 방향의 거시적 평가이론이 1970년대부터 등장하게 되었다.

2) 거시적 평가이론의 전개

가) 붐스의 사회모델론

미국 Schellenberg가 체계화시킨 개별 기록물에 대한 가치 평가의 대안은 우선, 1970년대 들어 독일에서 제기된 붐스의 사회모델론을 들 수 있다. 사회모델론은 기록물 평가에서 개별 기록물에 대한 가치 판단이 잘못된 것임을 그 이론적 출발점으로 삼는다. 이는 사회와 기록의 상관관계 설정에서 논의를 시작하는데, 사회란 개념은 시간과 공간 속에서만 구체적인 실체를 지니게 되며 인간의 모든 활동 역시 이러한 실체 내에서 특정의 가치를 지니게 된다고 파악한다. 이를 감안할 때 개별적으로 존재하는 기록물 각각의 절대적 가치는 존재할 수 없으며, 이러한 가치는 당대 사회 가치관의 투영일 뿐이다. 따라서 개별 기록물의 모든 가치는 상대적인 것이며, 이러한 상대적 가치는 당대 사회현상의 구조화를 통해 실현될 수 있다고 파악한다.

이를 근거로 붐스는 기록물 평가의 기본 이념을 제시한다. 즉 아키비스트가 수행하는 기록물 평가는 기록유산의 형성이라는 창조행위이며, 그 주된 목적은 다양한 사회구성 가운데 나타나는 인간생활의 총체를 미래에 전달하는 것이다. 현대의 기록이 미래 어떠한 가치를 지닐 것인지는 현재에서는 파악할 수 없다. 현재의 기록을 미래에 전달하기 위해서는 당대 정보세계를 규정하고 있는 가치체계 속에서 개관적인 평가방법론을 찾아내야 한다. 기록물의 보존목적은 다원적인 구조를 지닌 현대사회에서, 인간의 다양한 삶의 측면을 총체적으로 미래에 전달하는 것이기 때문이다. 이러한 점에서 어떠한 기록을 보존할지의 판단은 아키비스트를 둘러싼 사회적, 정치적, 문화적 환경에 의해 형성된 가치체계를 기반으로 해야 하며, 평가는 결국 현재의 가치를 반영한 기록물을 창조하는 것으로, 현재 사회의 최대한의 모습을 최소한의 기록을 통해 미래에 전달하는 것이 아키비스트의 근본적인 사명으로 자리하게 된다. 이러한 논리에서 당대의 주요 사회상을 정식화하는 도큐멘테이션(Documentation)의 구축이 제시되며, 평가는 개별기록물에 대한 요소파악 방식에서 거시적 차원의 구조파악 방식으로 전환하게 된다.

이러한 평가의 사고를 기반으로 붐스는 사회학에서 말하는 '사회과정'(social process)의 개념을 차용하여 평가 방법론을 제시한다. 평가의 첫 번째 단계는 기록의 생성 배경이 되는 사회과정의 분석과 가치부여로, 사회구성 및 사회현상의 분석을 통해, 사회발전 과정의 전체상을 평가함과 아울러 가치서열을 판단하게 된다. 평가의 두 번째 단계는 도큐멘테이션 계획(documentation plan)의 구축이다. 도큐멘테이션은 다양한 사회구성 속에서 나타나는 인간생활의 총체를 미래에 전달하는 것을 목적으로 하는데, 도큐멘테이션 계획은 이를 위해 어떠한 기록을 남길지에 대한 도큐멘테이션 모델을 설정하게 되며 도큐멘테이션 모델은 사회과정 분석을 통해 도출해낸 가치서열을 반영한 형태로 설정되게 된다. 여기서 중요한 점은 도큐멘테이션 모델 수립 시 가능한 한 많은 아키비스트들 간의 협의가 필요하며, 아울러 외부 전문가의 의견 역시 반영되어야 한다는 것이다. 그리고 이러한 도큐멘테이션 모델은 사회의 변화상을 반영하며 5년, 10년, 20년 단위로 주기적인 재검토가 필요하게 된다.

Booms의 능동적이면서도 거시적인 평가에 대한 사고는 분명 평가의 이론적 사조상 하나의 획을 긋는 커다란 의미를 지닌다고 볼 수 있다. 하지만 '최소한의 기록으로 최대한의 사회상을 미래에 전달'한다는 Booms의 근본 취지를 완벽하게 실현시킬 수 있는 방법론은 아직 개발되지 않았으며, 사회현상 및 이에 대한 역사학의 대응이 지속적으로 변화하는 한 영원히 해결할 수 없는 명제일 수도 있다.

도큐멘테이션에 대한 Booms의 사고는 1990년대 초반 부분적으로 방향을 전환하여, 사회상에 대한 구체적 준거를 제시하였다. 기록물의 가치가 발현되는 사회적 가치는 초기의 주장대로 '역동적인 사회상' 및 '여론'을 통해서라기 보다는, 그 사회 내부적으로 결정되는 기록물 생산자가 지닌 '기능'에 대한 분석을 통해 간접적으로 확인 가능하며, 따라서 아키비스트는 기록물과 다큐멘테이션을 연계시킬 수 있는 기록물을 생산케 한 기능을 분석해야 한다는 것이다. 여기서 추상적 내지 관념적인 무형의 사회상으로부터, 조직상의 기능분석을 평가의 주요 관건으로 인식하는 Booms의 사고 전환을 찾을 수 있다.

나) 미국의 도큐멘테이션 전략(Documentation Strategies)

미국의 도큐멘테이션 전략은 1950년대 Schellenberg에 의해 체계화된 개별 기록물을 대상으로 한 가치평가에 대한 반향으로 제기되었다. 즉 Schellenberg가 체계화시킨 라이프사이클론과 연계된 가치평가는 기록이 지닌 내용상의 중요도를 기반으로 평가를 수행하는 관계상 평가자의 주관성을 배제시키기 어려웠으며, 아울러 개별 기록물별로 평가를 수행하는 방식으로 인해 특정 사건 및 이슈, 주제 등에 관한 파편화된 기록만을 남기기 쉬운 단점을 지니고 있었다. 1970년대 들어 국가 및 사회는 더욱 더 다원화, 복잡화 되어가는 추세 속에 Schellenberg의 평가방식으로는 개관적이면서도 전체적인 사회상을 남길 수 있는 평가방식으로는 그 한계에 봉착했기 때문이다.

미국 아키비스트협회(SAA)에서 발간한 용어사전에는 도큐멘테이션 전략을 다음과 같이 정의하고 있다.

> 기록관리 기술의 적용, 기관 영구보존기록의 생산과 수집정책을 기반으로 한 사회의 사회상을 남길 수 있는 도큐멘테이션을 기록관리 차원에서 유지하기 위해, 생산자와 아키비스트를 포함한 관리자, 그리고 이용자가 공동으로 고안, 촉

진, 실행하는 지속적인 분석적, 협력적 접근방법이다. 이러한 접근방법에서의 핵심요소는 ① 기록으로 남길 영역에 대한 분석, ② 내부적인 기록의 문제점에 대한 이해, ③ 특정 이슈, 활동 또는 지리적 분야에 대한 정확한 도큐멘테이션을 확보하기 위한 계획의 수립이다.

1980년대 초반 미국의 아키비스트인 Ham은 지금까지의 중요기록물 선별이 학문 연구분야를 지원하는데 한정되어 사회활동 전체상을 전승하는 데에는 소홀하였다고 진단한 후, 평가에 사회상의 적극적 반영을 역설하면서 도큐멘테이션 전략은 새로운 평가이론으로 등장하게 된다. 여기서는 현재 지속되고 있는 이슈, 기능, 주제 등에 관련된 적정 기록물군의 생산을 보장하는 것이 관건이며, 이에 따라 향후 생산되어야 할 범주가 분석되고 생산해야 할 기록물군을 결정하게 된다. 따라서 평가는 개별 가치 중심의 선별이 아닌 상호 연관된 다변적 기관에서의 유기적 기능을 지닌 기록물의 생산을 통해 지정되는 방식으로 이루어지며, 전략상의 세부적 내용 및 범주는 사회상 및 사회가치의 변화에 조응하게 된다.

미국의 기록학자인 Cox는 평가이론이란 모든 기록된 정보가 그 정보의 생산자 및 사회 전체에 대해 지속적인 가치를 갖고 있다는 것을 전제로 하는 것으로, 기관 차원의 정보 생산자 내지 특정 평가자 단독으로 결정할 수 없다고 전제한다. 기록의 평가는 미래의 역사 연구를 위해서만 수행하는 것이 아니라 기록 생산자의 현재 요구를 충족시키기 위한 목적도 함께 지니는 관계상, 기록을 생산한 기관과 사회에 대한 현재의 지식에 기초해야 하며, 아울러 또한 아키비스트는 사회에 대한 도큐멘테이션을 평가 임무로 이해하고, 팀 단위의 학제간 평가과정에 참여해야 한다고 주장한다. 이러한 배경에서 Cox는 도큐멘테이션 전략의 기본 전제가 되는 평가상의 원칙으로 다음과 같은 기본 원칙을 제시하고 있다.

- 모든 기록된 정보는 기록 생산자와 사회에 대해 일정한 지속적 가치를 지니지만, 그 양적 관계상 방대한 양의 기록 정보는 줄일 필요가 있다.
- 도큐멘테이션의 방대함과 기록의 생산자나 사회에 대해 기록이 갖는 중요성 때문에 보편적이고 공통된 평가 기준은 평가상의 가장 중요한 요소이다.

- 평가 시 기록을 기관의 목적과 기능에 관련된 유기적 통일체의 일부분으로 간주해야 한다.
- 기록의 양은 신중한 결정과 테스트를 거친 평가기준에 근거한 계획에 따라 감축하여야 한다.
- 기록 평가기준은 기관과 함께 기관이 속한 사회의 중요도에 기반 해야 한다.
- 아키비스트는 평가기준 수립 및 평가이론 개발을 기반으로 평가과정에 능동적으로 관여하여야 한다.
- 평가의 주된 목적은 기관, 사람, 사회에 대한 기록을 남기는 일이다.

도큐멘테이션 전략은 일반적으로 다음과 같이 수행된다. 먼저 도큐멘테이션 영역 정의 및 예비분석 단계에서는 아키비스트, 주제전문가 및 역사학자, 기타 관련 이해당사자들이 모여 도큐멘테이션의 전체적 주제와 범위를 한정하고, 해당 주제에 관해 예비적인 분석작업을 수행하게 된다. 이어 이를 기반으로 도큐멘테이션 전략에 관한 초안을 작성한 후 실제 도큐멘테이션 전략을 수행하게 되며, 최종적으로 도큐멘테이션의 실제 수행결과에 대한 보고서를 작성한 후 종합적인 평가를 수행하게 된다. 하지만 Schellenberg의 미시적인 평가방식에 대한 대안으로 제시된 이러한 도큐멘테이션 전략은 몇 차례의 실제 수행과정을 통해 판단된 결과, 그리 성공적이지 못했음이 입증되었다. 그 이유는 우선 도큐멘테이션이 필요한 주제 선정 역시 주관성을 배제하기 어려웠으며, 전략 수행에 필요한 예산 역시 방대하게 소요되었기 때문이다. 하지만 무엇보다 큰 원인은 도큐멘테이션 전략의 핵심이라고 할 수 있는 유관 기관들 간의 협력이 제대로 수행하기 어려웠다는데 있다. 그럼에도 불구하고 도큐멘테이션 전략은 Schellenberg의 평가방식을 극복할 수 있는 하나의 가능성을 제공해 주었으며, 중요 기록물의 평가 및 수집에 관한 이론으로서 아직도 유효하다고 볼 수 있다.

다) 캐나다의 거시적 기능평가론

캐나다 국립기록청에서 개발한 거시적 기능평가(Macro-Appraisal)는 사회상의 실체를 부처로 대표되는 국가의 거시적 기능에 연동시켜 중요 기록을 선별하는 평가방식이다. 캐나다에서는 1966년 국가재정위원회의 'Public Records Order' 채택과 함께,

각 기관에서 자체적으로 처분지침을 수립한 다음 담당 아키비스트의 검토 후 승인되면 한시기록은 기관 자체에서 폐기하고 영구보존 대상은 국립기록청으로 이관하도록 하는 체제를 마련하였다. 하지만 이러한 평가체제에서는 대량의 케이스파일에 한해 처분지침을 기반으로 한 평가가 이루어졌으며, 아울러 여전히 Schellenberg의 평가모형에 따른 평가가 일반적으로 수행되었다. 더욱이 PC의 보급으로 기록에 대한 기록관리자의 통제권이 약화되었으며, 따라서 모든 공공기록을 아우르는 평가는 수행되지 못하였다. 바로 이러한 상황을 개선시키기 위해 1987년부터 새로운 평가 프로세스 개발이 시작되었으며, 이를 통해 평가는 예전의 행정적 절차에서 중요기록물을 체계적으로 선별하는 '계획된 접근'으로 변모하게 되었다.

이러한 과정 속에 개발된 거시적 기능평가(Macro-Appraisal)는 국가가 수행하는 대기능을 통해 구체화되는 거시적 생산맥락을 평가의 근간으로 설정한다. 이는 기록물의 평가 시 생산자·사회구조 및 기능·생산과정이 기록물의 내용보다 중요하다는 기본 인식에서 출발한다. 즉 기록 자체는 가치의 근원이 아니라 사회구조에 따라 결정되는 가치를 담는 그릇일 뿐이며, 생산된 당대의 사회구조 속에서 기록물이 지니게 되는 상징적 의미 및 향후에 나타날 잠재적 가치를 한정하는 것이 평가의 궁극적 목표로 규정된다.

이러한 의미에서 거시적 기능평가에서는 평가의 초점을 실제 기록의 내용에 바탕을 둔 연구적 가치에서, 기록이 생산된 기능적·구조적 환경으로 전환시키게 된다. 따라서 기록이 생산된 생산맥락 및 출처정보 파악이 평가의 전제가 되며, 이는 상부구조로서의 조직체에 대한 분석에서 출발한다는 하향식(Top-down) 접근방식을 채택하게 된다. 실제 방법론은 국가를 정점으로 한 조직체를 사회상의 구체적 실체로 설정한 후, 상부구조로서의 조직체에 대한 분석에서 출발한다. 전체 조직의 구조와 임무를 면밀히 검토한 후 사회적 중요도의 견지에서 기관별 서열화를 책정한 다음, 이후 각 기관의 임무와 기능분석을 통해 중요 기록을 선별하게 된다.

거시적 기능평가의 위와 같은 사고는 당대 사회에서 평가가 지닌 사회적 역할에 대한 Booms의 논지에 영향을 받아 사회적 가치(Societal Values)를 평가의 근간으로 삼는다. 단 이러한 사회적 가치는 추상적일 수밖에 없는 관계상, 민주주의 사회에서 시민들의 합의로 생성된 정부의 기능 및 프로그램, 특히 정부와 시민간의 상호관계를 사회적 가치의 구체적 실체로 상정한다. 이에 거시적 기능평가에서는 기록의 사회적 가치를 결정하는 세 가지 실체를 사회학 이론을 차용하여, 정부기관, 업무자 등의 기록생산자가 시민을 대리하여 수행한 기능·프로그램·활동을 의미하는 사회역사적 프로세스(Social-historical Processes), 그리고 정부 기능 및 구조에 직간접적으로 영향을 미치는 시민·고객·소비자로 설정한다.

거시적 기능평가의 일반적인 수행 방식은 다음과 같은 절차를 거치게 된다. 먼저 기능·서브기능·프로그램·활동의 복잡성과 상대적 중요도 등을 파악하기 위해 연구를 수행하는 절차이다. 여기서는 우선 국가적 차원에서 각 기관이 지닌 기능상의 상대적 중요도를 분석한 다음, 각 기관의 세부적인 기능 분석을 통해 OPI(Office of Interest)를 파악하게 된다. OPI는 국가의 중요 정책을 결정·수립하는 등 기관의 고유 사명을 수행하는 핵심 부서를 말하는 것으로, 이러한 OPI는 국가적 차원의 중요기록물이 집중적으로 생성되는 연원으로서의 의미 또한 함축하고 있다. 이어 위의 절차들을 통해 확인된 중요 기능과 시민사회 영역과의 상호관계에 대해 연구를 수행하며, 거시적 기능평가의 가설을 설정하고 이를 실제 기록의 가치분석을 통해 입증하는 단계로 마무리된다. 하지만 여기서 중요한 것은 이와 같은 거시적 기능분석으로 평가가 완료되는 것이 아니라는 점이다. 위의 절차가 완료된 후에도, 상징적·심미적·정보적 가치를 지닌 요소와 더불어 마이그레이션·보존비용 요소 등 미시적 평가 요소 역시 고려하게 된다.

3) 우리나라의 기록 평가방식

가) 기록물분류기준표와 보존기간 책정

기록학적 원리에 기반을 둔 체계적인 우리나라의 기록 평가제도는 1999년 기록관리법령에 명시된 기록물분류기준표를 통해 체계화되었다. 이전 『정부공문서규정』 및 『공문서 분류번호 및 보존기한표』 등의 장치를 통한 중요 기록의 평가가 이루어졌지만, 일선 업무기관에서 파악한 행정상의 활용기간을 준용하여 행정적 시각 위주로 이루어졌고 또한 개별 건 단위로 보존기간이 책정되는 등 많은 문제점이 노정되어왔다. 기록물분류기준표에 기반을 둔 평가체제는 크게 두 단계로 구분할 수 있다. 우선 최초의 기록 평가단계는 생산기관에서 실시하는 보존기간의 산정이다. 이는 기록물분류기준표에 제시된 단위업무별 보존기간을 참조하여 처리과의 업무담당자가 부여하는 것으로, 이를 근거로 한시 기록의 폐기 및 준영구 이상 기록에 대한 영구기록물관리기관으로의 이관이 결정된다는 면에서 항구적 보존대상을 선별하는 행위로서의 평가를 사실상 의미한다고 볼 수 있다. 영구기록물관리기관에서의 평가는 기본적으로 기록물분류기준표의 보존분류 사항 제시를 통해 이루어진다. 해당기관의 업무구조 및 기능 등에 대한 사전분석을 통해 단위업무별 보존기간 및 보존장소, 보존매체 등의 기준을 제시함으로써 항구적 보존을 담당하는 영구기록물관리기관 시각의 선별대상을 한정시킬 수 있게 된다.

여기서 기록물분류기준표는 처리과와 영구기록물관리기관 양자를 주축으로 한 평가체제의 구심점 역할을 담당한다. 영구기록물관리기관에서는 처리과에 대한 업무분석을 통해 기록물분류기준표를 제정함으로써 단위업무에 대한 중요도 판단을 자체적으로 제시하고 있으며, 처리과에서는 이러한 기록물분류기준표를 근간으로 보존기간 산정 및 변경신청을 수행할 수 있도록 하고 있다. 또한 기록물분류기준표에 제시된 보존분류 항목에 따라 처리과의 생산기록물은 공식화된 시기 및 절차에 입각하여 자동적으로 이관이 행해지면서, 최종적으로는 항구적으로 보존할 대상만이 영구기록물관리기관에 이르도록 설계되어 있다. 이러한 점을 볼 때 기록물분류기준표에 근거한 평가체제는 생산부터 선별·수집·이관·보존에 이르는 전 과정이 유기적으로 연결된 메커니즘을 형성하게 된다.

4) 기록관리기준표와 보존기간 책정방식의 변화

기록물분류기준표 기반 평가체제는 2007년 국가 기록관리 혁신과정에서 BRM 분류체계와 연계된 기록관리기준표 기반 평가방식으로 수정되었다. 기록관리기준표를 토대로 수행되는 보존기간 책정의 기본 단위는 단위과제로 설정되었다. 단위과제는 BRM 분류체계의 소기능에 대해 유사성·독자성 등을 고려하여 영역별·절차별로 세분한 업무를 말하는 것으로, 분류 및 보존기간 책정 등 모든 기록관리의 기본단위가 된다. 이러한 단위과제에 부여된 보존기간은 BRM에 기본 데이터로 탑재되어 해당 단위과제의 수행 시 생산되는 과제관리카드·문서관리카드·메모보고 등 여러 유형의 기록물에 동일한 보존기간이 부여되게 된다.

단위과제에 대한 보존기간 책정은 두 가지 측면에서 연유를 파악할 수 있다. 우선 종전의 기록물분류기준표를 기반으로 한 보존기간 책정방식에서는 동일 단위업무 내의 기록물철에 서로 다른 보존기간이 책정되어 상이한 방식으로 처리가 이루어진다는 점을 개선하려는 의도이다. 이와 아울러 단위과제가 업무간의 유사성 및 독자성을 고려하여 절차별로 세분화한 최하 단위의 기능임을 감안할 때, 해당 단위과제에서 생성된 기록의 보존가치 역시 단일하게 나타날 수 있다는 전제에 근거한 것이다.

이러한 전제를 기반으로 한 보존기간 책정은 기능의 성격 구분에 따라 그 주체 및 방식을 달리한다. 각 기관의 모든 처리과에서 공통적으로 수행하는 '처리과 공통업무'와 기관 단위의 운영과 관련하여 공통적으로 설치된 부서의 업무인 '기관 공통업무'의 경우에는, 국가기록원이 보존기간 책정의 책임을 맡아 공통업무 보존기간표를 제정하게 되며, BRM 관리부서에서 규정한 공통업무에는 국가기록원이 제정한 공통업무 보존기간표의 단위과제별 보존기간을 그대로 적용시키게 된다. 이에 반해 고유업무의 보존기간 책정 주체 및 방식은 양상을 달리한다. 기관의 설립목적을 실현하기 위해 수행하는 고유업무의 경우 보존기간 책정의 주체는 업무의 처리과정 중에서 기록물을 생산하는 업무담당자가 된다. 현행 기록관리법 시행령에서는 "단위과제별 보존기간은 중앙기록물관리기관의 장이 정하는 보존기간 준칙에 따라 공공기관에서 설정·시행하되, 행정자치부령으로 정하는 절차에 따라 관할 영구기록물관리기관의 장과 협의하여 확정한다"라고 명시하고 있다. 이를 근거로 고유업무의 보존기간은 각 기관의 업무담당자가 본인의 담당 단위과제 확인 후 단위과제별로 보존기간을 책정토록 하고 있다. 단 이러한 책정은 기록관리법 시행령 상의 <별표 1>에 제시된 '기록물의 보존기간별 책정 기준' 및 이를 상세히 세분화한 '보존기간 책정준칙'을 참고하여 수행하게 된다.

한편 각 기관의 기록관은 보존기간을 확정하는 역할을 담당한다. 일선 처리과의 업무담당자가 책정한 단위과제별 보존기간을 취합하여 고유업무 보존기간 책정준칙과 비교해 확인 및 조정 과정을 거쳐 확정하며, 기관장 결재를 거쳐 BRM 관리부서 및 국가기록원에 제출하게 된다. 그리고 국가기록원에서는 보존기간을 최종적으로 승인하는 책임을 맡는다. 매년 12월 말 기록관으로부터 제출받은 자료를 근거로, 각 기관의 업무담당자가 책정한 단위과제별 보존기간의 타당성을 검토함과 더불어, 조정이 필요한 경우 조정을 실시해 최종적으로 보존기간을 승인하게 된다.

3. 기록의 조직화

1) 기록 분류의 의미

기록은 개별적으로 보존되기 보다는, 해당 사안과 관련하여 서로 유기적인 연관성을 가진 집합체로서 존재할 때에 그 본연의 가치를 발현할 수 있다. 그러므로 기록은 반드시 일관성 있는 기준에 따라 조직화하고 내적인 질서를 부여해야 해야 하는데, 이 과정을 일컬어 분류(classification)라고 지칭한다. 기록은 개인이나 조직의 일상적인 활동 과정 중에 자연적으로 생성·축적된 산물이라는 점에서 통제할 수 없을 정도의 생산량을 지니게 된다. 따라서 방대한양의 기록을 조직화시키는 분류가 수행되지 않는다면 관리·보존은 불가능할 뿐만 아니라, 이후 검색 및 활용 역시 불가능하게 된다.

기록의 분류는 개별 기록물로부터 전체 기록물군에 이르기까지, 기록물이 생성된 논리적 연관성에 따라 서로 구분하거나 통합하는 관리행위를 의미를 의미한다. 기록은 생산기관의 목적의식적 활동에서 형성된 산물로, 조직구조 및 기능적 연원에 따라 상호 유기적인 관련성을 지니게 된다. 따라서 이러한 유기적 관련성에 따라 분류함으로써, 개별 기록물 독자적으로는 지닐 수 없는 생산맥락적 정보를 창출함과 더불어 이를 통해 기록물에 대한 이해성 역시 증대시키게 된다.

기록의 조직화 방식은 주제별 분류, 연도별 분류, 형태별 분류, 지역별 분류, 매체별 분류, 인물별 분류 등 다양하다. 근대 기록관리의 시작을 알리는 프랑스혁명 이후 세계 최초로 설립된 프랑스 국립기록보존소에서는 기록을 주제별로 분류하였다. 초대 소장인 카뮤는 당시 국민의회의 기록을 4가지 분류로 나누고, 각각 A·B·C·D의 자모로 표시하였다. 이후 기록의 증가에 따라 2대 소장인 다누는 20개의 분류를 추가하여 전부 24개로 기록을 주제별로 분류하였다. 하지만 주제분류의 결과 대다수 출처의 기록은 분산되어 기록간에 형성된 고유 관계가 파괴되었고, 아울러 여러 기관의 기록이 서로 뒤섞이는 경우도 갈수록 심해짐에 따라 관리와 이용은 더욱 어려워지게 되었다. 이러한 결과로 나타나게 된 것이 바로 '출처주의 원칙'이다.

2) 기록 조직화의 개념과 기본 방식

가) 출처주의 원칙

출처주의(Provenance)는 기록을 생산한 생산자인 출처와 연동하여 기록물을 분류해야 한다는 원칙이다. 기록물은 개인이나 조직의 행위의 결과라는 점에서 기록물 생산자는 곧 출처로 등치된다. 이러한 생산자는 기록관리 영역에서 일반적으로 다음과 같은 역할을 지닌다고 볼 수 있다. 첫째 기록물의 외적 통합성을 창출하는 구심점 역할로, 기록물은 생산자의 활동과정 중에 자연적으로 생산·축적된 산물로 하나의 유기체를 형성한다는 점에서, 생산자를 중심으로 기록물을 통합하게 되는 논리가 생성된다. 둘째 기록물의 내적 질서를 형성시키는 근원 역할로, 생산자는 그 기원에 따라 기록물을 조직화시킴과 아울러 모든 기록물을 최소한 하나의 생산자와 연결시켜 조직적 계통구분을 형성시키게 된다. 셋째 생산맥락과의 연계 역할로, 기록물은 생산자의 활동과정 중에 생산된다는 점에서 개별적으로는 고유의 정보를 나타낼 수 없는 일정한 생산맥락을 함축하게 되며, 여기서 생산자와 기록물간의 연계는 기록물이 생산된 맥락 내지 일정 연원의 파악을 가능케 해준다. 바로 여기서 단일 생산자를 중심으로 한 출처주의는 기록관리의 근본적 원리로서 자리하게 된다.

19세기에 생성되어 20세기를 거치면서 기록학의 이론으로 자리매김한 출처주의는 다음과 같은 점에서 기록 분류상의 설득력을 지니게 된다.

- 생산자와의 연계 및 생산맥락 반영
- 기록물의 유기성 확보
- 기록물의 물리적, 지적 통제 및 검색성의 강화
- 분류상의 경제적 효율성

나) 기록 분류의 기본 방식

기록물은 기록 생산기관의 활동 결과라는 점에서, 기관의 조직구조 및 기능상의 계층성을 반영한 다층적 분류구조를 지니게 된다. 최하 단위인 개별 기록물건에서부터, 기록물철, 시리즈, 기록물군에 이르는 다원적인 계층성을 지님으로써 전체 기록물의 논리적 구조가 창출된다.

<기록의 다층적 구조 예시>

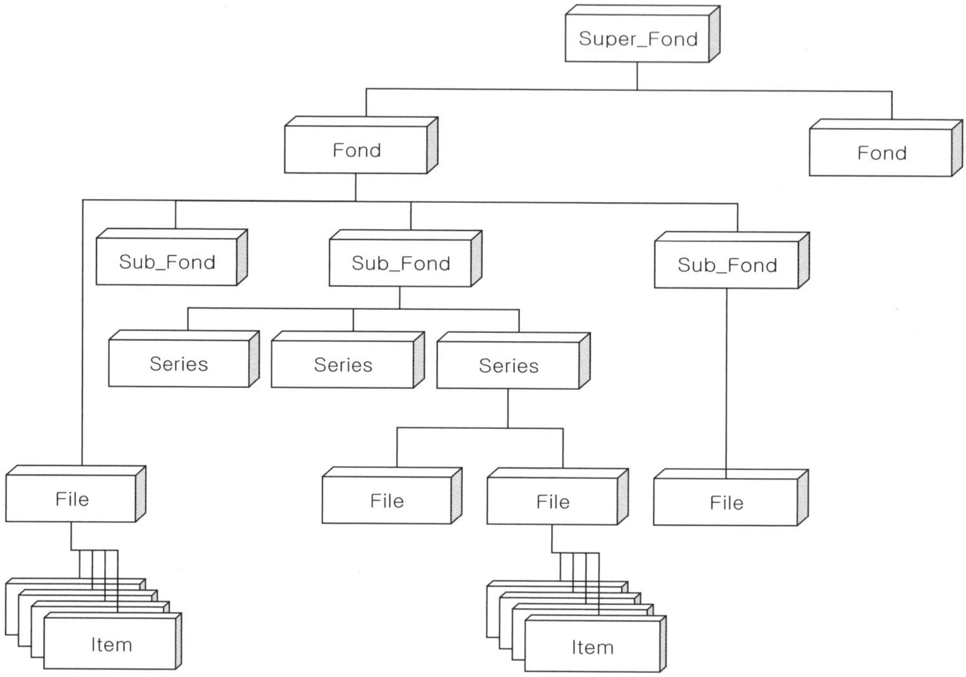

• 기록물군(Fond)

기록물군은 기록 상호간의 유기적 연관관계에 의해 서로 분리될 수 없고 또한 통합될 수도 없는 기록의 근원적 구성단위이다. 기록물군은 기록 분류상의 최상위 단위로서 독립된 생산기관 내지 단일 생산기관내의 최상위 부서단위로 편재된다. 이러한 기록물군은 기록물이 생산된 근원적 연원을 제시함과 더불어, 해당 기록물 전체를 총체적으로 통합시켜주는 구심점으로서의 역할을 담당한다. 기록물군의 양이 방대할 경우에는 하위기록물군(Sub-Fond)을 두기도 하며, 또한 매뉴스크립트기관과 같은 수집기관의 경우 수많은 출처를 관리하기 위해 기록물군의 상위단계로 대기록물군(Super-Fond)을 형성시키기도 한다.

• 시리즈(Series)

시리즈는 동일한 기능 내지 활동과 관련하여 하나의 단위로 축적·정리된 기록의 계층 단위이다. 시리즈의 편제는 일반적으로 동일 기능 내지 활동의 단위와 더불어, 기록이 보관되어 온 방식 및 조직의 규모, 기록물의 양에 의해서도 결정되는데, 해당 시리즈의 양이 많은 경우에는 시리즈 산하에 하위시리즈(Sub-Series)를 두기도 한다.

• 기록물철(File)

기록물철은 직접적인 업무상의 연관성을 지닌 개별 기록물들을 하나로 편제한 단위이다. 즉 특정 사안의 처리과정에서 발생된 다양한 개별 기록들을 사안에 따라 물리적으로 편철한 개념으로, 개별 기록의 논리적 편성단위이자 물리적 보호단위로서의 역할을 담당한다.

• 기록물건(Item)

기록물건은 해당 행위의 실제 처리행위에 관한 내용을 담은 다층적 계층상의 최하위 단위로, 개별 기록을 의미한다.

참고문헌

김명훈, 「공공기록물의 평가체제에 대한 이론적 검토: 선별 방식 및 가치 기준을 중심으로」, 『기록학연구』6, 한국기록학회, 2002.

김명훈, 「레코드 컨티뉴엄과 평가, 그리고 기록콘텐츠: 기록콘텐츠 개념 정립을 위한 시론」, 『정보관리연구』41(3), 한국과학기술정보연구원, 2010.

김명훈, 『전자기록 평가론』, 진리탐구, 서울, 2009.

나영선, 「캐나다 거시평가 제도의 이론적 배경과 운영현황에 관한 연구」, 한국외국어대학교 대학원 정보기록관리학과 석사학위논문, 2007.

이원규, 『한국 기록물관리제도의 이해』, 진리탐구, 서울, 2002.

Brian P. N. Beaven, "Macro-Appraisal: From Theory to Practice," Archivaria 48, 1999.

Canadace Loewen, "The Evolution, Application, and Future of Macroappraisal", Archival Science 5(2-4), 2005.

F. Gerald Ham, "The Archival Edge", Maygene F. Daniels & Timothy Walch ed., A Modern Archives Reader : Basic Readings on Archival Theory and Practice, NARA : Washington, 1984.

Hackman, Larry J. & Warnow-Blewett, J., "The Documentation Strategy Process: A Model and a Case Study", American Archivist 50(1), 1987.

Hans Booms, "Society and the Formation of a Documentary Heritage-Issues in the Appraisal of Archival Sources", Archivaria 24, 1987.

Richard J. Cox 「The Documentation Strategy and Archival Appraisal Principles ; A Different Perspective」『Archivaria』38, 1994.

Samuels, Helen Willa, "Who Controls the Past", American Archivist 49(2), 1986.

Terry Cook, "Macro-appraisal and Functional Analysis: Documenting Governance rather than Government", Journal of the Society of Archivists 25(1), 2004.

Terry Cook, "Macroappraisal in Theory and Practice: Origins, Characteristics, and Implementation in Canada, 1950-2000", Archival Science 5(2-4), 2005.

Walters, Tyler O., "Contemporary Archival Appraisal Methods and Preservation Decision-Making", American Archivist 59(3), 1996.

1-3. 아카이빙 사례 : 마을기록관

김덕묵

1. 마을문화의 활성화와 밑으로부터의 기록

'마을'이란 지연(地緣)을 바탕으로 하는 생활의 기본단위이다. 이러한 지연공동체는 주민들 간의 협의에 의해 마을의 대소사가 이루어지고 있으며 공동의 전승문화를 향유하며 정서적인 유대를 가지고 있다. 또한 이러한 성격은 그들 나름의 지역성과 정체성을 담보하게 한다. 지연공동체의 기본단위로서 마을을 아카이빙하고 기록관을 세우는 것은 그들의 역사와 문화를 찾는 일이며 향토문화의 근간(根幹)을 지키는 일이다. 또한 주민들의 삶의 주변에 자리하여 지척에서 그들에게 혜택을 주어 '문화와 복지', '민주와 자치'를 실현하는 밑으로부터의 혁신이다. 본문에서 필자가 굳이 다른 문화형태를 피하고 마을기록관을 제안하는 것은 박제화 된 전시관이 아닌 주민과 융합하고, 가능한 주민 스스로에 의해 그들의 삶을 기록하고 표현하는 '상(像)'을 추구하기 때문이다.

그동안 기록은 늘 지배층을 중심으로 이루어져 왔다. 근래의 기록관리학도 공공영역에 치우쳐 왔다. 민간영역, 민중의 영역에서 민중의 삶의 토대인 마을의 기억과 흔적을 마을기록관으로 재생산해 내는 일은 기층에 있는 민중을 역사의 전면에 올려놓는 일이며 민중이 결코 역사의 피동체가 아니라 그들 스스로가 역사의 주체임을 가시화하는 일이다.

왜 마을기록관이 중요한가. 오늘날 도시와 농촌은 인구, 문화, 연령 등 여러 측면에서 큰 차이를 보이고 있다. 경북 내륙의 어느 군(郡)의 예를 들면 한때 8만에 이르던 군민은 2011년에 2만 4천여 명으로 축소되었다. 주민의 3분의 2이상이 도시로 나갔다는 것이다. 농촌은 노인들만 남아서 활력을 잃고 문화적으로도 상실감에 놓여있다.[1] 반면 도시의 경우를 보면 국민의 3분의 2가 수도권에 밀집되어 있다. 수도권은 집값의 상승, 도로정체, 자연친화적인 일반주택의 급감과 고층아파트로 도시의 경관은 마비되고 있다.[2] 문화적인 배려 없이 어느 장소를 불문하고 경제논리만이 강조되며 마구잡이로 아파트가 들어선다. 자연과 조화를 추구하던 동아시아의 전통은 찾아볼 수 없고 환경파괴와 건설, 투기조장으로 수도권의 촌락을 멸실시키고 대도시에서도 토박이 주민들이 본고장을 떠나면서 지연을 중심으로 한 향토문화는 상실된다. 농촌에서건 도시에서건 향토문화와 주민공동체의 기본단위인 전통적 촌락은 멸실되고 있다.

이렇게 사라져 가는 마을을 우리는 바라보고만 있어야 하는가. 공동체가 해체되고 거주지의 풍수가 사나우니 그 속에 처한 인간의 정서나 인심도 각박해진다. 마을의 상실은 문화의 상실, 집단의 정체성 상실, 개인의 자아상실로 이어지고 심한 후유증을 앓아야 하며 결국 우리가 원치 않는 문화에 우리를 맡기게 된다. 프랑스의 예를 보면 주민이 주체가 되어 지역 전체를 문화재로 보고 지역의 환경과 문화유산을 보존하고 주민참가형의 지역 박물관 활동(수집보존, 조사연구, 전시교육 보급)을 통해 지역의 정체성을 담보하고자 하는 에코뮤지엄이 탄생한 배경에는 1960년대 후반 도시의 인구집중, 정신적 황폐, 아이덴티티 상실 등에 따른 부정적 상황 속에서 사람들은 사회변혁을 요구하는 사상적 운동에 사로잡혔다. 그 큰 하나의 흐름은 무엇보다도 각각의 지역환경에 밀착하여 살고, 그것을 이해하는 것을 지향하게 되었다.[3] 우리도 이러한 대책이 요구된다. 농촌에 다시 사람을 모으고 도시의 과밀화를 해소하고 지역 간의 균형과 조화, 문화적인 충족감을 온 국민이 느낄 수 있는 대책은 무엇일까. 필자는 그것을 마

1) 농어촌 인구는 2010년 875만8천명으로 2005년 876만 4천 명보다 다소 줄었지만 감소세는 과거보다 약해졌다. 귀농·귀촌인구 증가로 향촌형 인구이동이 향도형 인구이동보다 우세해진 결과다. 인구 감소세 약화에도 오지마을을 중심으로 과소·공동화 현상은 급격히 악화했다. 2010년 기준으로 과소화마을(20가구 이하)은 3천91개로 전체 농어촌 마을 3만 6천496개의 8.5%다. <연합뉴스> 1012년 6월 10일.

2) 김덕묵,『민속종교 연구방법론』, 한국민속기록보존소, 2011, 385쪽.

3) 오하라 가즈오키, 김현정 역,『마을은 보물로 가득 차 있다』, 아르케, 2008, 31~56쪽.

을기록관에서 찾고자 한다.

<그림 1> 도시와 농촌의 문화적인 삶을 선도하는 마을기록관

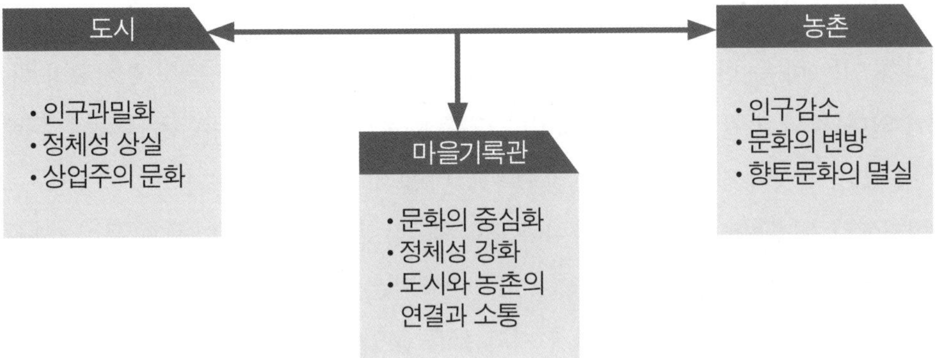

마을기록관은 도시는 물론 농촌에 새로운 분위기를 진작시키며 문화변방으로서의 농촌이 아니라 그곳을 문화중심지로서 새롭게 인식하게 한다. 마을기록관은 새로운 도시와 농촌문화의 대안으로 국가적 차원에서 정책과 지원이 이루어져야 한다.

2. 마을기록관을 어떻게 만들 것인가

마을기록관을 중앙정부나 지자체, 외부인의 시각에서 규정하고 설립하려 한다면 그것은 관광지에 있는 전시관과 다를 것이 없다. 이것은 보여주기 위한 것 이전에 주민의 삶을 수렴하는 것이며 재구성하는 것이기에 무엇보다 주민의 입장에서 즉, 내재자의 관점에서 추구되어야 한다. 마을기록관은 단순한 전시관이나 박물관이 아니라는 점을 상기해야 한다. 누구에게 보여주기 위한 것이 아니라 그들의 삶을 담고 삶의 일부로서 전승되고 채워지는 역동적인 그들의 자화상임을 명심해야 한다.

따라서 특정한 테마가 있는 마을을 위주로 건립해야 한다는 등의 생각이나 혹은 그렇지 않으면 실현성이 부족하다는 생각은 편견일 수 있다. 마을기록관은 이러한 기존의 발상과는 다르다. 이것은 외부인의 시선에는 볼거리가 없고 테마가 없다고 해도 그 곳에 주민이 있고 그들의 삶이 있는 이상, 마을기록관은 그들과 함께 하는 것이다. 또한 이 점을 처음에는 외부인들이 알지 못하겠지만 점차 그들도 보다 심층적으로 이러한 속살을 이해하게 되면 그들에게도 한층 깊은 의미로 다가올 것이다. 테마가 있고 역사가 있는 마을, 만약 이런 것을 중점으로 한다면 과거 지배층 중심의 기록과 다를 것이 없다. 잘난 마을, 못난 마을이 없다. 모든 마을이 주인이고 주민 누구나가 주체가 될 수 있다. 이것이 진정한 기록의 민주화요. 마을기록관의 정신이다.

여기에서 우리는 다른 문화기관이나 형태 즉, 향토전시관이나 박물관 등이 아닌 왜 마을기록관이어야 하는지 알 수 있다. 마을기록관은 박제화 된 유물을 전시하는 곳이 아니라 주민들의 과거뿐만 아니라 현재의 삶을 끊임없이 담아내는 곳이다. 즉, 마을기록관에서 전시는 '기록'을 압도하지 않으며 전시란 쉼 없는 기록 속에서 얻어지는 부산물이어야 한다. 또한 정부나 지자체에 의해 볼거리만을 추구하는 관람용 전시관이 아니며 외부인의 시선만을 의식하는 곳이 아니다. 물론 지자체와 협력관계를 취하겠지만 무엇보다 주민의 문화주권과 자치를 존중해야 하며 그들 스스로의 삶을 담고 채워가는 그들의 자화상이어야 한다는 점에서 마을'기록관'으로서의 형태가 요구된다.

마을기록관은 주민과 지자체, 정부, 학계의 공조와 지원이 필요하다. 지자체와 정부에서는 주민교육이나 홍보를 통해 마을기록관의 설립을 정책으로 권장하고 주민들은 자신의 마을에 마을기록관을 설립하기 위한 적극적인 참여와 의지가 있어야 한다. 학계에서는 이론과 방법을 창출하여 마을기록관의 설립방법에서부터 운영 및 비전을 제시해야 한다. 일단 마을기록관 설립에 대한 의지가 표명되면 주민대표, 지자체 관계자, 학계의 전문가가 참여하여 설립위원회를 결성하고 구체적인 절차를 수립해서 추진해야 한다.

설립위원회가 구성되면 선행사례에 대한 벤치마킹을 해야 한다. 마을기록관은 종합적인 문화요소가 수반되는 일이다. 여기에는 단순한 전시관이나 기록관의 기능을 넘어 마을의 복합적 문화공간으로서의 속성, 마을의 자원화 등을 고려해야 하는 이른바 '마을학'이라고 할 만한 종합적인 지식이 요구된다. 따라서 기록관뿐만 아니라 아카이빙, 마을의 활용 등의 다양한 사례를 검토하고 마을의 특성에 맞는 기록관을 설립해야 한다. 마을기록관의 설계단계에서부터 이러한 고려가 없다면 마을에서 마을기록관의 기능이 제대로 수행되지 못할 수도 있다. 현재까지 마을기록관이 설립된 적이 없기 때문에 구체적으로 선행사례를 제시할 만한 곳은 없다. 다만 현재 마을기록관은 아니지만 마을전시관 등의 사례를 검토할 수 있으며 외국의 사례도 참고할 수 있다. 특히 주민들이 주체가 되어 지역의 환경과 생태, 문화유산, 생활문화 등을 박물관과 연계하여 지역의 정체성을 구축하고자 하는 에코뮤지엄(Ecomuseum)이나 지역 아카이빙과 관련해서는 풀무관 설립 프로젝트(면 단위의 아카이브즈 구축), 성미산 마을 디지털 아카이브 구축 사업(통합문화공간으로서 마을 기록물 보관소 설립), 백두대간 마을 기록화(산간마을에 대한 영상기록)[4] 등 국내외의 사례를 참조할 수 있고 마을단위의 전시관도 참고가 된다. 허물어진 정미소 건물을 수리하여 마을의 문화공간으로 활용한 진안군 마령면 계서리 '계남정미소'는 용도가 끝난 마을의 정미소 건물을 문화공간으로 활용한 좋은 사례가 된다.[5] 우리의 주변에도 이렇게 고택, 민가, 시장, 골목, 폐교, 창고, 공장 등의 낡은 공간들이 적지 않게 있다. 문화공간으로 얼마든지 활용이 가능하다.

마을기록관은 전시공간과 자료의 보존공간, 관리공간, 교육공간, 휴식공간 등으로 구성될 수 있다. 전시공간은 마을의 사정에 따라 다르겠지만 일반 마을의 경우 마을회관이나 노인정의 한 칸을 이용해도 되고 마을의 빈집을 활용해도 된다. 사정이 여의치 않다면 신축하는 것도 방법이겠으나 가급적이면 오래된 민가를 활용하는 것이 좋다. 민가 건축물 자체가 마을의 역사와 문화를 말해주는 향토자원이기 때문에 마을기록관의 취지나 민가의 보존 및 활용을 위해서도 바람직하다. 마을에서 오래된 민가를 그대로 활용하여 여러 개의 방을 주제에 맞게 분류하여 전시공간, 교육공간, 휴식공간 등으로 활용해도 된다. 즉, 안방은 여성생활사와 관련된 자료 전시, 사랑채는 족보, 동제문서, 주민들의 기록물 등을 전시하는 공간, 건넌방은 아이들과 관련된 전시물을 배치, 광에는 농기구와 관련된 것, 마루는 관리 및 휴식공간, 창고를 개조하여 교육공간으로 활용할 수도 있다. 규모가 작은 곳은 아래채의 내부를 조금 개조하여 전시공간으로 활용하고 안채는 주민들의 휴식공간, 교육공간 등으로 활용해도 좋다. 규모가 큰 곳은 이웃하는 몇 채의 민가를 활용할 수도 있다. 마을에서 사용하지 않는 빈집, 방앗간, 상여집, 창고 등을 활용하여 각 주제에 맞는 테마파크 형태의 마을기록관

4) 권순명, 「지역 아카이빙을 위한 기록화방안 연구」, 『기록학연구』 제21호, 한국기록학회, 2009, 56~57쪽.
5) 계남정미소와 관련된 내용과 사진은 네이버 블로그(http://jb.go.kr)에서 참고한 것임을 밝혀둔다.

을 설립할 수도 있다. 현재 일상적인 주거가 없는 이들 공간과 동제당, 문화유적, 선산 등과 연계하여 콘텐츠를 구축하고 스토리텔링을 엮어가며 마을 관람의 코스로 활용할 수도 있다.

특별한 경우가 아니라면 대다수의 마을에서는 몇 칸 규모의 작은 공간에 전시물을 전시하게 된다. 전시방법은 사진과 설명서를 결합시킨 패널전시를 하거나 진열장을 만들어 실물을 전시하고 영상물을 상연하는 등 다양한 방법으로 할 수 있다. 일반마을의 경우 마을의 역사와 문화, 주민들의 자취와 활동을 보여주는 사진과 설명문을 부착한 패널전시와 큰 민구는 그대로, 작은 민구, 문서류, 기록물 등은 진열장에 전시하여 설명문을 만들어놓으면 될 것 같다. 꼭 전문박물관처럼 해놓아야 된다고 생각한다면 거액의 예산지원이 있지 않는 이상 불가능하다. 소박하지만 주민들 스스로 그들의 자취와 삶의 흔적을 전시한다는 점에 의미를 두자. 그것만으로도 외부인들에게는 흥미진진한 마을의 볼거리가 되며 자라나는 아이들에게는 교육의 장이 된다.

3. 마을기록관에 무엇을 남길 것인가

마을기록관은 주민의 입장에서 내용이 구성되어야 한다. 외부인만을 의식한 단순한 보여주기 식이나 가벼운 눈요깃거리는 식상해질 수 있다. 또한 그런 것이라면 주민들에게 큰 의미로 다가가지 못한다. 커뮤니티는 혈연, 지연, 종교, 특정한 목적 등에 의한 다양한 유형이 존재하는데 그것은 각 특성에 맞는 커뮤니티 아카이브즈(community archives)에 의해 재구성될 수 있다. 이곳에 무엇을 남길 것인가에 있어서 가장 중요한 근거는 정체성(identity)에 있다. 그들의 삶의 내력과 흔적, 기억, 그들의 실제 생활과 생활문화를 마을기록관에 남겨야 한다. 마을기록관은 1차적으로 마을이라는 공간에서 주민들이 어떻게 살아왔고 살아가는가에 대한 것을 재구성하는 것으로 채워진다. 따라서 마을 주민들의 삶을 증거하고 전체상을 보여줄 수 있는 것들로 구성되어야 한다. 여기에 2차적으로 타지와 비교해 그 마을의 특성으로 강조하고자 하는 것들을 첨

부해야 한다. 그것은 마을테마로 특성화하여 주제에 맞추어 자료를 수집한 후 전시, 홍보, 교육 등의 소재로 삼을 수 있다.

마을기록관은 그 특징으로 볼 때 민속 아카이브(folklore archive)의 측면도 강하다. 민속 아카이브는 다큐멘터리 아카이브(documentary archive)와 많은 면에서 차이가 있다.[6] 다큐멘터리 아카이브에서는 필사본이나 활자화 된 제 형태의 자료들이 주종을 이룬다면 민속 아카이브는 기억 속에 남겨진 전통이나 기술 혹은 전승되는 다양한 측면들이 비중을 차지한다.

4. 마을기록관을 어떻게 활용하고 운영할 것인가

마을기록관을 통해 마을은 이전과 다른 차원의 공간으로 전환된다. 그것은 마을의 의미, 주민의 삶의 질, 문화와 역사가 있는 마을, 외부세계와 마을을 이어주는 통로이자 새로운 공동체 공간을 만드는 기제가 된다. 마을기록관은 이러한 역할이 극대화될 수 있도록 활용되어야 한다. 마을기록관에서는 전거한 활용방향을 목표로 삼고 마을에 대한 연구와 기록, 자료수집과 정리, 보존관리, 전시와 교육 등 제반 활동을 하게 된다.

마을기록관은 민·관·학(民官學)의 협력적인 네트워크를 토대로 설립되고 운영되어야 한다. 마을기록관이 설립된 후에도 삼자의 결속이 유지되어야 하며 관리나 운영에 있어서는 주민과 지자체가 공조체제를 가져야 한다. 마을기록관의 관리인원은 주민들 중에서 배출되어야 한다. 마을의 원로인 노인층에서 마을기록관의 실질적인 관리를 하는 것이 바람직하다. 노인들은 여가시간이 많고 마을에 대한 지식이 풍부하여 방문객들에게도 안내자로서 적합하다. 필자는 민속조사를 하기 위해 마을에 가면 노년층을 만나서 대담을 하고 그들의 안내로 마을을 돌아보는 경우가 많다. 젊은이들은 노

6) George List, "ARCHIVING", FOLKLORE and FOLKLIFE, The University of Chicago press: Chicago and London, 1972, p. 455.

인 분들만큼 마을사를 이해하지 못하며 바쁜 일상 때문에 마을기록관을 돌보기가 사실상 힘들다. 젊은이들이 열심히 생계와 관련된 일을 할 때 노인들은 원로로서 마을의 문화를 전승시키고 교육하고 관리하는 사람이 되어야 한다. 노년은 인생의 황혼기에 접어든 꺼져가는 불씨가 아니라 마을문화에 열정을 쏟고 새로운 인생을 살아가는 소중한 시간이다.

그러나 주민들만으로는 마을기록관이 유지되기 힘들다. 지자체에서는 마을기록관의 유지비용을 일정부분 지원해 주고 전시나 마을아카이빙, 디지털콘텐츠의 관리 등 마을기록관을 둘러싼 기술적인 측면이나 기타 실질적인 후원을 해주어야 한다. 이런 일을 위해서는 지자체 내에 마을기록관을 담당하는 민속아키비스트가 있어야 한다. 공무원 신분을 가진 민속기록전문가가 지자체에 근무하며 산하 마을의 기록관을 주기적으로 다니면서 지도하고 관리해야 한다. 학계에서는 지속적으로 마을기록관을 위한 이론을 생산하고 변화하는 환경에 맞게 방향제시를 해야 한다. 주민과 지자체, 학자들이 향토문화의 근간인 마을을 유지하고 지역의 발전, 문화적 삶을 높이기 위한 노력을 할 때 마을기록관의 미래도 밝을 수 있다.

마지막으로 한국사회에서 마을기록관을 어떻게 확산시킬 것인가에 대해 언급하면서 글을 맺도록 한다. 새마을운동 초기에 시범마을이 운영되었듯이 초창기에는 몇 개의 마을을 중심으로 마을기록관을 운영할 필요가 있다. 그것이 성공적으로 이루어지게 되면 전국적으로 확산될 수 있다. 이 운동이 성공하기 위해서는 지자체나 정부의 지원이 있어야 한다. 농림부에서 지정한 '녹색농촌체험마을'이나 환경부가 지정한 '생태우수마을' 등과 같은 정책과 보조하여 국가적으로 마을기록관 설립운동을 실시해야 한다. 국가기록원이나 문화체육관광부 등에서도 관심을 가져야 한다. 또한 지자체에서도 의욕적으로 추진해야 한다. 물론 이러한 움직임을 위한 이론은 학계에서 생산해야 한다. 지방의 단체장 선거나 대통령 선거에서도 후보자들이 공약으로 이러한 것을 수용하고 이후 정책을 시행할 수 있도록 학계에서 권유하는 방법도 있다. 마을기록물 수집과 구술생활사 채록에 대한 프로젝트의 활성화나 마을기록관을 위한 기타 토대연구를 통해 측면에서 지원하는 방법도 있다. 마을기록관에 대한 공개적인 학술대회를 개최하고 각종 홍보활동이나 강연도 요청된다. 다각적인 노력과 협력으로 마을기록관 설립 운동을 실시해야 한다.

참고문헌

권순명, 「지역 아카이빙을 위한 기록화방안 연구」, 『기록학연구』 제21호, 한국기록학회, 2009.

김덕묵, 『민속종교 연구방법론』, 한국민속기록보존소, 2011.

______, 「문화콘텐츠 시대의 민속기록과 활용」, 『비교민속학』 제43집, 비교민속학회, 2010.

______, 「향토문화의 기록보존에 대한 방법론적 모색-용인시를 중심으로-」, 『기록관리를 통한 기업경영과 지방행정의 발전 : 기업 및 지역공동체와 문화유산간 상생과 발전을 위한 아카이브즈의 활용』, 한국외국어대학교 정보·기록관리학과 창립 10주년 기념 국제컨퍼런스, 2010.10.15.

김익한, 「마을아카이빙 시론」, 『지방의 기록관리와 기록문화운동』, 제10회 한국기록학회 심포지엄 자료집, 2010.6.11.

박원순, 『마을, 생태가 답이다』, 검둥소, 2011.

______, 『마을이 학교다』, 검둥소, 2010.

______, 『마을에서 희망을 만나다』, 검둥소, 2009.

배영동, 「마을문화전시관으로 본 마을문화의 자원화 과정-의성 '사촌마을자료전시관'의 사례-」, 『마을 민속자원화 어떻게 할 것인가』, 민속원, 2007.

안동대학교 민속학연구소, 『마을만들기 어떻게 할 것인가』, 민속원, 2009.

______, 『마을민속 아카이브 어떻게 할 것인가』, 민속원, 2008.

______, 『마을 민속보고 어떻게 할 것인가』, 민속원, 2003.

______, 『마을 민속비교 어떻게 할 것인가』, 민속원, 2006.

______, 『마을 민속연구 어떻게 할 것인가』, 민속원, 2005.

안병우, 「지방기록관 설립과 경기기록문화포럼의 활동」, 『영남학』 제6호, 영남문화연구원, 2004.

오하라 가즈오키, 김현정 역, 『마을은 보물로 가득 차 있다』, 아르케, 2008.

이명규, 「일본에서의 마을만들기 운동과 대표사례」, 『한국사회와 공동체』, 다산출판사, 2008.

이영남, 「'마을아르페'(Community Archpe) 시론-마을 차원의 "책, 기록, 역사 그리고 치유와 창업의 커뮤니티"를 위한 제안-」, 『기록학연구』 제18호, 한국기록학회, 2008.

이영재, 「지방박물관에서 마을민속의 자원화 과정과 방법」, 『마을 민속자원화 어떻게 할 것인가』, 민속원, 2007.

이영학, 「기록문화와 지방자치」, 『지방의 기록관리와 기록문화운동』, 제10회 한국기록학회 심포지엄, 2010.6.11.

장철수, 『한국 민속학의 체계적 접근』, 민속원, 2000.

한국정신문화연구원, 『한국의 향촌민속지Ⅰ』, 1992.

Bastian, Jeannette A, Community archives-the shaping of memory, Facet Publishing: London, 2009.

List, George, "ARCHIVING", FOLKLORE and FOLKLIFE, The University of Chicago press: Chicago and London, 1972.

White, Kelvin L, "The Role of Culture in Recordkeeping Infrastructures: Developing Culturally Relevant Archives in a Pluralist Society", 『기록관리를 통한 기업경영과 지방행정의 발전 : 기업 및 지역공동체와 문화유산간 상생과 발전을 위한 아카이브즈의 활용』, 한국외국어대학교 정보·기록관리학과 창립 10주년 기념 국제컨퍼런스, 2010.10.15.

제2부
콘텐츠의 이해

2-1. 콘텐츠, 문화산업

이정연

1. 콘텐츠란 무엇인가?

1) 콘텐츠 개념과 확장

콘텐츠의 사전적 정의는 '부호·문자·음성·음향 및 영상 등의 자료 또는 정보'로, 원래 서적이나 문서 등의 내용이나 목차를 뜻하는 일반적인 용어였다. 콘텐츠는 또한 저작물의 '내용'을 지칭하기도 하였다. 정보통신기술의 발달로 콘텐츠는 인터넷이나 컴퓨터 통신을 통하여 제공되는 각종 정보 또는 그 내용을 유무선 전기통신망에서 사용하기 위하여 문자·부호 ·음성 ·음향 ·이미지 ·영상 등의 디지털 방식으로 제작해 처리 ·유통하는 각종 정보 및 내용물을 의미하기도 한다(한복희 외, 2005). 콘텐츠 개념은 다양한 분야에서 이용되면서 확장되고 있다.

먼저, '문화콘텐츠'라는 용어는 콘텐츠 개념이 대중적으로 확산되는데 공헌을 하였는데, 문화적 요소가 체화된 콘텐츠를 의미한다. 문화콘텐츠는 일반적으로 영화, 게임, 만화, 애니메이션, 캐릭터, 음악, 공연 등의 콘텐츠와 인쇄물·방송·인터넷·모바일 등의 매체를 통해 전달되는 콘텐츠다. 때로는 문화콘텐츠의 개념에 에듀케이션(교육)과 문화원형을 더하여 에듀테인먼트(Edutainment)와 문화원형콘텐츠의 용어를 사용하기도 한다. 우리가 쉽게 접할 수 있는 문화콘텐츠로는 영화나 드라마, 연극 등이 있다. 예를 들어 , 한국고전종합 데이터베이스에서 제공하는 영화 '왕의 남자'의 주인공인 '공길'이라는 키워드로 검색 할 수 있다. 『조선왕조실록』에는 공길과 관련하여 연산군 11년 을축(1505) 12월 29일(기묘)에 '배우 공길이 논어를 외운 곳이 불경하다 하여 곤장치다'라고 적혀있다. 조선왕조실록에 기록된 바로 단 한 줄의 내용이 실마리가 되어 작가의 상상력이 덧붙여져 영화 '왕의 남자'가 만들어졌다.

드라마 '별에서 온 그대'는 『조선왕조실록』 '광해군일기'에서 다루고 있는 자연현상에 대한 내용에 상상력이 가미되어 드라마로 제작된 것이다. 『조선왕조실록』의 광해 1년 9월 25일자 내용은 UFO와 관련하여 가장 자세하게 묘사하고 있다. 강원 감사 이형욱(李馨郁)은 같은 해 8월 25일 다섯 곳에서 UFO가 목격되었다고 보고하였다. 간성군에서는 햇무리 모양, 원주목은 붉은 색 베, 강릉부는 큰 호리병, 춘천부는 큰 동이, 양양부는 세숫대야 모양이라고 표현됐다. 9월 25일 보고 내용의 실제 관측일은 8월 25일이며, 군(郡)·부(府)가 관측된 내용을 보고한 것을 이형욱 강원 감사가 확인 조사한 후, 조정에 보고한 것이다.

역사적 사실에 상상력을 동원하여 만들어지는 사실과 같은 허구를 팩션(faction)이라고 한다. 팩션은 사실과 허구 그리고 과거와 현재를 교차한다. 디지털 시대에 영상으로 제작되는 콘텐츠가 증가하면서 사실로서의 역사보다는 다양한 극적 요소와의 결합을 통해 역사는 상상력과 만나 가상현실이 진실로 인식되기도 한다.

한편, 디지털콘텐츠는 '부호·문자·음성·음향 및 영상 등의 자료 또는 정보로서 보존 및 이용에 효용을 높일 수 있도록 디지털 형태로 제작 또는 처리한 것'이다. 디지털문화콘텐츠는 문화적 요소가 체화된 디지털콘텐츠이며, 멀티미디어콘텐츠는 부호·문자·음성·음향 및 영상 등과 관련된 미디어를 유기적으로 복합시켜 새로운 표현 및 저장기능을 갖게 한 콘텐츠다.

공공문화콘텐츠는 「공공기관의 정보공개에 관한 법률」 제2조 제3호의 규정에 따른 공공기관에 해당하는 역사·문화기관(historical/cultural organization)과 관련된다.

<표 1> 「공공기관의 정보공개에 관한 법률」 제2조

> 3. "공공기관"이란 다음 각 목의 기관을 말한다.
> 가. 국가기관
> 1) 국회, 법원, 헌법재판소, 중앙선거관리위원회
> 2) 중앙행정기관(대통령 소속 기관과 국무총리 소속 기관을 포함한다) 및 그 소속 기관
> 3) 「행정기관 소속 위원회의 설치·운영에 관한 법률」에 따른 위원회
> 나. 지방자치단체
> 다. 「공공기관의 운영에 관한 법률」 제2조에 따른 공공기관
> 라. 그 밖에 대통령령령으로 정하는 기관

역사·문화기관은 아카이브, 박물관, 도서관 등으로 인류의 집단 기억 수호를 담당하는 기관을 통칭한다. 「박물관 및 미술관 진흥법」제3조는 국립박물관 · 공립박물관 · 국립미술관 · 공립미술관을 구별하고 있다.

<표 2> 「박물관 및 미술관 진흥법」 제3조

> 제3조(박물관 · 미술관의 구분)
> ① 박물관은 그 설립·운영 주체에 따라 다음과 같이 구분한다.
> 1. 국립 박물관 : 국가가 설립·운영하는 박물관
> 2. 공립 박물관 : 지방자치단체가 설립·운영하는 박물관
> 3. 사립 박물관 : 「민법」, 「상법」, 그 밖의 특별법에 따라 설립된 법인·단체 또는 개인이 설립·운영하는 박물관
> 4. 대학 박물관 : 「고등교육법」에 따라 설립된 학교나 다른 법률에 따라 설립된 대학 교육과정의 교육기관이 설립·운영하는 박물관
> ② 미술관은 그 설립·운영 주체에 따라 국립 미술관, 공립 미술관, 사립 미술관, 대학 미술관으로 구분하되, 그 설립·운영의 주체에 관하여는 제1항 각 호를 준용한다.

공공기관에 해당하는 국·공립 박물관과 미술관에서 만들어져서 관람객들에게 제공되는 콘텐츠가 공공문화콘텐츠다. 「박물관 및 미술관 진흥법 시행령」 제1조의 2(박물관자료의 기준)은 '무형적 증거물의 경우 부호·문자·음성·음향·영상 등으로 표현된 자료나 정보일 것'이라고 지정하고 있다.

<그림 1> 서울역사박물관 전시프로그램과 교육프로그램

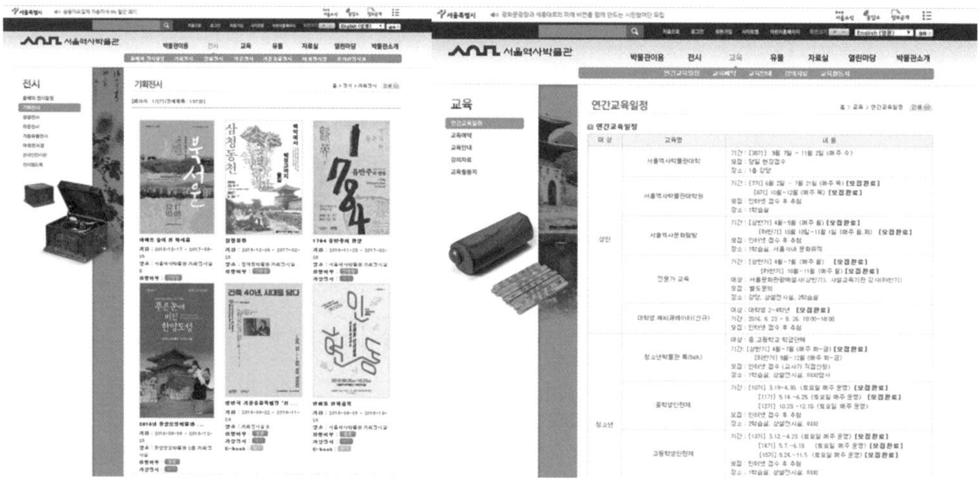

출처 : 서울역사박물관 홈페이지

<그림 1>과 같이 공공역사·문화기관인 박물관과 미술관에서 이루어지는 전시 및 교육프로그램은 공공문화콘텐츠에 해당한다. 디지털 기술의 발달로 공공문화콘텐츠의 유형 역시 상당히 다양해지고 있다. 예전에는 멀리 떨어져서 오브제를 눈으로 보는 것만이 콘텐츠를 경험해 보는 전부였다면, 오늘날에는 직접 만져볼 수 있고 체험할 수 있게 하거나 오감이나 몰입을 통해 관람객이 마치 그 장소에서 경험하는 듯한 느낌을 갖게 하기도 한다. 뿐만 아니라 시간과 장소를 초월하여 온라인으로 공공문화콘텐츠를 경험할 수 있게 한다.

2) 기록 콘텐츠 개념과 정의

콘텐츠는 또 다른 역사·문화기관인 기록관(Records Center)과 아카이브(Archives)에서도 중요한 개념으로 인식되고 있다. 기록관과 아카이브는 해당기관의 기록물을 수집하여 관리 및 보존하고 기록을 필요로 하는 사람들에게 서비스한다. 기록관의 기록은 주로 공공기관에 종사하는 사람들과 공공기관을 이용하는 사람들에 의해 이용된다. 한편, 아카이브에서는 학생들의 교육 활용이나, 조상 땅 찾기, 정치, 사회, 역사 등 학문 분야 연구를 위한 자료, 드라마나 영화 등의 시나리오 작성 등을 위한 이용 등 다양한 요구에 따라 기록이 활용된다. 기록 콘텐츠(또는 기록정보콘텐츠) 개념은 다음의 조건을 수반한다. 먼저, 기록 콘텐츠는 기록을 기반으로 하므로 행위에 관한 증거성 및 맥락성을 확보해야 한다. 기록 콘텐츠는 또한 행위에 대한 증거뿐만 아니라 사회적·문화적 목적을 위해 평가되어 선별된 기록물들을 대상으로 한다. 기록 콘텐츠는 기록물 속에 수록된 내용상의 사실적 정보를 기반으로 가공되어 이용자에게 서비스 되는 디지털 형식의 객체이다. 따라서 기록 콘텐츠는 기록물을 활용하여 제작됨과 동시에 행위에 대한 증거적 가치이자 증거로서의 의미를 넘어 인간 행위에 대한 사회적 의미를 지닌다는 측면에서 문화콘텐츠의 개념과 비교된다. 기록 콘텐츠는 기록물 자체에 대한 접근이 어려운 사람들에게 보다 쉽게 기록물에 접근할 수 있는 소통과 계승의 원천이기도 하다.

국가의 기록과 기억을 다루는 아카이브인 국가기록원은 홈페이지에서 기록정보콘텐츠를 유형별, 이용자 그룹별, 국정 분야별 주체 콘텐츠, 대통령 전시관, 전시콘텐츠 등으로 구분하여 서비스하고 있다. 국가기록원은 기록정보콘텐츠를 다음과 같이 설명한다.

<표 3> 국가기록원 기록정보콘텐츠 설명

사회적 관심이나 열람 요청이 많은 기록물을 누구나 쉽게 활용할 수 있도록 기록물의 특성, 주제, 시대 등에 따라 묶어서 정리한 것입니다. < 기록정보 콘텐츠 종류 > - 주제 콘텐츠 : 특정 주제를 다룬 기록 콘텐츠 - 시대·생활 콘텐츠 : 시대와 생활상에 관한 기록 콘텐츠 - 교육 콘텐츠 : 초·중·고등학생을 위한 기록 콘텐츠 - 전시관 : 온라인 기록 전시 - 전문 콘텐츠 : 데이터베이스로 구축·제공되는 콘텐츠

출처 : 국가기록원 - 기록정보 콘텐츠[1]

유형별 서비스는 기록을 테마, 시리즈, 교육, 컬렉션으로 구별하고 제공하고 있다. 이용자 그룹은 일반 사용자, 학생과 교사, 연구자 세 개의 카테고리로 구분된다. 국정 분야별 주제콘텐츠는 주요 정책과 제도 그리고 국책사업을 28개의 국정 분야별로 주제를 선정하여 주제별 내용과 관련한 기록물 그리고 목록을 연계하여 제공하고 있다. 대통령 전시관은 대통령의 활동, 대통령에 관한 초중등학생들을 위한 교육 내용, 대통령 관련 기록과 온라인 전시를 콘텐츠로 제공하고 있다. 전시콘텐츠는 국가기록원에서 기획 전시하였던 것을 온라인으로 전시하는 콘텐츠다.

위의 내용들을 종합하여 기록 콘텐츠 개념을 정리하면, 기록 콘텐츠는 행위의 증거뿐만 아니라 사회적, 문화적, 역사적 목적을 위해 평가되어 선별된 기록이 정보를 기반으로 가공되어 온·오프라인으로 서비스 되는 콘텐츠다.

1) http://www.archives.go.kr/next/theme/contentsOutline.do

2. 문화와 문화산업

1) 문화와 문화산업 개념

기록의 생산과 관리, 활용에 이르기까지의 모든 과정은 사회·문화적 요인들에 의해 결정된다. 기록학자 에릭 케틀라르(Eric Ketelaar)는 사회·문화적 요인들로부터 영향을 받아 아카이빙할 가치가 있는 것을 의식적 또는 무의식적으로 고려하여 결정하는 것을 '아키발라이제이션(archivalization)'으로 명명하여 설명하였다. 사람의 인지와 정서 그리고 의도는 그 사람과 관련된 사회적 맥락과 밀접하다. 사람은 태어나서 죽기까지 살아가면서 어떤 일이나 부름에 반응을 하고 또는 그것을 이해하면서 한 명의 사람이 되어간다. 리오타르는 문화를 기존의 주체나 개인에게 '덧붙여지는' 어떤 것이 아니라 개개인을 형성시키고 이들을 주체로서 만들어내는 무엇으로 보고 있다. 우리의 삶, 즉, 출생과 사망, 사랑과 일, 출산과 성장 그리고 늙어감이나 말하기 등의 영역에 존재하는 특정한 방식이 있다. 우리는 이것을 문화라고 정의하며 개개인을 형성시키고 주체로서 만들어내는 것으로 이해한다. 리오타르는 문화는 관습이나 기획, 계약에 근거하는 근본적인 장에 속한 의미들의 체계가 아니라 사람들이 거기 있음이라고 말한다. 즉, 문화는 사람들에게 이해되든 그렇지 않든지 간에, 형식적으로 인정되어 법률과 계약으로 만들어지든 그렇지 않든지 간에 상관없이 발생하는 이러한 관계 맺음의 방식들이라는 것이다. 이러한 관계 맺음의 방식들은 결국 기록의 생산과 보존, 관리와 활용에 영향을 주게 되다. 반대로 우리는 기록의 생산, 보존, 관리 및 활용 방식을 살펴봄으로써 당시의 사회적 맥락을 재구성할 수 있다.

문화산업이라는 용어를 사용하기 시작한 프랑크푸르트학파의 아도르노는 문화산업을 문화 생산물이나 서비스가 문화발전에 대한 관심보다는 상업적, 경제적 고려에 입각한 전략 하에서 하나의 상품으로 생산, 판매되는 현대의 산업 형태로 파악하였다. 아도르노는 문화산업이란 문화의 퇴보를 의미하며, 산업화 방식이 인간의 소외를 유발시키는 현상이라고 하였다. 문화산업이란 용어는 그들이 문화의 철학적·정신적 가치의 퇴보라고 보았던 대중문화의 특징을 입증하기 위해서 사용한 것이다. 아도르노는 문화산업의 산물을 '표준화'와 '사이비 개성화'라는 개념으로 특징지었다. 문화산업의 산물들은 문화산업의 생산자들, 자본과 권력을 독점한 자들이 계획한 의도에 따라 위에서 아래로 일방적으로 만들어지는 것이라는 것이다. 따라서 아도르노는 이러한 문화산업은 대중들의 상상력을 오히려 마비시키는 역할을 한다고 보았다.

반면에 벤야민은 기술 매체의 발전에 주목하며 문화와 예술을 설명하였다. 그는 19세기 사진술과 영화의 탄생은 이제까지 예술이 지녀왔던 성격을 총체적으로 변화시켰다고 판단하였으며 이것을 아우라(Aura)의 상실로 설명하였다. 아우라는 어떤 대상이 지니고 있는 그만의 독특하고 신비스러운 분위기이다. 예술작품이 지니는 아우라란 대상의 객관적 속성, 진품이거나 일회적(유일한, 독특함)이거나 원본에서 나온다고 보았다. 벤야민은 사물을 공간적으로나 인간적으로 자신에게 가까이 끌어오고자 하는 것, 복제를 통해서 그것을 자신 바로 옆에 두고 소유하고자 하는 욕망, 먼 곳에서 사물을 관조하기 보다는 손으로 직접 만져보려는 욕구와 관련해서 설명하고자 하였다. 아우라를 상실한 기술 복제 시대의 예술은 숭배 가치가 아닌 전시가치의 대상으로 등장하였다. 전시 가치가 절대적 중요성을 띠게 되면서 예술 작품은 이전과는 전혀 다른 기능을 갖게 되었다. 몰입을 통한 순간적인 동일화가 일어나게 하는 전통적인 예술 작품과는 달리 전시 가치의 대상으로서의 예술은 보고 듣고 즐기기 위한 감각적 대상으로 존재한다. 이때 작품의 수용은 정신을 집중하는 방식이 아닌 정신을 분산시키는 방식으로 이루어진다.

대중매체에 대한 관심이 고조되면서 대중매체의 사회적 기능을 연구하기 위한 새로운 학문이 나타나기 시작하였다. 문화산업 이론이 발전하면서 기존의 문화산업 이론에 대한 문제제기 또한 이루어졌다. 아도르노에 따르면 "대중 기만의 도구"로서 문화산업은 우리를 노예화하는 폭력에 불과한데, 대중문화의 산물의 영향을 많이 받은 독일의 68세대를 어떻게 설명해야 할 것인지에 대한 비판이 제기되었다. 1968년은 프랑스를 비롯한 독일, 미국 등 전 세계에서 문화산업을 통해 사회화된 전 세대가 중산 계층의 사회에 대해 반항하던 해였다. 앞서 언급한 독일의 68세대는 1960년대 말 20대 전후로 1968년 전후 독일 사회의 저항운동을 주도했던 집단이다. 이 세대들은 제2차 세계대전 당시 유년기를 보낸 후, 1950년 이후 반공 이데올로기 하에 부모의 권위와 간섭을 경험한 이들이었다. 이들은 1950년대 미국에서 수입된 대중문화와 함께 성장한 세대로 자본과 이데올로기에 포섭되기 보다는 오히려 대중문화적 수단을 통해서 일상생활에서의 새로운 삶의 방식을 실천하고자 하였고 변혁을 꿈꾸는 저항가들이었다. 따라서 68세대는 대중문화의 정치적 이용 가능성을 새롭게 모색하는데 하나의 지침을 제공하였다. 문화산업체들이 한때는 이데올로기적 순응과 문화 동질화를 위한 도구였으나, 점차적으로 사회 갈등을 보여주는 극장이자 문화적 다원성의 도구가 되고 있다는 시각이 대두되었다. 이러한 문화산업에 대한 긍정적인 시각은 인간의 정신 영역과 밀접한 연관을 가진 문화가 물질문명이 극도로 발달한 오늘날의 산업과 만나 다른 산업에 영향을 끼칠 뿐 아니라 문화 그 자체가 상품화·산업화되기 시작하였다는 것을 의미한다.

2) 역사·문화기관과 문화활동

68세대의 새로운 삶의 방식 실천은 역사·문화기관에 대한 인식 또한 새롭게 하였다. 역사·문화기관(cultural organizations)은 아카이브, 도서관, 박물관 등 인류를 위한 '집단적 기억의 수호자' 역할을 수행해 왔다. 역사·문화기관은 때로는 기억기관(memory organizations)이나 유산기관(heritage organizations)과 동의어로 사용되기도 한다. 역사·문화기관의 가장 중요한 역할은 사회적 집단기억을 생산하거나 보존하는 것이다. 이때 역사·문화기관에서 소장하는 오브제, 유물 그리고 문서는 말이나 행동과는 달리 그 물리적 내구력을 통해서 사람에서 사람으로, 장소에서 장소로 장기간에 걸쳐 전달된다. 이때, 기록 매체의 내구성은 정보전달을 위한 의사소통의 원천이 된다. 뿐만 아니라 다양한 유형의 기록은 정보전달을 용이하게 한다. 공동의 기억은 오브제, 유물, 문서의 전승을 통해 아카이브, 박물관, 도서관, 미술관과 같이 조직의 제도적 기관에 존재해 왔다. 집단기억으로 통칭되는 공동의 기억은 사회적 결속력, 공동체를 함께 만들 수 있는 많은 개인들의 공통된 생각과 신념을 반영한다. 사고방식과 행동 그리고 말, 즉, 문화 속에서 개인과 기관, 과거 공공기관들의 기록들이 생산되고, 관리되고 보존되면서 기억은 아카이브와 박물관, 도서관 등의 역사·문화기관을 통해 전승된다.

포스트모더니즘은 예술, 철학, 역사뿐만 아니라 기록학에도 영향을 주어 기록 내용 자체와 객관성에 대한 회의를 불러일으켰다. 기록학자 테리 쿡(Terry Cook)이 지적한 것처럼 기록 시리즈나 콜렉션에는 하나의 내러티브만 있는 것이 아니라 많은 내러티브들과 많은 이야기들이 존재한다.[2] 다양한 기록과 이야기는 시간과 공간을 가로질러 많은 이용자들에게 다양한 목적을 제공한다. 법적 그리고 업무 활동에 대한 사법적 증거뿐만 아니라, 역사적·상징적 목적을 제공하기 위해서 기념하고 기억할 만한가치가 있다고 판단되는 사건과 인물들을 위해 역사·문화기관이 존재한다. 포스트모던 관점에서 역사적·자연사적 사실들과 유물들, 흔적들, 증거들을 수집하고 분류하고 보관하는 작업은 근대 사회의 지배적 질서가 요구하는 시간적(과거, 역사), 공간적(자연) '재현(representation)' 체계를 형성한다. 과거의 기록을 수집, 보관 및 관리하는 아카이브와 도서관, 과거 유물들을 중심으로 기억할 수 있는 모든 것을 수집, 보관 및 관리하는 박물관의 제도는 이러한 재현 체계의 형성을 가능하게 한다. 즉, 아카이브, 도서관, 박물관 등의 역사·문화기관은 'nation(민족, 국민, 국가)'의 역사를 생산하고 공식적 기억의 제도화하거나 주입하고자 한다는 것이다.

미셸 푸코가 말한 다양한 문서들을 '배치'하는 장소인 문서고는 문서들 자체의 의미 보다 어떻게 배치되느냐에 따라 상이한 의미를 가질 수 있다는 것을 의미한다. 문서고의 개념을 역사·문화기관에 적용하면, 역사·문화기관 안에 비치된 유물과 기록들, 작품들이 고유한 의미를 가지기 보다는 그것들이 어떻게 기획되고, 해석되고 또 배치되느냐에 따라 상이한 의미를 가지게 된다. 따라서 기록학자 테리 이스트우드(Terry Eastwood)의 말처럼 "아카이브에 대한 특정 시기에 습득된 아이디어는 단지 사상사에서 폭넓은 흐름의 반영한다. 사람은 아카이브를 이해하기 위해서 특정사회의 정치적, 경제적, 사회적 그리고 문화적 환경을 이해해야 한다." 아카이브와 같은 역사·문화기관의 활동은 그 시대의 정치적·문화적·사회적 환경을 반영하고 있다.

따라서 국가적 수준의 역사·문화기관은 어떤 기록이 가치가 있는지, 그 가치를 누가 결정하는지, 어떤 가치에 따른 것인지, 가치와 결정자가 시간이 지나 변화할 때 어떤 변화가 일어나는지, 가치 없다고 누가 판단하고 망각하는지 등에 대한 질문이 끊임없이 논의되고 충돌하는 공간이다. 역사·문화기관은 소장품이 과거에 어떤 역할을 하고 어떻게 쓰였는지 조사하고 그 가치를 밝혀내는 조사 연구 활동을 한다. 조사 연구

---

2) "모든 것은 목적을 가진 화자, 사진작가, 작가에 의해 구성되고, 표현되고, 재현되고, 재표현되고, 상징화되고, 의미화되고, 신호화되고, 만들어진다"

의 결과는 출판이나 전시, 교육 활동을 통해서 관람객들에게 제공된다. 관람객은 전시를 통해 직접 소장품을 만나게 된다. 이때 역사·문화기관은 교육 활동의 살아있는 공간으로 변화하게 된다. 관람객에게 전시와 소장품에 대한 관람을 돕는 안내, 강연이나 강좌, 실습 등의 다양한 활동을 모두 교육활동으로 볼 수 있다. 전시와 교육 활동은 연계되어 있으며 조사연구 기능을 통해 전시와 교육 활동이 지원된다. 관람객은 전시와 교육 활동을 통해서 역사·문화기관의 정치적, 경제적, 사회적, 문화적 배경을 바탕으로 제작된 소장품에 대한 해석을 수용하는 동시에 관람객 자신의 문화적 배경 속에서 소장품을 비판적으로 읽게 된다. 따라서 역사·문화기관은 소장품에 대한 일방적인 정보가 제공되는 공간이 아니라 소장품을 둘러싼 다양한 논쟁이 일어나는 공간이 된다.

국가기록원은 지역의 역사문화 체계화와 정체성 확립을 위해 「내고장 역사찾기」 사업을 추진하였다. 「내고장 역사찾기」 사업은 지역에 산재하고 있는 기록물을 발굴하고 수집함으로 미래 세대에 전승할 가치가 있는 역사적 기록들을 체계적으로 정리하고 문화자원화 하는 사업이었다. 수집된 역사적 기록들은 지역의 정체성과 관련한 선별을 통해 전시나 간행물 발행으로 활용되었다.

하지만 국가적 수준의 기록과 중앙정부의 기록을 다루는 국가기록원이 「내고장 역사찾기」사업을 주도함으로써 다양한 지역성을 포괄하지 못하였다. 뿐만 아니라 사례 발굴에 급급한 나머지 표준화된 목록화만을 남겼다는 지적을 받고 있다.

기록의 객관성과 기록관리의 중립성 등에 대한 회의는 중앙과 국가적 수준의 기록관리에 대한 신뢰성을 부정하고 작은 단위 및 주체에서의 기록 수집과 활용에 대한 중요성을 부각시키고 있다. 예를 들어, 예비사회적기업인 강원아카

<그림 2> 제4회 지역기록문화축제 포스터

출처 : 강원문화재단

이브협동조합은 지역의 역사와 문화, 공간의 삶을 기록하고 콘텐츠로 개발하는 작업을 추진 중이다. 강원아카이브협동조합은 원주24도시기록프로젝트가 주관하는 지역기록화사업과 지역문화콘텐츠 개발사업(2016)을 추진하고 있다.

특히, 기존 기록화 사업 외에도 역사·문화 콘텐츠를 발굴해 지역을 공부하고 홍보하는 문화학습지를 제작하는 한편, 생산된 성과물을 시민들과 공유하는 지역기록문화축제와 기록물에 대한 가치와 확장성을 고민하는 교육프로그램도 함께 운영한다. 지역의 기록은 지역의 역사를 발굴하게 하며 그것을 공유함으로써 지역에 대한 홍보 및 지역민들의 정체성을 고취시키는데 중요한 역할을 할 수 있다. 즉, 지역의 기록을 활용함으로써 히스토리 마케팅이 될 수 있다. 현재 '과거와 현재의 공존'을 주제로 2009년부터 지역기록화 사업이 진행되고 있다. 지역의 역사와 문화 그리고 공간의 삶을 기록해 아카이브로 구축하고자 하는 사업이다. 지역아카이브세미나 '기록문화 시민학교'는 출판인, 큐레이터, 사진가, 아카이브 기획자, 국가기록원 관계자 등 국내 기록문화 분야 전문가를 초빙해 기록물에 대한 미래유산의 가치와 의미를 알아보고, 기록문화의 확장성을 함께 고민하는 자리로 운영되었다. 기록 콘텐츠의 사례라 할 수 있는 '귀래면 지역문화공부책'은 원주문화재단에서 지원 받아 제작된 고장에 대한 문화학습지다. 광역화된 지역정보와 홍보에서 벗어나 마을 단위의 역사와 문화콘텐츠 자원을 발굴해 책으로 엮은 것으로 '지역과 공간, 사람과 공동체'라는 주제를 중심으로 한다. 강원아카이브협동조합은 또한 지역기록문화축제를 개최하고 도시기록 전시와 출판, 원주이미지 사진전, 지역아카이브 세미나, 지역읽기 포토트래킹 등 다양한 프로그램을 진행하였다. 강원아카이브협동조합은 기록성에 기반을 두고 미래유산의 가치를 활용해 공동체의 문화와 삶을 지역사회와 시민이 함께 공유하는 것에 초점을 맞추고 있다.

역사·문화기관은 다양한 문화활동을 통해 역사적 사건에 대한 '기억의 장소'가 되어 사람들의 기억을 사회적, 정치적으로 (재)구성한다. 역사적 사건을 경험한 개인의 기억은 역사·문화기관에서의 문화활동으로 사회적 기억 또는 집단 기억으로 정치화된다. 이들의 기억은 역사·문화기관에서 일방적으로 제공하는 기억을 답습하기 보다는 자신의 개인의 사회·문화적 경험에 기반하여 기억을 재구성하게 된다. 이때 기억은 하나로 존재하지 않으며, 다양한 층위로 수많은 기억으로 존재한다.

참고문헌

미셸 푸고. 『지식의 고고학』. 이정우 번역, 서울 : 민음사, 2000.

사이먼 말파스. 『장 프랑수아 리오타르 포스트모더니즘을 구하라』. 윤동구 번역, 서울 : 앨피, 2008.

신혜경. 『벤야민 & 아도르노 : 대중문화의 기만 혹은 해방』. 서울 : 김영사, 2009.

한복희 외. 『기록관리학사전』. 서울 : 한울아카데미, 2005.

김명훈, 「레코드 컨티뉴엄과 평가, 그리고 기록 콘텐츠 -기록 콘텐츠 개념 정립을 위한 시론」, 『정보관리연구』, vol. 41 no. 3, 2010, pp. 131-153.

Terry Eastwood(ed.), Currents of Archival Thinking. Libraries Unlimited, 2009.

Eric Ketelaar, "Tacit Narratives: The Meanings of Archives", Archival Science, Vol. 1(March, 2001), pp. 131-141.

Terry Cook, "Archival Science and Postmodernism: New Formulations for Old Concepts", Archival Science, vol. 1, no.1, 2000, pp.3-24.

한국고전종합DB http://db.itkc.or.kr/index.jsp?bizName=JO

국가기록원 기록정보콘텐츠 홈페이지

https://www.archives.go.kr/next/theme/themeView01.do

2-2. 스토리텔링과 콘텐츠

배은경

기록의 활용과 스토리텔링

'스토리텔링'은 '스토리+텔링', 즉, '이야기 말하다'를 의미한다. 이야기를 말하는 행위로서의 스토리텔링은 이미 오래전부터 인간이 해오던 활동이다. 단지 우리가 스토리텔링을 하고 있다는 사실을 인지하지 못했을 뿐이다. 스토리텔링이 학문의 영역으로 들어온 지는 오래되지 않는다. 1995년 미국 콜로라도 주에서 개최된 디지털 스토리텔링 페스티벌이 그 계기였다. "경험을 공유하고 싶은 사람은 모두 자기 이야기를 웹에 올려 작가가 되자"는 페스티벌의 모토처럼 처음 시작은 네티즌을 위해서였다. 그러나 정보화 시대의 디지털 기술 매체 환경은 스토리텔링 기술의 전문적 고도화를 동반했다.[1]

스토리텔링은 인문학을 선도하고 있다. 학제 간 융합을 위한 수평적 연결 고리가 되어주고 있는 스토리텔링은 인문학의 전반적 갈증을 해소해줄 청량제처럼 등장했다. 서사 연구의 전통을 가진 문학을 비롯하여 인문학, 공학, 의학 등 다양한 학문들은 서로의 동반자가 되어 스토리텔링에 대한 다각적인 논의 구조와 협력 관계를 형성하고 있다. 그 결과의 하나로 '스토리헬퍼'라는 이야기 창작 도구도 만들어졌다. 데이터베이스 샘플링과 알고리즘에 기초해 제작된 이 프로그램은 인간 활동의 최고의 유희라 할 수 있는 이야기 창작을 스스로 하겠다고 나섰다. 이는 한국 최초의 디지털 스토리텔링 기

1) 이인화, 『스토리텔링 진화론』, 해냄출판사, 2014, 115쪽.

획 저작 도구라 명명되고 있으나,[2] 그 상용화에 있어서는 아직 시험대에 놓여있다.

이렇듯 스토리텔링은 우리 곁에 바짝 다가왔고, 다양한 학문 및 매체와 결합하면서 파생적 학문과 콘텐츠를 끊임없이 생산하고 있다. 어쩌면, 바로 이런 성질이 스토리텔링을 융합의 전도사로 만들었는지도 모른다.

얼마 전까지만 해도 학문의 세분화는 학문의 발전을 의미했다. 그 시절의 학문들은 권력투쟁을 즐겼다. 중세의 신학은 철학을 이겼고, 근대 과학은 신학의 권력을 빼앗았다. 20세기의 학제 간 관계도 경쟁적이고 배타적이었다. 그러나 오늘날 다양한 학문들은 스토리텔링을 매개로 제휴· 융합하고 있다. 그렇다고 스토리텔링이 학문의 권력자가 된 것은 아니다. 오히려 반대로 학제 간 경계를 무너뜨리는 도우미, 즉 디지털 시대의 컨버전스 역할을 하고 있다.

융합의 대표적 패러다임으로 등장한 스토리텔링은 주요하게 디지털 매체를 기반으로 하는 이야기 활동이다. 아날로그 시대의 이야기는 대체로 한 개 매체와 선형적 이야기 구조로 이루어졌던 반면, 디지털 시대의 이야기는 스토리텔링을 활용, 다양한 미디어와 혼용, 결합하면서 새로운 유형의 매체와 파생 이야기를 양산하고 있다. 그 대표적 사례가 인터넷 게임이다. 특히, 아바타, 인공지능, 가상공간 등 초현실적 장치가 개발되면서 스토리텔링은 이야기 범주를 확장, 재편하고 있다. 콘텐츠 제작자와 이용자를 공동의 이야기 창작자로 만드는 트랜스미디어 스토리텔링은 오늘날 스토리텔링 연구의 추축이 되고 있다.

이 글은 기록이 스토리텔링을 만날 때 기억해야 할 기본적인 원칙과 개념을 개괄적으로 설명하려 한다. 실제로 기록은 스토리텔링의 산물이다. 기록이란 인간의 이야기를 기호나 문자 등 의미 전달 매체로 서술하는 과정에서 발생하는 실체이며, 그 발생 과정 자체가 곧 스토리텔링이다. 본질적으로 이야기 구조로 이루어진 기록은 역사 연구의 기본 재료이다. 역사가들이 쓰고 있는 수없이 많은 역사 이야기 또한 기록이다. 즉, 기록은 스토리텔링의 원천 자료로 활용되어온 오랜 세월의 정형화된 대표적 사례라 할 수 있다.

2) 이인화, 위의 책, 229쪽.

1. 인류의 역사는 이야기로 시작되었다

문자가 생겨나기 이전의 인간의 이야기는 주로 '그리기'로 표현되었다. 동굴 벽화나 건축물 내외 벽에 그려진 그림 등이 대표적이다.

1994년 프랑스 남부 아르데스 협곡에서 발견된 쇼베 동굴의 암벽화는 3만2천여 년 전 인류였던 크로마뇽인들의 시선으로 본 세상의 이야기를 그리고 있다. 떼 지어 달리는 동물들을 형상화한 그림들은 동굴 틈새로 엿본 바깥 세상의 풍경이었을 것이다. 그린 이들은 동굴 밖 세상에 대한 두려움과 경이로움을 그림으로 묘사했을 것이고, 그 그림은 동시대인들에게 공감과 위로가 되었을 것이다. 그들은 동굴 가장 깊숙한 곳에 재단을 만들어 곰의 해골을 모시고 제사를 지냈을 것이고, 재단 가까운 벽에 그려진 반소반인의 모습을 한 신에게 안전한 삶을 부탁했을 것이다.[3]

1869년 스페인에서 발견된 알타미라 동굴[4]과 1940년 프랑스의 베제르 계곡에서 발견된 라스코 동굴[5]에도 1만5천년 전 지구상에 존재했던 구석기 인들의 생활상을 추론할 수 있는 그림들이 남겨져 있다. 동굴 벽화들은 직설적인 메시지를 전달하고 있다. 가식적이거나 위선적이지 않다. 동공에 비친 모든 사물과 그 움직임을 보이는 그대로 표현하려고 애썼다.

인류는 그림에서 문자라는 상징적 기호체계를 만들어 공유하면서, 이야기를 '글'의 형식으로 표현하기 시작했다. 여기서 '글'과 '그림'은 모두 동사 '긋다'에서 파생된 명사이다. 그림을 그리듯 머릿속에 특정한 상을 떠올리는 '그리움'도 동일 근원 파생어로 추정된다. 이야기가 처음에는 기억이라는 무형의 스토리로 마음에 새겨졌고, 그것은 선을 긋는 행위로 표현되었을 것이다. 기억의 희미해져 가는 흔적이 바로 그리움이고, 그리움은 기억을 기록하는 글과 그림으로 발현되고 있다.

최초의 구전 문학인 '길가메시 서사시'는 공동체 기억이 글로 남겨진 최초의 기록이

3) 300여점의 쇼베동굴 벽화를 3D 영상으로 촬영한 2010년 개봉작 베르너 헤어조크 감독의 다큐멘터리 <잊혀진 꿈의 동굴>을 참고하라.
4) 스페인 북부 칸타브리아 지방 산단데르 델 마르에 사는 부유한 지주이자 아마추어 탐험가인 바르셀리노 산스 데 사우투올라가 우연히 발견한 동굴; 신현경,「구석기 시대 동굴벽화에 대한 연구-알타미라 동굴 벽화와 미술의 제례적 기능」,『기초조형학 연구』Vol. 5 №. 2, 2004, 124쪽.
5) 우성주,「구석기 시대 라스코 동굴 벽화의 인물 이미지 연구」,『지중해지역연구』Vol. 12(4), 2010 참조.

다.[6] 기원전 1400년경 신레케운니니라는 시인이 구전되던 길가메시 전설을 아카드어 판본으로 만들었고, 이 판본이 길가메시 서사시의 표준판이 되었다. 괴테가 세계 문학의 전형이라고 말한 길가메시 서사시는 수메르 문명의 역사를 증명하는 역사적 기록이자, 최초의 이야기였다. 즉, 인류의 역사는 이야기로부터 만들어지기 시작했고, 여전히 이야기 구조로 서술되고 있다.

기원전 8세기경 고대 그리스의 작가 호메로스는 '일리아드'와 '오딧세이아'라는 장편 서사시를 썼다. 이 두 작품은 기원전 12세기에 일어났다고 추정되는 트로이전쟁을 이야기하고 있는 중요한 기록이다. 이렇게 인류의 역사는 또다시 이야기에 근거하여 기록되었다. 기원전 5세기 헤로도토스의 '역사'는 그리스-페르시아 전쟁을 알려주고 있고, 투키디데스의 '역사'는 펠로폰네소스 전쟁을 말하고 있다.[7] 이렇듯 이야기와 기록, 그리고 역사는 연속적인 순환구조로 관계하고 있다. 이 세 가지는 '서사'라는 공통점에 근거하여 끊임없이 상호작용하고 있다.

서사의 수단은 문자이다. 문자는 인류의 의사소통을 위한 보편적 수단이며, 인류 문명 발전의 핵심이다. 반면, 문자는 긴 세월 권력층의 소유물로 특권층을 위한 문화적 장치로 사용되어왔다. 기록의 주요 수단인 문자의 역사는 그 자체가 지배계급을 위한 역사 창출에 본질적으로 기여했음을 증명하는 것이다.

그러나 기원전 19세기에 출현한 언어의 소리를 일련의 기호들로 표기했던 원시적 알파벳은 표음문자로 대중적 활용에 기여한 문자였다. 고대 근동지방을 떠돌던 히브리인들이 만들어 공유했던 와디엘홀 문자는 알파벳의 원형이 되었고, 이는 비특권층의 이해관계를 수렴하는 소통의 수단이 되었다.[8] 대중의 문맹 퇴치는 공동체 사회의 민주화와 직결된다. 한자라는 표의문자 문화권에 속해있던 동방의 민주화가 서방보다 늦어진 배경에는 문자를 배우기 어려웠던 까닭도 있었다.

문자는 기본적으로 지배계급이 피지배계급을 통치하기 위해 만든 도구였다. 즉, 문자를 읽을 줄 안다는 것은 일종의 권력을 가진다는 것을 의미했다. 그렇게 만들어진 이집트의 상형문자는 지배자의 행위나 소유물을 본딴 문자였고, 이는 당연히 민중들에

---

6) 길가메시는 인류 최초의 도시라 할 수 있는 우르크 도시국가의 왕이었고, 기원전 2600년경에 실존했던 인물이다.

7) 박윤덕 외, 『서양사 강좌』, 아카넷, 2016, 34~37쪽.

8) 원은성, 「알파벳의 기원」, 『성경과 고고학』Issue 23, 30 September 1999, 74쪽.

게는 생소한 형상이자 파생문자였다.

그러나 배우기 쉬운 알파벳 문자는 점과 선으로 구성되어있다. 점과 선은 문자적 기호와 상징을 형상화하는 기본 단위이다. 선의 단순한 이음으로 표현된 그림은 점차 일정한 뜻을 함의하는 기호와 상징으로 변화하였다. 그리고 인간 사회가 더욱 복잡해질수록 소통의 매체인 기호와 상징도 복잡한 세계를 단순하나 정확하게 표기하는 방향으로 변모해갔다. 그리고 알파벳 체계의 배우기 쉬운 문자가 정형화되기 시작했고, 추상적인 기호와 상징보다는 구체적으로 쓰고 표현할 수 있는 문자가 선호되었다.

그림, 기호와 상징, 문자, 소리 등은 이야기 서술의 표준 수단으로 오랫동안 사용되어 왔다. 그러나 오늘날 컴퓨터와 인터넷의 개발로 생성된 디지털 공간에서는 당혹스럽고 궤변적인 인터넷 언어가 만들어지고 있다. 인터넷 언어는 기존의 언어 체계를 파괴하면서 생성되고 있지만, 십대 젊은 층을 중심으로 빠른 속도로 보편화되고 있다. 이 신조어들은 대중적 활용에 힘입어 기존 언어 체계로 자연스럽게 흡수되고 있다. 최근에는 이모티콘 문자라는 것도 출현했다.[9] 컴퓨터 자판의 기호 체계를 이용한 형상 문자이다. 따로 배우지 않으면 이해하기 힘든 이모티콘 문자로 쓴 문장은 기표와 기의의 디지털적 유기성을 보여주고 있다.

공통적으로 이야기를 표현하고 있는 그림과 글이지만, 이 둘은 분명 상이한 특성을 가진다. 글이 이야기 창작자의 생각을 보다 구체적, 논리적으로 서술하고 있다면, 그림은 보다 추상적으로 표현되고 있어, 보는 이의 자유로운 상상을 허락한다. 글은 오타나 오기로 글 본연의 의미를 훼손할 수 있지만, 그림은 그런 세밀한 수준의 정확성을 요구하지 않는다. 이렇게 서로 다른 특징을 가진 글과 그림은 스토리텔링 과정에서 그 목적에 따라 적절히 활용될 필요가 있으며, 이런 전략적 활용이 곧 스토리텔링이기도 하다.

스토리텔링의 원초적 표현 수단이자, 최초의 이야기 형식인 그림은 크로마뇽인의 벽화로부터 오늘날의 회화, 이야기 속의 삽화, 만화, 웹툰 등으로 발전하고 있다. 그리고 상기한 이모티콘 문자처럼, 문자는 소통의 공간이 다양하게 확대됨으로 발생한 변형된 문자를 디지털 공간에서 기꺼이 포용하며, 보다 적극적인 자세로 새 문자와의 시대적 융합을 도모하고 있다.

스토리텔러는 이야기에 근거해 그림, 글 등 적절한 미디어를 선택하여 스토리텔링의

9) http://100.daum.net/encyclopedia/view/136XX70700017 참조.

효과를 최대치로 올려야할 현 시대가 요구하는 흥행 작가이다. 그래서 대중의 이야기 내적인 공감과 외적인 반응을 총체적으로 고려해야하는 고단한 직업이기도 하다.

2. 이야기와 스토리텔링

'이야기'하면, 옛날이야기, 구연동화, 신화, 전설, 우화, 설화 등이 먼저 떠오른다. 어린 시절 할머니가 해주신 옛날이야기는 우리가 쉽게 경험하게 되는 담화이며, 이야기 특성의 원형을 그대로 보여준다. 이 외에도, 소설, 역사, 연극, 영화, 다큐, 뉴스, 일상 대화 등도 이야기 구조를 가진다.

그러나 일반적으로 '이야기'라 하면, '문자'로 표현된 서사나, 음성으로 표현된 말, 대화, 담론 등이 우선 연상된다. 대화나 문자가 이야기 표현의 기본 수단으로 인식되어왔기 때문이다. 또한 이야기는 다양한 장르의 텍스트 형태로도 존재한다. 연극 속 대본, 영화 속 시나리오, 동화 속 이야기 등이 그것이다.

그러나 이야기의 본질적 의미는 이보다 더 넓은 범주의 개념을 포괄한다. 세상에 존재했던, 그리고 존재하는, 그리고 존재할 모든 사물과 현상은 이야기를 품고 생성한다는 것이다. 왜냐하면 이야기를 인식할 수 있는 지구상 유일한 존재인 인간은 세계를 이야기 구조로 인지하고, 정보화하기 때문이다.

그래서 이야기는 사회적이며 문화적이다. 개인의 사사로운 이야기조차 사회에서 잉태된 이야기이다. 옛 이야기 즉, 신화, 설화, 우화 등도 일정 사회집단의 역사, 신앙, 생활 풍습 등 그 사회가 간직했던 삶의 흔적들을 담고 있다. 더욱이 이야기는 사회적 정보를 제공하는 원천이다. 옛 지명이나, 인명, 별자리이름 등, 다양한 명칭들은 이야기에서 비롯되고는 한다. 인류는 잊혀질 정보에 대한 기억 장치를 마련하기 위해 의도적으로 이야기를 만들기 때문이다. 특히, 그런 이야기들은 보편적이며 개연성이 있다. 사회적 공유가 필요하기 때문이다.[10] 이렇듯 이야기는 사회문화적 시대성을 반영하기에, 당대의 공동체적 공감과 사회적 정보를 제공한다.

10) 최혜실, 『스토리텔링, 그 매혹의 과학』, 한울, 2011, 19쪽.

이야기는 또한 계급적이다. 권력을 행사하는 집단의 주장이 대체로 이야기의 진실로 둔갑한다. 지식을 포함한 정보체계에서 권력은 절대적인 힘을 가진다. 즉, 권력은 자신에게 유익한 정보들로 사회를 통제하고 지배한다. 이와 달리 대중들은 자신의 이해와 대립되는 정보라도 지배적이라면 쉽게 믿고 따르는 경향이 있다. 정보를 담는 그릇인 이야기의 경우도 마찬가지이다. 권력은 이야기를 자기 방식으로 해석하고 조작한다. 그 이야기는 안타깝게도 그 시대의 지배적 담론이 된다. 그러나 권력이 영원하지 않듯 이야기도 변화한다. 권력이 교체되는 일련의 과정은 이야기로 다시 기록된다. 이런 이유로 인간은 이야기를 신뢰한다. 물론 다른 권력이 이야기를 달리 해석하고 조작하는 과정이 반복되겠지만, 이야기는 역사를 거스르지 않기에, 이야기 속에서 진실을 찾는 것은 언제나 유의미하다.

잠시, 이야기의 속성을 들여다보면서 스토리텔링과의 관계성을 살펴보도록 하자. 이야기 단위는 시작과 끝이 있다. 마치 소설처럼 도입과 귀결로 완성된다. 그러나 현실의 이야기는 다르다. 마치 강물 흐르듯 끝없이 연결된다. 이야기는 일정한 시공간성을 가지나, 현실은 시공간의 흐름과 변화에 따른다. 즉, 이야기는 공간성을 배태한 시간성에 귀속된다. 이야기가 이루어지는 시간, 이야기가 만들어지는 시간, 이야기가 전달되는 시간, 이야기가 새롭게 이야기되는 시간. 일정한 이야기는 끊임없이 이야기되면서 다양한 시공간성을 갖게 된다. 여기서 중요한 것은 어떤 시공간에 위치하느냐에 따라 이야기는 새롭게 해석된다는 사실이다. 그래서 이야기를 가지고 스토리텔링을 할 때는 시공간적 상황을 염두에 둘 필요가 있다. 스토리텔링은 이야기 창작 시점과 별개로 새로운 시공간성을 갖는다. 발화자, 발화의 이유, 청자, 청자의 상태와 반응, 발화 시점의 환경적 특성, 정세 등이 시공간성을 규정하는 요소로 작용하게 된다. 이것이 스토리텔링의 매력 중 하나이며, 그것이 갖는 실효성이다. 같은 이야기라도 어느 시공간적 상태에서 스토리텔링에 활용되느냐에 따라 이야기는 달라지며, 그것은 새로운 가치와 효용성을 발휘하게 된다.

이야기에 있어 스토리텔링은 결코 선택적인 것이 아니다. 이야기는 스토리텔링으로 연결될 수밖에 없는 구조적 속성을 가진다. 이야기가 담론적 구조를 가지고 있다는 점이 그것이다. 이것은 이야기의 일방성이 '대화'라는 소통 과정으로 이어지는 필연적 요소로 작용한다. 이야기 소통은 시공간을 초월하는 상호작용적 관계이다. 이야기 창작자와 독자가 반드시 한 공간, 같은 시대를 공유할 이유가 없다. 바로 이 소통 과정에서 스토리텔링이 생성된다.[11] 이야기는 어느 일정한 시점에, 일정한 표현 양식으로, 일정한 사회문화적 메시지를 전달하는 또 다른 이야기로 만들어지기를 반복한다. 즉, 다양한 상호작용적 구조에서 이야기는 또 다른 이야깃거리가 되어 다변적인 이야기로 재창작되는 서사 기법이 바로 스토리텔링이다.

디지털 시대의 스토리텔링은 일반적으로 콘텐츠 제작을 위한 스토리 작업이다. 21세기 들어 종이책 속의 이야기는 다양한 콘텐츠의 이야기 요소로 활용되면서 높은 부가가치를 창출하는 상품으로 변신하고 있다. 영화, 드라마. 만화 등의 소재가 된 이야기도 콘텐츠의 인기에 편승해 또 다른 콘텐츠로 제작되고 있다. 30~40년 전 인기 탤런트나 여배우의 사진이 인쇄된 책받침이 한창 불티나게 팔렸던 아날로그 시대의 그 시절과 비교한다면, 스토리텔링의 OSMU(One Source Multi Use)는 분명 디지털 시대를 반영하는 것이었다.[12] 예를 들어, '아기공룡 둘리'라는 만화책은 애니메이션과 영화 장르에 접목되어 흥행에 성공했다. 그 인기를 몰아 만화 주인공들은 캐릭터로 변신해 그 자체가 상품이 되어 시장으로 나왔다. 캐릭터는 다양한 상품에 활용되면서 스토리텔링은 황금알을 낳는 거위가 되었다. 그러나 OSMU는 이미 트랜스미디어 스토리텔링[13]에 제자리를 넘겨주고 있다. 처음부터 다양한 미디어로의 동시적 창출을 염두에 둔 스토리텔링이다. 즉, 스토리텔링은 미디어 개발에 발맞춰 변화하고 있다. 바로 이것이 스토리텔링의 현 주소이다.

스토리텔링은 새로운 부가가치를 만들어냄으로 디지털 시대의 자본주의와 친해졌다. 더욱이 그 가치란 단순한 합산이 아닌 '시너지'를 의미한다. '아기공룡 둘리'의 사례처럼 원작에서 파생된 다양한 콘텐츠가 갖는 상품적 가치는 단순한 산술적 계산으로 가늠할 수 없다. 현재 스토리텔링이 문화산업 분야에서 주요 화두로 떠오르는 이유이다. 현대 사회에서 스토리텔링과 문화콘텐츠는 고부가가치를 창출하는 인기 업종이 되었다. 이야기가 있는 광고는 성공하나, 과거처럼 아름다운 연예인의 이미지로만 만들어진 광고는 성공하기 어렵다. 광고뿐만이 아니다. 텔레비전 예능 프로그램도 이야기 요

11) 이인화, 앞의 책, 16쪽.
12) 최혜실, 『문화콘텐츠, 스토리텔링을 만나다』, 삼성경제연구소, 2006, 106~107쪽.
13) 류철균 외, 『트랜스미디어 스토리텔링의 이해』, 이화여자대학교출판문화원, 2015 참조.

소가 부족하면 시청률을 보장받기 어렵다.

최근 TV에서 흔히 볼 수 있는 방송이 리얼리티 프로그램이다. 방송은 인기 연예인들의 일상적 삶을 엿볼 수 있게 해준다. 우리와는 먼 세계 부류처럼 인식되었던 유명인들이 우리네 삶과 다르지 않게 사는 모습을 훔쳐보는 기분은 묘한 카타르시스를 느끼게 한다. 특히, 영화나 드라마에서나 볼 수 있던 가공적 인물들이 현실 세계로 들어와 함께 놀아주는 즐거움은 감동적이다. 아주 일반적이거나, 아주 특별한 이야기는 대중의 공감을 얻기 힘들다. 그래서 리얼리티 프로그램은 전형적인 흥행 프로그램의 요소를 잘 갖춘 성공적인 스토리텔링 사례이다.

스토리텔링의 가장 중요한 포인트는 보편성과 특수성 사이의 일정한 경계를 시의 적절하게 설정해야 한다는 것이다. 단순한 사례로 설명한다면, 심청전이라는 이야기로 뮤지컬을 만든다고 하자. 여기서 보편성은 우리가 익히 알고 있는 심청전의 스토리다. 여기서 특수성을 구현한다면, 뮤지컬이라는 다른 장르로 변신하는 심청전의 원질에 기초한 변형이다. 이것은 뮤지컬 감독이나 무대 감독, 의상 코디도 할 수 있으나, 1차적으로는 스토리텔러의 과제이다. 예를 들어, 당대 좋은 딸의 표상이 부모를 위해 목숨까지도 바치는 희생적인 효녀 심청이었다면, 오늘날의 좋은 딸 심청은 완전히 다른 모습으로 구현될 수 있다. 스토리텔러는 기존 이야기를 현재 시점으로 끌어내 생명력을 불어넣어 제3의 창조적 이야기를 만들어낸다. 이는 기존 이야기에 근간은 두나, 기존 이야기와는 다른 이야기 창작 과정이며, 그 목적은 온전히 관객에게 감동과 재미를 주기 위함이다.

우리가 사는 세상은 이야기로 가득하다. 그 이야기들은 고정되어 있지 않다. 사물과 현상이 끊임없이 변화하듯 이야기도 변화한다. 즉, 이야기에도 변증법의 원리가 적용된다. 여기서 변화의 모티브는 주로 스토리텔링이 제공한다. 물질세계의 원리로 이야기가 변화하고, 그 변화는 세계를 움직이고 발전시킨다. 스토리텔링은 쉼 없이 변화하는 세상을 반영하며, 세상을 새롭게 만든다. 이야기의 재생산은 세상의 재생산을 의미한다.

3. 기록이 스토리텔링을 만나다

문자가 없던 시절의 이야기는 주로 인간의 기억에 의존하여 전해졌을 것이다. 기억의 힘은 기록의 보존력과 비교한다면, 그저 무력한 존재이다. 그렇다 해도 기억은 이야기 역사의 최고 공헌자이다. 이야기의 첫 저장소가 기억이었음은 분명하기 때문이다. 이야기는 기억 속에 잠시 머물다 다른 매체를 통해 전달되고, 변이되고, 재생산된다. 그러나 원형의 흔적은 남아있다. 민족 및 국가의 기원을 이야기하는 각종 신화들은 '혼돈', '신의 저버림' 등 유사한 모티브로 이야기가 전개된다.[14] 이런 태고의 천지창조에 관한 설화들은 처음에는 구전으로 전해지다가, 암벽 등, 사물의 표면에 형상화되었고, 문자라는 상징적 기호체계가 만들어지면서 종이에 기록되기 시작했다. 문자의 탄생은 인류 기록사의 본격적인 출발점이 되었다. 이를 기점으로 이야기는 망각에 의해 유실될 위험에서 벗어났고, 안전한 보존 장치인 문자기록으로 보존되기 시작했다.

기록은 인류사를 문자, 기호, 숫자, 소리, 그림 등으로 기술하여 고정 상태로 보존한 현재 시점의 과거에 대한 이야기 실체이다. 기록은 제작 당시의 원본을 뜻한다. 사진, 마이크로필름, PDF 등 다른 형질로 변화되면, 이미 원본이 아니다. 왜냐하면 작성 당시의 얼룩, 훼손 등 원본 제작 당시의 상태도 기록에 포함되기 때문이다. 원형 유지가 존재의 단서가 되는 기록이 스토리텔링과 만나면, 기록의 원형은 파괴되고 새로운 파생 기록이 생성된다. 더욱이 기록의 맥락을 추적하여 엮은 관련 기록물에 대한 스토리텔링이 이루어지면, 활용의 범위가 확장되면서, 새로운 맥락을 갖는 해석 기록이 생산된다. 역사학자들의 사료 분석을 통한 학술연구가 그 전형적 사례이다. 이렇듯 기록의 스토리텔링은 스토리텔링이라는 현재적 개념이 특별히 인지되지 않았던 지난 긴 세월에도 작용하고 있었다.

기록도 기본적으로 이야기 구조로 되어있다. 이야기, 스토리텔링, 기록은 순환적으로 관계하면서 불가피한 상호작용을 한다. 즉, 구전되어온 이야기가 종이로 기록되고, 기록은 이야기가 되어 전달되다가, 재미난 이야기는 영상이라는 매체를 만나 영화가 되기도 한다. 이렇듯 이야기는 다양한 형태로 발현되는 일련의 과정을 겪는데, 그 과정에

14) 조은하, 이대범, 『스토리텔링』, 북스힐, 2006, 8쪽.

이야기, 기록, 스토리텔링이 있다.

인터넷이 개발되기 이전의 아날로그 시대의 스토리텔링은 단순했다. 만화책이 대중적 인기를 얻으면, 영화나 TV 애니메이션으로 제작되었다. 만화영화가 흥행에 성공하면, 만화 주인공은 캐릭터 상품으로 제작되어 어린이 시장을 장악했다. 아날로그 스토리텔링은 이렇듯 모든 정거장에 정차하는 완행열차처럼 느린 발전의 행보를 보여주었다. 그러나 디지털 스토리텔링은 완전히 다른 양상을 보여준다. 이야기는 마치 날실과 씨실처럼 끊임없이 만나고, 교차하면서 다양한 스토리텔링과 콘텐츠를 무수히 생산하고 있다.

디지털 스토리텔링의 탄생 배경은 인터넷이라는 첨단 정보처리 능력을 갖춘 거대 컴퓨터망의 개발과 실용화이다. 이는 스토리텔링 뿐 아니라, 사회 전 영역에 혁명의 불씨를 던진 당사자이기도 하다. 기록들도 아카이브의 어두운 창고에서 디지털 공간으로 이동하고 있다. 10년 전만해도 10시간 이상 비행기로 모스크바까지 가서, 어렵게 문서보존소 출입증을 발급받아, 개방시간에 맞춰 방문하여, 자료를 신청해야 열람할 수 있었던 자료들이 DB로 웹사이트에 탑재되어 이용자들에게 제공되고 있다. 물론, 아직까지도 직접 방문해야 볼 수 있는 자료들이 비교할 수 없을 만큼 더 많지만, 그래도 그 시대의 어려움을 겪은 사람이라면, 현재의 변화된 환경에 감사할 수밖에 없다. 그러나 아카이브 스스로 디지털 아카이브로 변신하려는 의지를 보이고 있는 만큼, 소장 자료의 인터넷을 통한 개방은 전면적으로 이루어지리라 기대된다.

우리가 흔히 말하는 '스토리텔링'은 주로 디지털 콘텐츠 제작을 위한 스토리텔링이다. '고부가가치의 고속성장성'이라는 이윤 창출력을 담보한 디지털 콘텐츠[15]는 아날로그 콘텐츠와 비교할 때, 항상성, 편리한 보존성, 결합성, 재생산성, 상호작용성 등 많은 장점을 가지고 있다. 이렇듯 편리하고 경제적 가치가 큰 콘텐츠 제작의 기획 작업을 총칭하는 의미로 쓰이는 광의의 '스토리텔링'의 위상은 점점 더 높아지는 추세이다.

디지털 시대의 콘텐츠는 흐르지 않으면 죽은 것과 다름이 없다. 다시 말해, 콘텐츠의 생산과 소비, 유통은 끊임없이 이어지고, 그 과정은 일률적으로 연속되기 보다는 혼합되거나, 융합된 형태로 진행된다. 이는 디지털 콘텐츠가 보여주는 특질이다. 생산자와 이용자, 소비자의 역할이 불분명해지고, 이용자가 생산자로 참여하고, 생산자 스스로

15) 최혜실, 『문화콘텐츠, 스토리텔링을 만나다』, 95쪽.

소비자가 되기도 하는 열린 콘텐츠가 만들어지고 있다.

콘텐츠는 개념적으로 각종 매체가 제공하는 정보, 지식 등과 그에 수반되는 생산물 또는 창작물을 뜻한다. 여기서 말하는 정보에는 기록도 포함된다. 기록이 콘텐츠로 만들어져 고부가가치를 창출한다는 논리가 아직은 낯선 명제처럼 느껴질 것이다. 그러나 최근 기업들은 회사 기록물로 아카이브를 만들어, 이윤창출 및 증대를 위해 활용하고 있다. 기업은 자체 생산 기록물들을 선별, 추출, 정리하여 데이터베이스로 전환, 안정적인 보존 장치를 구축하고 있다. 이는 기록 관리 및 정보시스템 관리 기능까지도 갖춘 아카이브 그대로이다. 아카이브를 만드는 목적이 단순히 기업의 과거 행적들을 정리, 보존하는 차원이라면, 기업은 아카이브를 만들 이유가 없다. 자본주의 사회에서 기업 경영은 오점을 가질 수 밖에 없고, 그 문제의 증거가 곧 기록이기 때문이다. 그러나 오늘날의 기업은 그런 위험성에도 불구하고, 아카이브 자료들을 분석하면서, 미래 사업을 위한 영리한 계획을 구상한다. 바로 이런 이유에서 기업 아카이브는 기록 활용과 스토리텔링의 전도유망한 한 분야라 할 수 있다. 기업 아카이브 구축 및 관리 업무를 맡게 될 아키비스트는 기록이 적절하게 잘 활용될 수 있도록 기업의 목표, 행정적 구조, 역사적 행보, 미래 사업의 전망 등 기업 전반에 대해 정확히 이해하는 기업 전도사의 임무도 수행해야 한다.

디지털 시대는 또한 기록의 위상과 역할도 변화시키고 있다. 기록은 더 이상 문서보존소의 낡은 캐비닛 속에 갇혀있는 고물이 아니다. 기록은 서서히 외부세계에 자신의 모습을 드러내고 있다. 웹사이트에 탑재될 수 있는 DB로 구축되어 일반인도 이용할 수 있는 친근한 형태로 변모하고 있다. 기록에 대한 접근은 보다 쉽고 다양해졌고, 기록에 출처를 둔 무수히 많은 정보들이 봇물처럼 쏟아져 나오고 있다. 기록 속 이야기는 다양한 콘텐츠로 제작되고 있고, 바로 이 과정에서 기록의 스토리텔링이 요구된다. 이제 기록은 더 이상 권력자와 연구자만이 이용할 수 있는 사상과 역사의 변절자가 아니다. 무수히 많은 정보 속에 길을 잃고 있는 대중들이 스스로 판단하고 행동할 수 있는 길잡이를 기록과 기록 콘텐츠는 제공할 것이며, 또한 제공해야만 한다.

기록이 대중과 가까워지고 있음은 기록의 스토리텔링 사례들로도 알 수 있다. 기록은 콘텐츠 제작의 신뢰할 수 있는 이야기 요소로 등장했다. 최근 소설, 연극, 영화, 드라마, 게임 등은 역사 소재를 자주 다루고 있다. 이와 더불어 마케팅, 관광, 테마파크를 비롯하여, 광고, 교육, 지역 정책 등 사회 전 영역도 우리 역사를 이야기하고 있다. 특히 역사를 주제로 한 텔레비전 좌담 프로그램은 시청자들의 꾸준한 관심을 받고 있는데, 담론의 소재는 주로 기록물이다. '진짜 이야기'를 다루는 역사는 이야기 구조상 완성도가 높다. 이미 역사 속에서 결론이 도출된 이야기이기 때문이다. 그래서인가. 역사는 영화나 드라마의 이야깃거리로 주로 활용된다. 영화나 드라마 등은 콘텐츠의 속성상 개연성과 무한 상상력이 허용된다. 이는 자연스럽게 역사 왜곡으로 이어지기도 한다. 한국 드라마와 영화가 주로 해외로 수출되고 있다는 사실로 볼 때, 역사에 대한 바른 이해와 기록에 대한 정확한 해석, 즉 올바른 스토리텔링이 요구된다. 역사적 사건과 실존 인물에 대한 대중문화콘텐츠는 허구와 창의적 상상력을 발휘하더라도 진실을 왜곡해서는 안 된다. 특히 한류의 열풍으로 두터운 해외 팬 층을 가지고 있는 한국드라마와 영화의 경우, 제작자와 감독은 역사적 도의와 사회적 책임을 가지고 역사적 사실을 고증, 활용해야 할 것이다.

4. 아날로그 아카이브에서 디지털 아카이브로

'아카이브'가 변화하고 있다. 유물처럼 보존되어 온 집단기억의 저장소는 서서히 소통과 공유를 위한 웹 공간으로 나오고 있다. 디지털 시대는 기록을 박제된 집단의 기억에서 '우리의 기억'으로 만들어주고 있다. 기록의 주인도 과거에는 주로 국가나 권력자, 기득권자였던 반면, 현재는 개인 또는 일반 사회집단으로 기록의 생산자와 이용자가 확장되고 있다.

유럽 중세 사회에서 기록은 철저히 권력의 독점 하에 있었다. 특히 소수만이 문자를 읽을 수 있었던 까닭에 기록 활용은 제한적일 수밖에 없었다. 이렇게 소수 귀족과 성직자들만이 기록을 독점할 수 있었던 중세의 유럽은 '암흑시대'를 유지할 수 있었다. 16~17세기 서양의 종교개혁이 독일어로 번역된 성경 보급과 함께 시작되었다는 사실[16]은 기록의 대중적 공유가 사회 변혁으로 이어질 수 있음을 보여준다. 기록은 인쇄술의

16) 박윤덕 외, 앞의 책, 251쪽.

발달로 일반 대중에게 보급되기 시작했다. 출판물의 증가는 기층 민중의 문맹퇴치에도 크게 기여했다.

한편, 우리의 역사는 어떠한가. 조선의 역사는 기록의 역사였다. <조선왕조실록>과 <승정원일기>와 같은 기록물은 유럽과 달리 권력의 개입으로부터 윤리적으로 독립된 객관적인 내용들이 담겨져 있다. 왕의 행적에 대한 사관의 기록에 왕은 절대로 개입할 수 없었다. 세종대왕 역시 선조인 태종의 사관 기록을 보고 싶어 안달이 났었지만, 사후 자신에 대한 기록을 후손들이 볼 수 있다는 판단에, 본인도 기록 보기를 포기했고, 조선 왕 중 누구도 사관 기록을 보아서는 안 된다는 교시를 내렸다. 그러나 <조선왕조실록>이나 <승정원일기> 등 권력층에 대한 기록물은 왕 뿐 아니라, 민중들에게도 공개되지 않았다.[17] 만약 이렇게 소상히 서술된 왕의 정치활동에 관한 기록이 다음 왕에게 공개되었다면, 실정의 위험을 조금이라도 더 예방할 수 있지 않았을까. 기록 공개는 단순히 폭로를 의미하지 않는다. 깨우침과 새로운 설계라는 건설적 대안 수립도 가능하게 한다. 결론적으로, 조선 시대의 아카이브 구축 목적은 그 자체가 통치이데올로기 구현을 위한 시스템 구축이었다. '유교'라는 조선의 통치 철학을 대변하고 있는 <조선왕조실록>은 역사적 기록을 남기려는 노력으로도 해석될 수 있다.

길고 단조로웠던 아날로그 시대가 지나가고, 컴퓨터와 인터넷이라는 기술 혁명의 시대가 우리 사회의 정보 시스템을 혁명적으로 개조하고 있다. 아이러니하게도 지구상 냉전이 종식되었던 1990년 컴퓨터 네트워크가 대중화되기 시작했고, MRI라는 자기공명영상 촬영 기술이 보급되었다.[18] 1991년 소련의 해체는 사회주의와 자본주의 체제 사이의 극단적인 이데올로기 정보 전쟁의 막을 내렸다.

정보는 다분히 정치적이며, 이데올로기적이다. 컴퓨터, 인터넷, 인지신경과학 등 정보처리능력의 혁명적 도약을 가져온 기술발전은 어쩌면 이미 오래 전에 실현되었는지 모른다. 소련 붕괴라는 역사적 대사건은 정보관리 패러다임의 변화에 분명 영향을 주었을 것이다. 그리고 현재도 진행 중인 정보통신기술혁명은 개인에 대한 정보서비스 제공 및 통제 관리로 그 영역을 확장시키고 있다.

---

17) 김성수, 「한국의 세계기록유산 보존 현황 및 과제」, 『한국기록관리학회지』 Vol.5(2) December 2005 참조.

18) 이인화, 앞의 책, 125쪽.

오늘날 아카이브도 정보관리 조직의 일원으로 개혁에 동참하고 있다. 정보 관리 조직의 일체화와 정보 시스템의 디지털화는 현재 일반화된 추세이다. 정보는 중복과 의미 부재를 낭비적 요소로 취급한다. 즉, 정보의 부단한 업데이트가 정보를 정보다운 정보로 만들어준다. 기록 분야에서는 아키비스트가 이런 역할을 직접 수행해야 한다. 아키비스트는 일정한 관리 원칙에 따라 기록을 정리, 분류, 관리할 의무를 가진다. 또한 이용자의 적절한 자료 활용을 위한 서비스 시스템도 내실 있게 구축해야 한다.

아카이브의 패러다임이 보존 중심에서 서비스 중심으로 변화하면서, 그 서비스 창구로서 디지털 아카이브에 대한 대중적 관심도 높아지고 있다. 더욱이 웹 환경은 빠른 속도로 변화하고 있기에, 디지털 아카이브의 패러다임 또한 그 변화의 속도가 빨라지고 있다. 특히 자료의 생산 및 전달, 공유에 있어 디지털 아카이브는 오프라인 아카이브와는 차원이 다른 서비스 시스템을 구축해야 한다. 이에 따라 지식에 대한 접근성과 지식의 이동성도 이용자 중심의 메커니즘을 구현해야 한다.

디지털 시대는 아카이브의 열린 자세를 요구한다. 아카이브는 보다 개방적으로 무한 이용자를 위한 서비스 체제를 만들어야 한다. 자료 보존이 주요 목적이었던 기존의 방침은 명분을 잃어가고 있다. 이용자에 의한 새로운 기록 발굴과 기록의 재구성이 아카이브의 새 과제로 제시되고 있다. 전통적 아카이브가 보존과 관리 이외의 형태로 전환되기 어려운 결과형 아카이브였다면, 디지털 아카이브는 다양한 기능과 목적 구현을 위해 얼마든지 재구성, 재배열될 수 있는 과정형 아카이브라 할 수 있다. 아카이브의 존재적 가치가 디지털과 만나면서 근본적인 변화를 겪고 있지만, 이는 대체로 긍정적으로 평가된다. 오늘날 디지털 아카이브는 이용자에 대한 개방적 태도를 넘어서 이용자의 적극적인 참여를 유도하고 있다. 그 결과로 수집의 주체가 다원화되고, 수집 과정이 자동화되며, 보관의 무제한성이 확보되고 있다. 그 뿐 아니라 이용자의 선택의 범주를 다양화함으로써 아카이브의 유동적 구성도 가능해졌다.

한편, 아카이브 소장 자료의 성격도 달라지고 있다. 기존 아카이브는 일반적으로 공공 문서를 보존하던 곳이다. 즉 자료들은 공공의 성격을 띤다. 여기서 '공공'이란 대중성도 의미하지만, 공식적인 문서라는 뜻을 더욱 내포한다. 이와 같은 기관은 기록물의 수집, 보존, 관리라는 기능의 실현을 1차적 목표로 한다. 물론 기록 평가와 보존 및 복원, 복제, 마이크로필름 제작 등 보존관리와 열람실 운영 등 이용자 대상 서비스도 아카이브의 역할 중 하나이다. 그러나 디지털 환경의 빠른 변화로 전자기록 생산, 기록 전산화 등 새로운 정보 관리 시스템 구축이 주요 과제가 되고 있다. 즉, 현존 아카이브 기록물에 대한 대중적 접근이 용이할 수 있는 최적화된 환경을 수립, 개발하는 것이 디지털 아카이브의 급선무이다.

최근 들어 아카이브는 자신의 웹사이트를 통해 소장기록 정보, 역사교육, 전시 등 다양한 서비스를 제공하고 있으며, 이용자와의 적극적인 소통구조 구축을 모색하고 있다. 즉 기록 보존과 관리가 활용으로 이어져야만 그 의미와 가치가 배가된다는 아카이브 기능에 대한 새로운 인식이 점차 보편화되기 시작한 것이다.

디지털 시대는 무엇보다 개인이 일상적 아카이브를 구축하도록 자극한다. 아카이브 관리 및 이용 주체가 사적인 영역으로까지 확대되고 있는 것이다. 페이스북이나 트위터, 인스타그램 같은 SNS 역시 일종의 개인 아카이브라 할 수 있고, 이용자들이 업로드한 이야기들은 자동적으로 기본 DB가 되고 있다. SNS의 이야기는 문자, 이미지, 영상 등으로 분절된 로그의 조합으로 이루어진다. 주요한 사회적 소통 창구인 SNS는 이미 10~50대층 연령의 인터넷 이용자의 주요 담화 공간이 되고 있다. 더욱이 이용자들이 업로드한 이야기들은 일정한 개인 공간에 축척되면서 미시적 역사 자료로서의 활용 가능성을 보여주고 있다.

개인 아카이브 뿐 아니라, 기업 아카이브도 기업이윤 창출을 목적으로 조직되고 있다. 아카이빙의 주체로서 기업이 새로운 질서의 아카이브를 선보이고 있는 것이다. 기업 아카이브의 경우, 고용주의 개입은 보다 적극적이며, 엄격하다. 기업은 아키비스트를 고용하여 아카이브 조직 및 관리 업무를 맡기나, 기업 아카이브에 있어 아키비스트는 기능적으로 수동적 주체로 참여할 수 밖에 없다. 기업 아카이브는 고용주 외의 아키비스트, 회사 직원, 이용자 등의 개입이 기업의 이해관계에 따라 제한되며, 보존, 관리될 자료들도 기업 이윤에 준하여 선별된다.

개방, 공유, 참여를 특징으로 하는 웹 공간에 아카이브가 입성하면서, 검색도구의 편의 구축 등 수많은 소장 기록물에 대한 효과적인 활용을 위한 기재 개발이 요구되고 있다. 디지털 원문에 대한 원격 서비스, 하이퍼링크 기능이 포함된 검색도구 등 이용자의 요구와 수준에 맞는 서비스 개발이 시급하다.

5. 디지털 기록과 스토리텔링

기록이 '고정된 이야기'였던 시대는 지났다. 기록은 폭포수처럼 쏟아지는 정보 속에서 진실의 잣대가 되고 있고, 뭉치고 헤어지기를 반복하는 지식과 정보의 숱한 변화에 논증의 근거로 개입하고 있다. 즉, 기록도 변화에 가담하고 있다.

선인의 지혜와 교훈이 담긴 이야기 구조의 기록은 스토리텔링 기법과 만나 현명한 어른과 같은 진중한 콘텐츠로 생성된다. 대표적인 사례가 학습 및 다큐 콘텐츠이다. 또한 기록은 낯설고 멀게 느껴졌던 과거사를 현대적으로 조망하기 위한 스토리텔링의 원천 자료로 적극 활용되고 있고, 우리 역사와 전통에 관한 이야기는 이해하기 쉬운 콘텐츠로 제작되어 대중들에게 보급되고 있다. 이렇듯 기록은 검증되지 않은 정보의 홍수 속에서 현대 사회의 이야기 증식을 위한 보다 신뢰할 수 있는, 신실한 종균 역할을 하고 있다.

디지털 기록은 기존 아날로그 상태와 비교한다면, 본성적으로 다르지 않다. 그러나 활용의 측면에서는 완전히 달라진다. 기록의 디지털 데이터베이스로의 전환은 그 사실 자체가 이미 개방과 활용을 전제로 한다. 따라서 보존을 위한 수집보다는 활용을 위한 수집과 공개가 보다 중요한 가치를 가지게 되었다. 기록은 점차 디지털 시스템에 적합한 형태로 바뀌고 있으며, 이는 우리가 상상하는 것보다 더욱 빠르게 진행될 것이다. 이미 공공기관과 기업들은 생산문서의 디지털화와 디지털식 관리를 구축했다. 기록 이용자들도 특정 범주의 전문인에서 일반인들로 크게 확장되었다. 이용자 범위의 확장은 디지털 시대의 결과물이다. 이용자들은 원하는 기록을 웹 공간에서 자유롭게 만날 수 있게 되길 기대하고 있다.

디지털 아카이브는 기록이 스토리텔링 기법과 다양한 경로로 만날 수 있게 해주는 최적의 환경이다. 기록은 웹이라는 기술적 장치와 만나면서 빠른 속도로 개방되고 있다. 방대한 데이터로 누적된 다양한 기록의 총체는 웹 공간에서 이용하는 사용자의 개입에 따라 수시로 새롭게 구축된다. 검색, 수정, 저장, 보존, 전시 등의 절차로 이용자에게 노출된 기록들은 새로운 매체와 결합하면서 스토리텔링이 이루어진다. 즉, 스토리텔링의 주체는 이제 아카이브 운영자가 아니다. 아카이브를 방문하는 모든 사람들이 기록의 스토리텔링 작업에 가담하고 있고, 그 결과 파생 기록이 끊임없이 생산되고 있다. 그리고 이제는 그 파생 기록이 아카이브의 외부적 공간만이 아닌 내부 공간에서도 창출되어야 한다. 기록에 대한 직접적인 피드백은 기록 가치에 대한 다양한 스펙트럼을 만든다. 이는 일종의 사회적 여론으로 간주할 수 있다. 특히, 정치적 기록에 대한 대중의 의견은 정책의 방향성을 제시하는 이정표가 된다.

디지털 기록에 대한 스토리텔링 활용성 증대를 위해서는 기록에 대한 사용자 관여 범위가 최대한도로 허용되어야 한다. 그런 환경에서 기록은 다양한 방법과 용도로 활용될 수 있다. 디지털 공간에서는 기록 수집 의도의 주체가 다원화되고, 수집 과정이 자동화되며, 보존 공간과 기간이 무한으로 확보될 수 있기에, 기록에 대한 스토리텔링을 자연스럽게 유도할 수 있다. 특히 사용자 개입의 범위를 전면화함으로써 사용자에 의한 아카이브의 유동적 구성도 가능하다. 유동적 구성이란 아카이브의 끊임없는 변형을 의미한다. 즉, 사용자 개입 범위 확장은 기록의 다양한 변이를 현실적으로 지원하는 객관적 조건이라 할 수 있다.

기록 활용과 스토리텔링의 순환구조에서 '새로운 디지털 문화'가 형성되고 있다. 인터넷의 개발과 대중화는 '중층적 스토리텔링'이라는 시대 환경에 최적화된 기능을 새롭게 발굴했다. 아날로그 시대의 스토리텔링은 단순했다. 소설책이 만화가 되고, 만화가 영화가 되는 식의 단순한 제공의 관계에서 생산되던 옛 스토리텔링은 정적이며 일방적이었다. 그러나 무한 이용자가 실시간 참여할 수 있는 웹 환경에서의 기록 스토리텔링은 다양한 인터페이스에서 생성되며, 원질의 기록은 다양한 이야기로 만들어져 유통된다. 물론, 이 과정에서 기록은 기록으로서의 고유 가치를 유지한다. 그러나 기록의 원형은 다양한 활용과 그 사례의 공유, 다양한 콘텐츠로의 재생산 등으로 이어진다. 즉, 기록은 노출되고, 개입을 허용하여야만, 시대적 유의미성을 갖는 기록의 다양한 스토리텔링이 가능하다. 디지털 스토리텔링은 상호적 소통을 허용해야 실현 가능하며, 기록 원형에 대한 다양한 의견 제시 및 첨삭이 공유되어야만 발전할 수 있다.

스토리텔링은 기록에 생명력을 불어넣는 행위다. 일반 정보와 달리 사건에 대한 서사적 완성도를 갖는 기록은 스토리텔링 기법으로 재생될 때 보다 신뢰할 수 있는, 동시에 흥행성까지도 갖춘 콘텐츠로 제작된다. 또한 기록의 스토리텔링 과정에는 역사관과 세계관의 변화된 추이가 반영된다. 그리고 기록이 새로운 콘텐츠로 만들어지는 과정에서 새로운 기록화가 이루어진다. 이는 인류 역사의 공식적이면서도 일정하게 갈무리된 사연을 서술하고 있는 기록의 특성에 근거한다.

디지털 아카이브를 주요 매체로 하는 디지털 기록의 스토리텔링은 파생 데이터들이 체계적으로 쌓여갈 수 있도록 지원해야 한다. 아카이브 이용자들은 디지털 기록에 자유롭게 접근할 수 있으며, 그들은 아카이브의 구조상 요구에 맞게 기록에 대한 개입을 행사할 수 있어야 한다. 즉, 디지털 아카이브는 사용자들이 데이터에 자유롭게 접근할 권리를 제공하면서, 실제로는 사용자를 통해 아카이브 업데이트를 실시간 구축할 수 있다. 이렇게 작동되는 아카이브야말로 디지털 아카이브의 기본형이라 할 수 있다.

디지털 기록과 스토리텔링의 결합은 상업성보다는 사회적 인식의 지평을 넓힐 수 있는 사회 참여적 콘텐츠 개발이라는 미래적 전망을 제시해주고 있다. 더욱이 개인 아카이브, 기업 아카이브, 대학 아카이브 등 개인, 집단, 조직 단위의 다양한 아카이브, 기록관, 역사관 등이 새롭게 생겨나면서, 기록의 스토리텔링은 그 방향을 예측할 수 없을 만큼 흥미롭고 신선한 영역이 되고 있다. 물론, 이 모든 것이 발전적으로 구현되려면, 우선 이용자 중심의 디지털 아카이브 구축이 전제된다. 한국의 문서보존 기능을 갖는 다양한 공공기관들은 웹사이트를 운영하고 있고, 이용자와의 소통과 상호작용적 시스템을 구축하려는 다양한 시도를 하고 있다.

그러나, 아직도 운영자 이익을 우선시하는 관료주의가 다양한 형태로 유지되고 있다. 스토리텔링은 개인성을 중시하는 이야기 방법론이다. 관료적, 보수적 시스템은 스토리텔링을 소극적으로 만든다. 이는 더 나아가 이용자의 기록 활용도 소극적으로 만든다. 그리고 더 나아가 기록의 파생 기록조차 최소화시킨다.

스토리텔링의 강점인 상호작용성에 위배되는 운영자 중심의 관리 시스템은 기록 관리 구조에서 극복될 필요가 있다. 왜냐하면 디지털 공간은 소수의 운영자보다는 다수의 이용자를 위한 민주적 공간이기 때문이다.[19]

19) 이인화, 앞의 책, 125쪽.

6. 인지과학과 스토리텔링

세상을 인지[20]할 수 있는 주체가 오직 인간이었던 시대가 있었다. 인간이 존재하기에 세상이 존재했듯이, 인지능력을 오로지 인간만이 가지고 있던 시대가 있었다. 그러나 유일한 인지능력자인 인간의 지적 정보 처리 능력을 무색하게 만드는 정보 쓰나미가 밀려오면서, 인간의 자체적인 정보 처리 능력은 한계에 봉착했다. 소수 권력자들의 지적 재산이었던 정보에 대한 민주화가 컴퓨터와 인터넷의 등장으로 실현되기 시작하면서, 정보를 둘러싼 전쟁은 더욱 고도화되었다. 이제 정보 보유 능력보다는 정보 처리 능력이 보다 더 요구되고 있다. 세상의 권력자들은 정보에 대한 배타적 소유보다는 정보에 대한 지능적 관리를 위한 초인류적 인공지능 정보 처리 시스템 구현을 모색하고 있다. 그리고 그 모색의 중심에 인지과학이 있다.

1950년대 본격적으로 발전하기 시작한 인지과학[21]은 한마디로 마음을 연구하는 학문(The Science of mind)이다. 초기 연구는 마음이 추상적 언어의 표상으로 발현하고, 마음의 활동은 산술적 방법으로 이루어진다는 고전적인 인지주의 패러다임에 근거하고 있었다. 즉, 뇌는 마음을 반영하는 하드웨어 정도로 인식되었다. 그러나 이에 반대하여 뇌와 마음을 일원화하는 인지과학의 패러다임도 생겨났다. 뇌와 마음은 신경과학에 기초해 연결되어 있다는 주장이다. 마음의 표현도 언어적 표상보다는 기호나 상징 정도로 보다 추상화시켰다. 그러나 1990년대 들어 인지과학이 인공지능학과 융합되면서 로봇이라는 인간의 행위를 모방하는 기계장치가 출현하기 시작했다. 로봇의 등장은 인지 행위가 뇌와 마음과 같은 생물학적인 기반에서 뿐 아니라, 비신경적 신체와 환경에 의해서도 발생한다는 주장으로 이어졌다.

인지과학의 발달은 이야기과학을 낳았다. 이야기 창작의 주체가 인간에서 인공지능

20) 인지란 자극과 정보를 지각하고 여러 가지 형식으로 부호화하여 기억에 저장하고 다시 이용할 때 상기해내는 정신 과정을 의미한다.

21) 1945년 바네바 부쉬는 『애틀랜틱 먼슬리(Atlantic Monthly)』에 발표한 「우리가 생각하는 방식으로(As We May Think)」라는 논문에서 활자에 의존한 정보관리의 방식에서 인간의 마음이 작동하는 방식과 유사한 장치 고안을 제안했다. 그것은 '메멕스(memex)'라 불리는 것으로 오늘날의 하이퍼텍스트라 할 수 있다; 최혜실, 「문학 장르의 경계와 지평 : 몸중심적 사유로서의 서사와 서사중심 의학」, 『현대문학이론연구』 Vol.44, 2011, 23쪽.

을 장착한 이야기 로봇으로까지 확장되고 있다. 인류의 역사적 산물인 이야기 창작이 기계적 인과율에 따른 알고리즘 시스템이 대신하게 된 것이다.

프로토콜 분석법과 자기공명영상 촬영은 인간의 서사 과정에서 발생하는 심리적 기전과 뇌의 신경생물학적 기전을 해명하였다. 컴퓨터 공학은 인지과학에 기초하여 창작 행위 모델을 수립했고, 알고리즘 프로그램에 적용했다. 그 결과 2002년 마이클 마티아스의 '파사드', 2005년 브라질 레안드로 모타 바로스의 '파불레이터' 등 다양한 스토리 자동 생성 도구들이 출현하기 시작했고, 현재는 백 여종이 넘는 창작 도구들이 만들어졌다.[22]

결국 인간의 마음 이야기를 컴퓨터 프로그래밍으로 자동 생성시키겠다는 열망은 구체적으로 실현되었다. 인간의 마음을 읽을 수 있다는 뇌신경과학기술은 이야기 창작 도구를 만들어냈다. 물론, 이런 도구들이 인간의 이야기 창작 행위를 온전히 대신할 수는 없다. 그러나 서사 창작이 디지털 과학의 범주로 들어가 디지털 프로그래밍이 되었다는 사실은 스토리텔링 발전의 무한한 가능성을 제공하고 있다. 특히 디지털 아카이브의 이용자 쓰기 장치로 활용해봄직하다. 기록 이용자는 스토리 자동 생성 도구로 완성도 높은 파생 기록을 생산할 수 있고, 아카이브는 다양한 파생 기록을 내부적으로 축적할 수 있다. 그 뿐만 아니라, 아카이브의 대중용 교육 프로그램으로도 활용 가능하다.

그러나, 한 가지 꼭 기억해야할 것은 서사가 단순한 이야기 창작이 아니라는 사실이다. 인간은 약간의 단어로도 자신의 생각을 정확히 표현할 수 있다. 여기에 한 마디 조사를 첨삭함으로 그 의미를 바꿀 수 있다. 즉, 서사란 구글 번역기처럼 단순한 의사소통수단이 아니다. 나의 이야기가 타인의 마음에 변화를 주게 만드는 강력하면서도 매혹적인 서술이다. 그래서 이건 로봇이 할 수 있는 알고리즘 서사와는 명백히 다르다. 인간의 이야기 창작은 타인에게 자신의 마음을 전달하려는 인간 생체적이며, 목적의식적 행위이다.

22) 이인화, 앞의 책, 128~131쪽.

7. 기록 활용과 트랜스미디어 스토리텔링

트랜스미디어 스토리텔링은 초기 기획부터 다양한 미디어들의 결합 또는 융합을 전제로 창작되는 스토리텔링으로, 원작 콘텐츠에서 파생 콘텐츠로 변화, 활용, 확장되는 OSMU와는 근본적으로 다른 개념이다.[23] OSMU는 문화콘텐츠의 산업적 중요성이 부각되기 시작했던 2000년대에 널리 애용되었던 이윤창출 방법론으로 원작의 아우라가 다 소진될 때까지 다양한 파생 콘텐츠를 판매, 높은 부가가치 창출을 목적으로 한다. 여기서 기억해야 할 것은 파생 콘텐츠는 원작에 충실하다는 사실이다.

트랜스미디어 스토리텔링은 변화된 미디어 환경, 즉 ICT[24] 환경의 필연적 산물이다. 인터넷이라는 거대 정보 통신망이 개발되고, 대량의 정보 매체들이 디지털 상태로 전환되어 생산, 유통, 전달되는 오늘날의 디지털 미디어들은 구조적으로 컨버전스 융합을 지향하고 있다. 다종다양한 미디어들은 융합과 결합, 변형과 중첩, 공존과 분열 등을 겪으면서 일정한 미디어 세계를 형성하는 동시에 또 다른 분화 파생된 미디어 세계를 창출하고 있다. 마치 그 양상은 현미경을 통해 본 세포의 결합, 증식과 분열, 이종 세포로의 분화과정처럼 진행형이며, 끊임없다. 트랜스미디어 스토리텔링 과정에서 이루어지는 미디어 간 상호작용성은 코어스토리를 중심으로 이야기 세계를 형성하고 있다.

트랜스미디어 스토리텔링은 인터넷 공간 내에서 이야기 전달매체의 무제한적 포용성을 첫 번째 전제로 한다. 이야기의 효과적 전달을 위해 적절한 미디어 선택과 미디어 간 융합이 필수적으로 요구되는 이야기 창작방법론인 것이다.[25] 여기서 미디어 선택과 융합은 인간의 감각을 자극하여 마음의 감동을 유도하면서, 감동의 파고를 지속적으로 증대, 확장시키는 것을 목적으로 한다. 트랜스미디어 스토리텔링은 무제한적 소통과 상호작용성이 보장되는 웹 공간의 효용성을 최대한도로 활용할 수 있는 이야기 생성방법이다. 왜냐하면 오늘날의 이야기는 인터넷을 통해 동시다발적으로 생성되며, 독자 간

23) 고경민, 「재생산과 재매개 도구로서의트랜스미디어 스토리텔링 연구」, 『스토리앤이미지텔링』Issue 12, December 2016, 50~51쪽.

24) Information & Communication Technology, 정보통신기술.

25) 윤혜경, 「소설의 영화화와 트랜스미디어 스토리텔링 - '살인자의 기억법'을 중심으로」, 『국어문학』67, 2018. 3, 260쪽.

상호작용으로 변형, 변이를 이어가기 때문이다.

현대의 독자는 디지털 노마드이다. 21세기 인간형으로 태어날 때부터 디지털 환경에 노출된 사람들이다. 그들은 다양한 미디어를 접하며 살면서, 미디어 간 융합, 즉 컨버전스를 자연스러운 현상이라고 생각한다. 그들은 미디어 융합을 통해 전방위로 확장되는 이야기에 더 쉽게 매료된다. 이미 태어날 때부터 유튜브로 영상을 보고, 멜론으로 음악을 듣고, 컴퓨터 펜으로 그림을 그리고, 인터넷 문자, SNS 문자, 이모티콘 문자 등 다양한 문자의 출현조차 익숙하게 생각하고, 트위터, 페이스북, 인스타그램 등 사회적 소통망에서 사회적 관계를 형성하는 인터넷 시대의 전형적 인간모델이다. 그들은 분명 종이 만화보다 책장을 넘길 필요 없는 웹툰을 즐겨보고, 인터넷 게임에서 생면부지의 파트너를 만나 동맹을 맺기도 한다. 즉, 트랜스미디어 스토리텔링은 20세기처럼 미디어 간 장벽이 두터웠던 시기에는 상상하기 조차 어려웠던 방법론이나, 오늘날에는 자연스럽고, 현실적인 이야기 창작 방법론이다.

트랜스미디어 스토리텔링에는 중심 미디어가 없다. 즉 미디어들은 특정 미디어에 의존하지 않고, 독자적이며, 동시에 융합적인 관계를 가진다. 반면에, 중심 이야기는 존재한다. 그것은 마치 나무의 뿌리나, 몸통과 같은 기능을 하면서 다양한 미디어 줄기의 근원이 된다. 다양한 미디어의 이야기들은 자체적으로 완결적이나, 동시에 다른 이야기들과 융합되면서 하나의 이야기 세계를 형성한다. 징검다리 형태로 이야기가 이동하는 OSMU와의 다른 점이 바로 이것이다.

트랜스미디어 스토리텔링은 문제 기반의 스토리텔링이다. 이 특징은 다양한 스토리 창작자와 다양한 이용자가 다양한 미디어를 매개로 다중적, 중층적인 관계를 이루는 가운데 생성되는 이야기 간의 연결 방식을 의미한다. 즉, 이야기 창작자들은 웹상에서 문답식 대화를 이어가게 되는데, 이 과정에서 이야기는 끊임없이 생산된다. 기본적으로 문제 기반의 스토리텔링은 보다 넓은 의미로, 인터넷 네트워킹의 대화 방식이라 할 수 있다. 타인의 이야기에 대한 나의 이야기가 '문제 해결'을 위해 창작되며, 이는 SNS나, 댓글, 인터넷 게임 등에서도 쉽게 목격되는 대화 방식이다.

기록도 그 자체가 문제에 기반하고 있다. 주로 증거로 활용되는 기록은 이용자에게 문제를 제기하면서, 이용자 스스로 새로운 문제의식을 가지게 한다. 아날로그 시대 기록 활용의 대표적 사례인 역사 연구가 바로 그런 과정으로 이루어진다. 그런 성질을 가진 기록이 디지털 텍스트로 전환된다면, 문제 기반의 스토리텔링을 적극적으로 유도해낼 수 있는 최적의 이야기 자료가 될 수 있다. 더욱이 트랜스미디어 스토리텔링이 기록에 활용된다면, 기록은 새로운 이야기 생성의 원천이 될 것이며, 동시에 이야기 생성에 참여하게 될 것이다.

현재 기록을 관리하는 다양한 기관들은 디지털 아카이브를 운영하고 있다. 다양한 미디어 콘텐츠를 활용하고자하는 시도가 엿보이기는 하나, 대체로 관리자 중심의 일방적인 매커니즘에 의존하고 있다. 아직까지는 이용자의 적극적인 참여를 유도하려는 의지가 부족해 보인다. 디지털 아카이브의 기록 활용이 소비로 끝나지 않고, 순환적이며 융합적 생산으로 이어지게 하기 위해서는 '완전한 상호작용'이 보장된 트랜스미디어 스토리텔링을 적극적으로 이용해야만 한다.

8. 기록 활용과 스토리텔링 사례

1) 역사 스토리텔링

'기록 활용과 스토리텔링'의 전형성은 역사 서술에 또렷이 반영되어 있다. 역사가는 인류가 걸어온 지난 과정의 발자취를 형태적으로 보존하고 있는 기록에 기초하여 역사를 창작한다. 역사가는 과거를 현재의 시점에서 기술한다. 그래서 역사는 채집된 사료 현황과 역사가의 관점에 의존하여 진실에 접근한다. 과거사가 현재의 담론으로 재현되어 참과 거짓을 가리기 위한 논쟁의 장에 던져지면서, 역사는 비로소 우리가 배우는 역사가 된다. 객관적 사실과 역사가의 주관 그리고 내러티브가 결합되어 역사라는 허구가 내재된 진실이 탄생하는 것이다. 바로 이것이 대표적인 기록의 스토리텔링이다. 인류사가 제공하는 끊임없는 역사의 기록처럼 스토리텔링도 변화무쌍한 이야기에 근거하여 끊임없이 새로운 이야기를 재생산한다. 이야기는 종말 없는 속성을 가지며, 이것은 스토리텔링의 속성으로 이어진다.

기록의 스토리텔링은 역사 연구가 역사 서술로 발현되는 과정의 방법론이다. 역사 연구는 사건의 정보를 담고 있는 기록들 간의 맥락을 연결하면서, 논증적인 이야기를 구성한다. 역사 서술은 명료한 사실과 역사가의 추론으로 만들어지며, 서사성의 기본 요건을 갖춘다. 역사가는 사실이 기록되어 있다고 추정되는 자료와 문헌들로부터 단서를 찾아 추론한다. 역사는 '사실 그대로'를 써야 한다는 역사가로서의 소명을 지키기 위해서이다. 그렇다 해도 역사를 사료에 기록된 단편적인 정보의 집합이라고 규정하기는 어렵다. 사건의 과정에 내재된 갈등, 전환, 위기 등 사건을 규명하기 위한 단초를 포착하면서 역사가는 가능한대로 사건을 총체적으로 분석하고 평가한다. 즉, 우리가 아는 역사는 불완전한 인식의 틀에 갇힌 인간의 작품은 맞지만, 진실에 가장 근접한 사실 아닌 사실이기도 하다. 이런 연유에서 역사 스토리텔링은 진실을 모색하기 위한 과정으로 끊임없이 진행되고 있다.

역사 서술은 기본적으로 대표적 1차 사료인 문서보존소 기록물의 탐색과 연구에 기초한다. 아날로그 시대의 정보는 제한적이며 비공개적이었다. 그래서 역사학자들은 접근 가능한 공공기록물에 의존할 수밖에 없었다. 그 결과 당시에는 역사를 연대기로 정리, 서술하는, 사료에 충실한 역사 서술이 지배적이었다. 그러나 프랑스 아날학파의 등장으로 역사 연구의 소재 범주는 확장되었고, '정치, 개인, 연대'에서 '사회, 집단, 구조'로 역사 인식의 기준도 바뀌었다. 1970년대 들어 주목받기 시작한 R. 샤르티에 중심의 아날학파 제4세대는 문화현상에 대한 사회사적 접근을 시도했다. 평범한 인물들의 삶이 연구되기 시작한 것이다. 이 경향은 역사학 전반에도 영향을 미쳤다. 역사학자들은 차츰 개인 소장 기록 등, 공식적이지는 않으나, 공공의 성격을 띠는 기록에 관심을 기울이기 시작했다. 역사는 점차 정치이데올로기의 대변자에서 사회적 공익을 담보하는 대중적 성격을 띠기 시작했다. 정치권력의 표상이었던 역사가 사회적 동반자로 일반 대중과 보다 친근해진 것이다.[26]

독일의 지난 40여년도 '역사문화'와 '공공역사' 개념으로 역사교육계가 들썩거렸던 긴 시간이었다. 역사문화는 1976년 독일 만하임 역사학회 이후 1979년 캄펜과 키르히호프의 "공공에서의 역사"로 개념화작업이 시작되었고, 2010년 역사학회를 거쳐 현재에 이르기까지 꾸준히 주요 주제로 다루어지면서 현 역사학계의 중요한 흐름 중 하나가 되었다. 기득권층의 기록역사에서 공동체의 집단기억의 역사로 역사 해석의 중심을

26) 김복래, 「아날학파와 일상생활사: 역사인류학을 중심으로」, 『국제지역연구』 Vol.3(1), April 1999 참조.

이동시키기 위한 노력이 반세기 가까이 계속되었던 것이다. 독일 역사학계는 인류의 역사문화를 공동체의 유산으로 기록하려는 시도를 부단히 유지했다. 그래서 오늘날 역사문화와 공공역사 이론은 주요하게 박물관, 아카이브, 동상, 매체, 관광, 홍보 등 일상적 분야들에 관심을 집중시키고 있다.[27]

역사 스토리텔링에서 기록의 이야기적 요소가 창의적으로 활용된 사례로 역사 소설이 있다. 역사 서술이 사실을 기록하는 영역이라면, 역사 소설은 실재했던 사실에 상상력과 창의력이 더해져 창작된 허구의 세계이다. 역사 소설은 근대 리얼리즘 문학의 소산이다. 역사 소설 작가들은 기본적으로 사실에 무게 중심을 두면서도 무한 상상력을 발휘한다. 그래서 익히 잘 알려진 역사적 인물을 소재로 한 역사 소설은 보다 사실적일 수 있으나, 역사서에서 이름과 짧은 이력만을 확인할 수 있는 인물에 대한 역사 소설은 허구성이 더욱 짙어진다. 후자의 역사 소설은 방송 콘텐츠로도 제작되어 가상의 공간 속에서 소설보다도 더욱 허구적인 내용으로 채워진다. <미실>, <태왕사신기>처럼 소설적 요소가 강한 역사 드라마가 그것이다. 반면, 영화 <명량>처럼 역사적 사실과 기록에 충실하면서 동시에 틈새 극적 상상력을 백분 발휘한 영화도 있다. 어쩌면 관객 대중이 가장 원하는 역사물이 이런 것인지도 모른다. 왜냐하면 역사가 '실제 사실의 서사'이길 바라는 사람은 실제로 역사가가 아닌 일반 대중이기 때문이다.

역사 서술은 기록에 대한 주관적 해석과 상상력을 허용하지 않는 반면, 역사 소설, 역사 드라마, 역사 영화 등 역사를 소재한 한 콘텐츠는 작가의 자의적 해석과 상상력을 무한으로 허용한다. 그 이유는 무얼까. 스토리텔링 주체의 서술 목적과 결과물이 다르기 때문이다. 역사 서술의 일반적 주체라 할 수 있는 역사가의 스토리텔링 목적은 '역사적 사실 밝히기'이다. 즉, 의도적으로 거짓 역사를 만드는 행위는 학문적 윤리에 있어 '해서는 안 될 행위'인 것이다. 그러나 역사를 소재로 한 상업적 콘텐츠들은 그 목적과 입장이 다르다. 이야기는 대중을 즐겁게 하고, 콘텐츠는 돈을 벌 수 있으면 된다. 즉, 역사 속 실제 인물을 영화 주인공으로 하더라도, 정반대의 캐릭터로 표현한다 해도 영화 윤리적으로 문제될 것은 하나도 없다. 영화의 목적은 흥행이며, 이야기 창작자는 사실과 상관없이 이야기를 구성할 수 있는 자유권을 갖기 때문이다.

27) 박상욱, 「대중적 역사현상의 이론적 메커니즘 -외른 뤼젠의 역사문화 이론을 중심으로-」, 『서양사론』 Vol.128, 2016, 10~12쪽.

이렇듯 역사 서술을 제외한 역사 스토리텔링은 종국적으로 사실과 허구에 구애받지 않는다. 정보가 콘텐츠 매체와 만나 감동을 주는 이야기로 재창작되는 것이 그 목적일 뿐이다.

최근 들어 역사 드라마나 역사 영화들이 많이 제작되고 있고, 상업적 흥행으로도 성공하고 있다. 역사가 이야기 소재로 대중적 인기를 얻는 이유가 무얼까. 사회가 개별화될수록 개인은 오히려 일정 집단의 구성원임을 확인하고 싶어 한다. 현대 사회가 유발하는 존재적 외로움과 불안감이 그 원인일 수 있다. 그래서 과거사를 현재적으로 조명하면서, 민족적 정체성을 구현하고 확인해주는 역사 드라마나 역사 영화는 '우리'라는 공동체적 공감을 시청자나 관객이 느끼게 해준다. 더욱이 역사는 이야기 구조로 볼 때 이미 완결성을 갖추고 있다. 즉, 역사를 스크립트로 구성한다는 것은 그다지 어려운 일이 아니다. 또한 이미 '사건화'된 대상을 가지고 이야기를 만드는 것이기에 대중의 관심을 유도하기도, 재미를 제공하기도 쉽다.

역사 스토리텔링은 권력의 역사로부터 소외당한 이들에게도 시선을 돌리고 있다. 특히 역사 연구의 한 방법론으로 개인의 증언을 기본 사료로 하는 구술사가 있다.[28] '구술'은 사건 가담자, 피해자, 목격자 등 관련자와의 면담에서 옛 기억을 끄집어내 당시의 사실을 재구성, 재해석하는 과정이다. 그저 구술자의 답변으로만 작성되는 것이 구술 기록이 아니다. 연구자와의 대화로 구술자의 어렴풋한 기억이 환기되고, 그의 상처가 치유되는 과정을 서술한 것이 바로 구술 기록이다. 그래서 구술사를 '피지배계층의 구술 자료를 통해서 밑으로부터 역사를 쓰는 작업'이라고도 정의한다. 기록은 일반적으로 권력에 대한 이야기를 권력자의 입장에서 쓰고 있다. 그래서 민중의 입장에서 서술된 기록은 많지 않다. 우리에게 알려진 역사는 권력자에 대한 자료들에 기초하여 작성된 권력의 역사라 규정해도 지나치지 않을 것이다. 구술사는 역사 연구의 편향을 바로잡기 위한 시도라 할 수 있다. 특히, 홀로코스트가 한 원인을 제공했다. 전쟁으로 상처받은 이들이 기억의 재생과 조정을 통해 자신들의 트라우마를 치유 받고, 역사 속으로 들어갈 수 있는 명분을 구술사가 제공하고 있다.

구술 기록은 역사 서술뿐 아니라, 다큐, 전시회, 박물관, 영화, 연극. 소설 등 다양한

---

28) 이재영, 정연경, 「국내 구술사 연구 동향 분석: 학술지 논문을 중심으로」, 『한국기록관리학회지』 Vol.18(3), August 2018 참조.

매체와 만나 스토리텔링 자료로 활용되고 있다. 다른 공적 기록보다 사적, 주관적 경험과 그 증언을 내용으로 하는 구술 기록은 감성적 전달과 호소가 강조되는 장르에서 보다 효과적으로 활용된다. 더욱이 구술자와 연구자의 직접적인 대화에서 생성되는 기록이므로 이야기 구조에 충실하다. 그래서 구술 기록 그 자체가 한편의 드라마와 다르지 않다. 담론 구조의 이야기를 담고 있는 구술 기록은 그런 의미에서 다변적 활용성을 내포한다.

2) 옛 이야기 스토리텔링

신화, 전설, 고전 등 옛 이야기는 오랜 세월 인간의 역사와 함께 했다. 인류가 살아온 흔적을 이야기 형태로 구현한 옛 이야기들은 인류의 '역사' 그 자체라 해도 무방할 것이다. 옛 이야기의 스토리텔링은 '구전'으로 구현되었다. 스토리텔링의 단어적 의미 그대로이다. 이는 분명 디지털 시대의 스토리텔링과는 다르다. 직접적이며 단순하다. 현재 우리가 말하고 있는 '스토리텔링'은 분명 디지털 문화에 조응하여 발전하고 있는 스토리텔링이다. 옛 이야기의 스토리텔링도 기본적으로 디지털 공간에서 이루어지는 스토리텔링이다.

신화는 신들에 관한 신성한 이야기로 구전되어 기록되었다. 신앙의 기원을 말하고 있는 신화는 종교에 초자연적인 절대성을 부여했다. 종교의 권위는 언제나 민족의 안위에 앞섰다. 민족은 오랫동안 신화로 포장된 종교를 지키기 위해 전쟁을 치렀고, 현재도 전투 중이다. 현실과 연결시킬 수 없는 신화의 비현실성은 종교의 위상을 오히려 초 인류적 상태로 급상시켰다.

신화의 스토리텔링은 주로 영화나 만화, 게임 매체로 실현된다. 환상적인 비현실을 이야기로 표출하기에 적합한 공간이다. 특히 인터넷 게임에서 인간은 아바타를 통해 신이 되기도 한다. 다른 세계의 신비로운 존재인 아바타를 자기 자신이라 착각하면서 인간은 최극단의 쾌감과 자유를 느끼게 된다. 신화를 모티브로 한 영화나 만화 역시 정도는 다르지만, 유사한 즐거움을 관객과 독자에게 선물한다. 즉, 신화의 스토리텔링은 인간의 존재적 해탈과 심리적 해방감을 제공하고 있고, 다양한 콘텐츠 개발에 기여하고 있다.

옛 이야기의 대표적 설화로 전설과 민담이 있다. 전설은 일정 지역에서 입에서 입으로 전해진 교훈과, 전통 그리고 풍습 등을 다룬 옛날이야기이며, 신화적 속성도 지닌다. 전설은 역사성을 가지며, 역사적 개연성이 있는 인물, 사건, 장소 등에 근원을 두고 창작되곤 한다. 그래서 전설은 민족 또는 국민에게 전하는 교훈적 메시지와 기억해주기를 바라는 오랜 역사에 관한 이야기를 담고 있다. 물론 전설은 신화보다 더욱 현실적으로 존재했으리라 생각되는 인물을 주인공으로 하지만, 본질적으로는 신화와 다르지 않다. 그러나 신화와 달리 전설은 신의 세계가 아닌, 인간의 세계를 이야기하고 있다. 그래서 훨씬 친근한 이야기로 청자(독자, 시청자)를 매혹시킨다.

옛 이야기 중 인간의 이야기를 가장 진솔하게 담은 이야기가 있다. 민담이다. 민담은 민초들의 생활상 풍경을 이야기로 꾸몄는데, 구전을 거치며 적지 않은 내용이 첨삭된 구전 스토리텔링의 본보기라 할 수 있다. 민담은 민중의 언어로 쓰인 민중의 이야기이다. 항상 피지배 계급으로 살아온 그들의 삶의 고충과 아픔이 이야기 속에 고스란히 적혀 있다. 어찌 보면, 민중이 자신의 설움을 한껏 표현하고 표출했던 공간이 민담이 아니었을까 생각해 본다.

옛 이야기는 기본적으로 교훈적인 특성을 가진다. 그래서 현대인들은 교육 콘텐츠 제작을 위한 스토리텔링 자료로 옛 이야기를 주로 활용한다. 종종 시대에 맞지 않은 낡은 교훈이 그대로 전달되는 경우도 있으나, 옛 이야기는 종교적 신앙과 공동체적 의식을 쉽게 전달할 수 있는 친근하면서도 신뢰할 수 있는 대상이다. 특히, 이미 완결적 스토리 구조를 갖추고 있다는 측면에서 실패의 가능성도 낮다. 그런 이유에서 옛 이야기 속의 다양한 모티브는 현재도 연극, 영화, 드라마, 뮤지컬, 광고, 게임 등 다양한 매체의 스토리텔링 창작을 위해 활용되고 있다.

최근 더욱 주목받고 있는 문화원형 콘텐츠도 신화나 민담에 주로 기초한다. 칼 구스타프 융도 자신의 정신분석학 개념 중 집단적 무의식의 "원형"을 신화나 민담에서 찾았다. 여기서 집단적 무의식은 개인적 무의식 보다 심원하며 원초적인 잠재의식으로 문화 공동체적 특성을 반영하는 것이기도 하다.[29] 이렇듯 문화원형 복원에 대한 관심은 다양한 문화원형 콘텐츠 제작으로 이어졌고, 현재는 콘텐츠 제작만큼 그 활용 방안에 대해서도 고심하고 있다. 그래서 문화원형 콘텐츠 자체가 3D 애니메이션으로 제작되거

29) 류철균 외, 앞의 책, 222~223쪽.

나, 가상현실기술 또는 증강현실기술 등을 접목한 사이버공간에서의 문화원형 복원 및 재현이 실현되고 있다. 이는 디지털 기술을 통한 이용자의 과거 유산과의 만남을 가능하게 하며, 상호작용적 피드백을 구현할 수 있게 한다.

문화원형 디지털 콘텐츠는 문화유산 자체의 물리적 훼손을 막을 수 있을 뿐더러, 언제든 손쉽게 복원하고 서비스할 수 있다는 장점이 있다. 그래서 문화유산의 디지털화 작업은 선택이 아닌 필수가 되었다. 이제 세계의 유산은 가상 박물관을 통해 쉽게 만날 수 있게 되었고. 이는 전 세계 문화교류와 융합을 활성화시킬 것이다.

3) 문화콘텐츠 스토리텔링

오늘날 '스토리텔링'은 새로운 가치 창출의 신뢰할 수 있는 강력한 수단으로 인정받고 있다. 특히 문화 산업 분야가 디지털 패러다임으로 전환하면서 문화콘텐츠가 스토리텔링이 가져온 경제적 효과는 실로 크다. 물론, 이것은 인터넷이라는 장벽 없는 시대가 가져온 위력으로도 해석된다. 그러나 기존 문화권의 경계를 무너뜨리는 문화콘텐츠의 폭발적인 파급성은 분명 스토리텔링이 제공하고 있다. 인류의 보편적인 감성 양식인 문화를 매개로 전 세계인이 공감할 수 있는 콘텐츠를 제작하는데 있어 스토리텔링의 역할이 결정적이라 해도 결코 과언이 아닐 것이다.

우리 시대의 문화콘텐츠라 하면, 일반적으로 영화, 방송, 대중음악 등 쉽게 접할 수 있는 대중적 미디어콘텐츠를 의미한다. 즉 다수의 사람들이 향유하는 문화매체로 생산된 미디어산업의 결과물이다. 미디어 상품은 기본적으로 높은 투자가치를 가지나, 그 성공여부는 예측하기 어렵다. 그래서 흥행성이 보장된 유명인을 모델로 하거나, 스토리 기반이 튼튼한 기존 이야기를 활용하여 콘텐츠가 제작된다. OSMU(One Source Multi System)나 트랜스미디어 스토리텔링과 같은 잠재적 수익 파생 능력을 가진 방법론이 주목받는 것도 그런 이유에 있다.

스토리텔러는 수익성이 높은 콘텐츠 제작에 대한 부담을 가진다. 그들은 일반 작가들처럼 자기만족적인 문학적 예술성만을 강조할 수 없다. 그들의 예술성은 철저히 대중성에 기반한다. 대중과 공감하고 소통하기 위한 심미성의 구현이 곧 디지털 시대의 문화콘텐츠이다. 그래서 스토리텔러는 문학의 원천인 '상상력'을 발휘할 때도 자신의 것이 아닌, 대중적 상상력에 의존해야한다. 그래야만 대중의 호응을 유발할 수 있는 스토리텔링이 생성되며, 대중이 좋아하는 콘텐츠 제작이 가능하다.

문학적 상상력과 대중적 예술성이 조화롭게 발현된 콘텐츠 중 대표적인 것으로 영화를 들 수 있다. 특히 신화, 전설, 역사 등 옛 기록이 적극적으로 활용되고 있는 분야이다. 시각과 청각의 절묘한 조응으로 관객의 정서적 반응을 최대한 이끌어낼 수 있는 영화는 이야기 전개에 있어 기본적으로 구조적 짜임새와 구성력을 갖는다. 최근 들어 역사를 소재로 한 영화가 심심치 않게 흥행에 성공하고 있다. 역사적 모티브나, 신화, 전설 등에 등장한 비실존적 캐릭터를 주인공으로 한 영화들이 주종을 이룬다. 역사영화의 드라마적 요소는 역사의 사실성을 다소 훼손하기는 하나, 기본적으로 기록을 존중하며, 기록에서 시작된다. 한국 영화산업은 1997년부터 빠르게 성장하고 있다. 자국영화의 점유율 또한 한국은 높은 편에 속한다. 실제로 해외 한류의 주도산업으로서 그 전망도 나쁘지 않다. 우리 역사를 잘 살려낸 영화 제작과 수출은 국가 이미지 개선과 홍보에 적절히 기여할 수 있으리라 기대된다.

영화 뿐 아니라, 드라마나 오락, 다큐와 같은 텔레비전 영상을 통해 전달되는 장르들도 기록을 활용한다. 흔히 '대하역사드라마'라는 이름으로 제작되는 드라마는 100회 분량의 엄청난 제작비를 들여 만들어진다. 역사 소재의 드라마는 오래전부터 인기를 끌었고, 현재도 다르지 않다. 텔레비전 미디어 콘텐츠로 드라마 뿐 아니라, 정보 및 오락 프로그램도 기록 활용을 주저하지 않는다. 사실적 소재를 다룬 콘텐츠는 지적 호기심을 이끌어내면서 일정한 매니아 층을 확보할 수 있기 때문이다.

특히 교양방송은 다큐와 같은 기록 영상 콘텐츠를 주로 제작하면서, 교육 담당 매체임을 보여주고 있다. 최근에는 실제 인물들이 주인공으로 출현하는 다큐 영화들도 활발히 제작되고 있다. 한국은 "워낭소리"(2009)를 시작으로 다큐 영화에 대한 관심이 커지기 시작했다. 2014년 개봉된 "님아, 그 강을 건너지 마오"는 480만 명의 관객을 동원하여 역대 최고 다큐 영화로 기록되었다. 픽션 영화와 달리 현실을 담백하게 사실적으로 묘사하고 있는 다큐 영화의 붐은 2019년에도 계속되어 방탄소년단의 다큐 영화 "번 더 스테이지"와 "러브 유어 셀프"가 전 세계 동시 개봉되기도 했다.

다큐 영화에 대한 극렬한 논란도 있다. 사실성과 극적 미학이라는 모순된 전제가 공존하는 다큐 영화를 과연 다큐멘터리로 규정할 수 있는가에 대한 문제제기이다. 이는 다큐멘터리 스토리텔링의 유의미성에 대한 문제제기이기도 하다. 이 논란은 아직 계속되고 있다. 그러나 다큐멘터리 재현방식에서 극미학적 스토리텔링은 유효하다는 주장이 대세이다. 즉, 사실성과 극미학의 모순성을 주장하는 것은 다큐멘터리의 예술성을 부정하는 것과 다르지 않다는 견해가 우세적이다.[30]

최근에는 웹다큐멘터리라는 새로운 장르의 다큐도 제작되고 있다. 웹다큐멘터리는 제작자와 이용자가 함께 구성하는 콘텐츠로 이용자에 의해 새로운 텍스트가 창작되는 인터랙션 다큐이다. 또한 트랜스미디어 스토리텔링이 구현되는 장르이기도 하다. 그 대표적인 사례로 "석탄 끝으로의 여행"과 "프리즌 밸리"를 들 수 있다. 이들은 가상 현실 형식의 다큐로 실재와 허구의 경계를 무너뜨리는 하이브리드 장르이며, 페이크 다큐멘터리 또는 모크 다큐멘터리와도 유사한 형식을 가진다. 결론적으로, 웹다큐멘터리는 디지털 공간의 능동성과 상호작용성을 십분 발휘할 수 있는 현재형 다큐 모델이며, 동시에 미래적 지향성도 가지고 있다.[31]

4) 공간의 스토리텔링

역사가 배태된 공간은 그 자체가 유적이 되어, 기념관, 전시관, 박물관, 테마파크 등으로 조성되어 이른바 지역 '명소'가 되고 있다. 우선, 역사적 인물의 출생지나 행적지 등이 기념 공간으로 만들어지고 있다. 파주의 율곡전시관이나, 황희정승 유적지, 남해의 이순신장군 기념관, 남양주시의 정약용 기념관, 완도의 장보고 기념관 등 역사적 인물의 행적이 남아있는 수많은 지역 사회는 그들의 유품, 유적을 전시, 보존하면서 지역 홍보를 위한 이미지 장치로 활용하고 있다. 현재도 지자체의 '역사적 인물 모시기'는 경쟁적으로 이루어지고 있다. 10여 년 전부터 각 지역은 '역사적 인물 선양 사업'을 추진하고 있는데, 지역의 뿌리와 정신을 위인 발굴 및 재조명으로 새롭게 구축하고자 하는 시도로 보이며, 기념관 건립으로 지역 경제를 살리고자 하는 정책으로도 해석된다.

이 밖에도 역사적 공간 그 자체가 아카이브이자 동시에 스토리텔링이 되기도 한다.

---

30) 형대조, 「다큐멘터리 스토리텔링에 대한 고찰」, 『영화연구』(62), 2014. 12 참고.
31) 전경란, 「웹다큐멘터리의 재현양식과 리얼리티에 관한 연구」, 『만화애니메이션 연구』 Vol.45, December 2016, 260~263쪽.

서대문형무소기념관이나, 최근에 해체된 '세월호 기억교실' 등 아픈 역사의 기억을 보존, 고발하면서 역사적 교훈으로 삼고자 하는 노력이 그것이다. 근현대 역사의 현장성이 제대로 유지된 공간은 현시대적 공감과 반성을 이끌어낸다. 이런 의미의 아카이브 공간은 지극히 입체적 활용감을 갖는다. 현장을 직접 보면서 느끼게 되는 시각적 공감은 텍스트를 통한 인식적 공감보다 강렬하며 구체적이다. 또한 오래 지속된다. 그래서 자체 보존력이 있는 역사적 공간은 최대한 보호되고 공개되어야 한다.

공간 스스로 스토리텔링을 유도하기도 하지만, 반대로 스토리텔링이 탄생지나 발현지역을 역사적 장소로 만들기도 한다. 홍길동전의 전남 장성군과 아리랑의 강원도 정선 등이 그 사례이다. 홍길동전은 이미 잘 알다시피 핍박받은 민중의 애환을 대변하며 통쾌하게 복수하는 이야기이다. 홍길동전의 실제 배경은 전남 나주, 전북 고창 등 여러 곳이나 홍길동의 태생지인 전남 장성은 홍길동전 출현의 기원이 되고 있다. 즉, 이야기가 공간을 역사적으로 유의미한 장소를 만드는 능동적 역할을 하고 있는 것이다. 강원도 정선의 아리랑은 더욱 특별한 의미를 가진다. 강원도 무형문화재 제1호인 정선아리랑의 보존과 계승을 위해 '아리랑 센터'가 건립되었다. 아리랑 문화의 상징인 이곳의 진용선 관장은 해외의 아리랑 전설과 유산을 채집, 집대성하고 있다. 아리랑이라는 추상적 대상이 공간으로 구체화되고 이야기되는 '공간의 역사화'는 전형성을 구축하고 있는 역사 스토리텔링의 한 사례로 주목받고 있다.[32)]

대한민국 어느 곳을 가든 우리 역사를 기념하는 장소와 쉽게 마주칠 수 있으며, 이곳은 지역을 대표하는 공간으로 소개되고 있다. 우리 역사가 단지 기록의 형태로만 남아 있지 않고, 스토리텔링 공간으로 나와 대중과 소통할 수 있게 되었다는 사실은 긍정적이며, 미래지향적이다.

32) 정우택, 한진일, 「아리랑 아카이브와 자원화」, 『반교어문연구』 Vol.47, 2017 참고.

9. 스토리텔링의 미래

디지털 스토리텔링의 미래는 디지털 문명의 발전에 조응한다. 구조적인 구축이 완결되지 않은(어쩌면 완결될 수 없는) 디지털 세계의 변화는 디지털 스토리텔링의 계속적인 변이를 가져올 것이다. 디지털 스토리텔링은 말 그대로 '디지털'과 운명을 같이한다.

디지털 스토리텔링은 아날로그 스토리텔링과 달리 대중적이며, 다변적이다. 그 이유는 '디지털' 속성에 있다. 디지털 시대는 정보가 정치권력에 의해 독점, 통제되었던 아날로그 시대와는 다르다. 즉, 정보의 적극적인 방출과 자유로운 관리라는 그 특성을 보여주고 있다. 오늘날은 분명 '정보의 홍수시대'이다. 진위가 가려지지 않은 정보들이 무차별적으로 쏟아지고 있기는 하나, 정보 권력은 점차 대중에게 이전되고 있다. 즉, 권력기관의 정보 통제 장치가 아날로그 시대의 본래 기능을 수행하지 못하고 있다. 오늘날의 정보는 더 이상 정치권력의 자기 방어용 도구로 남길 원하지 않는다. 정보는 자연스럽게 무정부성을 표출하며, 보다 상식적이며 합리적인 지점에서 결집되고 있다. 디지털 시스템이 선호하는 개인성이 보편적 지성과 만나면서 보다 이성적인 결론을 도출하고 있는 것이다. 2017년의 촛불집회와 박근혜 대통령의 탄핵 사례로도 쉽게 이해될 수 있다. 전두환 정부의 광주민주화항쟁에 대한 은폐와 같은 권력기관에 의한 일방적인 정보처리 능력은 오늘날 가능하지 않다. 일반 대중은 현재 정보가 제한 없이 유입되고 축척되는 빅데이터 시대에 살고 있으며, 이제는 4차 산업혁명의 새로운 정보 문화를 맞이하고 있다.

기존 산업 인프라에 정보 기술이 융합된 4차 혁명의 시대는 의미 그대로 혁명적인 디지털 스토리텔링의 출현을 예고하고 있다. 그 구체적인 변화를 정확히 예측하기는 어렵지만, 기존 언어체계가 아닌 새로운 상징체계로 스토리텔링이 이루어질 것이다. 더 나아가 '우주개발'의 시대로 진입하는 5차 산업혁명이 도래하면, 인간의 언어가 아닌 우주 언어도 개발되고 발견될 것이다. 즉, 주로 언어적으로 표현되고 있는 현 시대의 스토리텔링은 다른 표현 매체를 발굴하면서 새로운 스토리텔링의 형태로 발현될 것이다.

그럼에도 스토리텔링의 기본적 표현 요소는 기호, 상징, 언어이다. 즉, 새로운 기호, 상징, 언어의 개발은 스토리텔링 발전의 전제 요건이 된다. 이는 인간 인식의 확장으로도 연결된다. 다시 말해, 인류의 발전은 기호, 상징, 언어의 개발을 동반하며, 동시에 스토리텔링의 진보도 가져온다.

오늘날 스토리텔링의 스펙트럼은 넓고 다양하다. 주로 교육과 게임 콘텐츠에서 활용되고 있는 퀘스트 스토리텔링, 휴대용 개인정보단말기를 위한 콘텐츠 제작용 모바일 스토리텔링, 사이버 공간 또는 가상 환경에서 인간의 오감을 통해 이야기를 체험적으로 느끼게 해주는 가상현실 스토리텔링, 그 외 보물찾기 스토리텔링, 키오스크 스토리텔링, 영웅 스토리텔링, 토이 스토리텔링 등 이야기로 공감을 얻을 수 있는 모든 영역에서 스토리텔링 방법론은 활용되고 있다.

인간은 선대의 역사를 스토리텔링으로 확인했고, 스토리텔링으로 재구성하고 있다. 이 과정은 끊임없이 반복될 것이다. 즉, 기록은 이야기이며, 스토리텔링이다. 지금도 인류는 계속해서 이야기를 생산하고 있고, 이야기하고 있다.

이제 우리는 아날로그 공간의 기록에서 디지털 공간에 산재되어 있는 기록으로 시선을 돌려야 한다. 그리고 여기 저기 흩어져있는 디지털 기록들을 일정한 체계 내에 축척할 수 있는 시스템을 개발해야만 한다. 이것을 놓친다면, 수없이 많은 유용한 정보들은 디지털이라는 무한 공간에서 디지털 미아로 떠돌아다닐 것이다. 우리 선대가 아카이브라는 아날로그 공간을 만들어 기록을 보존해 왔듯이 우리도 물리적 공간으로서의 디지털 아카이브를 만들어 기록을 보존해야 한다.

참고문헌

강준수, 「전래동화를 통한 스토리텔링」, 『스토리앤이미지텔링』(5), 2013.

권찬호, 이종수, 「문화 원형콘텐츠 스토리텔링 마케팅 연구」, 『문화정책논총』26(1), 2012.

김미경, 「연행록의 문화콘텐츠 개발을 위한 스토리텔링의 연구」, 『한국문학과 예술』 16, 2015.

김민옥, 「'스토리테마파크'의 이야기 소재를 활용한 역사 공간 스토리텔링」, 글로벌문화콘텐츠학회 학술대회, 2015.

김성연, 「나는 살아 있는 것을 연구한다」, 『한국문학연구』44, 2013.

김홍식 외, 「경기도 문화유산의 스토리텔링화 방안에 관한 연구」, 『정책연구』, 2010.

류은영, 「담화의 논리: 구술에서 디지털스토리텔링까지」, 『외국문학연구』(39), 2010.

마이클 티어노, 『스토리텔링의 비밀』, 아우라, 2008.

송희영, 「역사문화공간을 활용한 공연 콘텐츠 기획 사례 연구」, 『글로벌문화콘텐츠』, 2009.

신현경, 「구석기 시대 동굴벽화에 대한 연구-알타미라 동굴 벽화와 미술의 제례적 기능」, 『기초조형학 연구』 Vol.5 No. 2, 2004.

이인화, 『스토리텔링 진화론』, 해냄출판사, 2014.

이재나 외, 「스토리텔링을 활용한 대통령기록관 전시에 관한 연구」, 『한국기록관리학회지』15(3), 2015.

장노현, 「구술 생애사 스토리텔링의 분절과 결합 구조」, 『대중서사연구』16(1), 2010.

장상용, 『스토리텔링 쓰기』, 해냄출판사, 2014.

장윤금, 「역사자료의 디지털 아카이빙 방안 연구」, 『한국비블리아학회지』21(4), 2010.

전약표, 임선희, 「스토리텔링을 통한 문화유산관광 활성화 방안」, 『관광연구』26(5), 2011.

정창권, 『고전문학과 콘텐츠』, 월인, 2013.

조은하, 이대범, 『스토리텔링』, 북스힐, 2006.

최석현, 박현숙, 김명훈, 「전태일. 아카이브의 디지털 전시 활용효과 분석」, 『한국기록관리학회지』, 2013.

최혜실, 『문화콘텐츠, 스토리텔링을 만나다』, 삼성경제연구소, 2006.

우성주, 「구석기 시대 라스코 동굴 벽화의 인물 이미지 연구」, 『지중해지역연구』 Vol.12(4), 2010.

고경민, 「재생산과 재매개 도구로서의트랜스미디어 스토리텔링 연구」, 『스토리앤이미지텔링』Issue 12, December 2016.

김복래, 「아날학파와 일상생활사: 역사인류학을 중심으로」, 『국제지역연구』 Vol.3(1), April 1999.

김성수, 「한국의 세계기록유산 보존 현황 및 과제」, 『한국기록관리학회지』 Vol.5(2), December 2005.

류철균 외, 『트랜스미디어 스토리텔링의 이해』, 이화여자대학교출판문화원, 2015.

박상욱, 「대중적 역사현상의 이론적 메커니즘 -외른 뤼젠의 역사문화 이론을 중심으로-」, 『서양사론』 Vol.128, 2016,

박윤덕 외, 『서양사 강좌』, 아카넷, 2016.

원은성, 「알파벳의 기원」, 『성경과 고고학』, Issue 23, 30 September 1999,

윤혜경, 「소설의 영화화와 트랜스미디어 스토리텔링 - '살인자의 기억법'을 중심으로」, 『국어문학』67, 2018. 3.

이재영, 정연경, 「국내 구술사 연구 동향 분석: 학술지 논문을 중심으로」, 『한국기록관리학회지』 Vol.18(3), August 2018.

전경란, 「웹다큐멘터리의 재현양식과 리얼리티에 관한 연구」, 『만화애니메이션 연구』 Vol.45, December 2016.

정우택, 한진일, 「아리랑 아카이브와 자원화」, 『반교어문연구』 Vol.47, 2017.

최혜실, 「문학 장르의 경계와 지평 : 몸중심적 사유로서의 서사와 서사중심 의학」, 『현대문학이론연구』 Vol.44, 2011.

최혜실, 『스토리텔링, 그 매혹의 과학』, 한울, 2011.

형대조, 「다큐멘터리 스토리텔링에 대한 고찰」, 『영화연구』(62), 2014. 12.

2-3. 라키비움과 기록 전시

김태현

1. 기록관, 도서관, 박물관의 탄생

어느 날 나무에서 내려와 두 발로 걷기 시작한 인류는 새로운 자연환경에서 살아남기 위해 끊임없이 노력해야 했다. 살을 에는 추위를 피해야 했고, 거대한 포식자로부터 안전을 확보해야 했으며, 안정적인 먹거리를 생산해야 했다. 이를 위해 인간은 불의 성질을 파악하고 쓸모 있는 지식으로 활용하기 시작하였다. 도망치기 위해 본능적으로 취득한 포식 동물들에 대한 정보는 사냥을 위한 지식으로 재활용되기도 하였다. 매년 안정적으로 수확한 곡식은 사냥에 실패한 사람들의 허기까지 책임져 주었다. 수많은 시행착오를 거치며 발견한 소중한 지식과 정보는 많은 사람들에게 공유되어 후대에 전해졌다. 이러한 지식과 정보를 기록으로 쌓아 온 인류는 지금의 모습으로 발전해 왔다.

지식과 정보는 다양한 형태로 남아 있다. 동굴의 벽과 도자기의 표면, 천 위에는 그림으로 그려졌고, 파피루스나 대나무, 종이 위에는 문자로 기록되어 전해지고 있다. 과학 기술의 발전과 함께 다양한 기록매체가 개발되면서 디지털 사진이나 영상물을 활용한 기록 행위가 지금도 꾸준히 지속되고 있다. 이렇게 생산된 수많은 기록물 중에서 중요한 것들은 별도의 기관에서 수집하고 정리하여 많은 사람들이 자유롭게 활용할 수 있도록 보존하고 있다. 일반적으로 역사적 유물은 박물관에서, 지식 출판물은 도서관에서, 정부나 관공서, 기타 조직체의 공문서와 사문서 등은 기록관에서 찾아 볼 수 있다.

인류의 역사에서 박물관과 도서관, 기록관이 지금처럼 고유하고 전문적인 기관으로 분화해 온 것은 최근의 일이다. 19세기 이전 서양에서는 유물과 책, 그림, 문서 등을 총체적으로 인식해 왔다. 이에 따라 박물관과 도서관, 기록관은 공간적으로 분리되지 않은 상태에서 사람들에게 지식·정보 서비스를 제공했다. 이후 분과학문이 발전하고 전문분야의 학문적 성과가 깊어지면서 인류의 지식·정보는 각기 구별되는 고유한 매체적 특성에 따라 별도로 수집·관리되기 시작하였다. 이러한 역사가 공간에 적용된 것이 지금의 박물관과 도서관, 기록관이고, 이곳에서 전문성을 가지고 일하고 있는 사람들을 큐레이터(박물관)와 사서(도서관), 아키비스트(기록관)라고 부른다. 전문 영역으로의 분화에도 불구하고 세 기관은 '지식정보 제공기관'이라는 공통점을 지니고 있다.

지난 세기 말부터 급속하게 진행되었던 지식·정보의 디지털화는 박물관과 도서관, 기록관에 직접적으로 영향을 미쳤다. 이곳에서 전통적으로 취급해왔던 기록매체에 대한 관행적 구분은 점차 해체되고 있다. 디지털 기술의 발달과 함께 지식·정보에 빠르게 접근하고자 하는 이용자들의 요구 수준도 점점 높아져 가고 있다. 이와 같은 변화의 물결은 지식정보 제공기관의 획기적 변화를 추동하기 시작했다. 박물관과 도서관, 기록관을 모두 아우를 수 있는, '새로운 패러다임의 모색'이라는 시대적 과제가 21세기의 출발과 함께 세상에 던져진 것이다.

2. 라키비움의 가능성

세기적 과제에 대한 첫 번째 대답은 캐나다의 연구자로부터 나왔다. 2008년 메간 윈젯(Megan Winget)은 새로운 패러다임의 지식정보 제공기관으로 '라키비움(Larchiveum)' 개념을 제시하였다. 라키비움은 도서관(library)과 기록관(archives), 박물관(museum)의 합성어로 세 기관의 기능을 융합하여 이용자에게 다양한 서비스를 제공하는 통합형 지식정보 제공기관을 의미한다. 라키비움은 출판물과 기록물, 유물 등 다양한 정보자원을 매체의 구별 없이 포괄적으로 수집·정리하고, 이를 기반으로 이용자들에게 열람, 전시, 교육 등의 서비스를 제공하는 대중적 역사문화 기관이다.

박물관과 도서관, 기록관이라는 별도의 전문 공간에서 서로 다른 역할을 수행하던 큐레이터와 사서, 아키비스트는 라키비움이라는 새로운 공간에 모여 상호 통합적인 협력업무(integrated cooperation)를 진행한다. 이들은 혁신적 정보통신기술의 도움을 받아 디지털 열람 서비스의 범위를 확장시키고, 대중적 역사문화 콘텐츠의 수준을 향상시키며, 관련 교육 프로그램을 확대시키는 시민친화적 지식·정보 서비스를 라키비움에서 집행한다. 전통적인 세 기관의 장점을 계승하고 문화적으로 개혁하기 위한 새로운 연구와 실험이 이곳에서 펼쳐지게 되는 것이다.

라키비움은 '역사문화센터'로서의 기능을 수행하는 사회적 기관이다. 라키비움은 지식·정보의 수집과 정리, 보존이라는 본연의 업무를 수행할 뿐만 아니라 역사기록 '아카이브 큐레이션(historical archive curation)'을 통해 대중적 콘텐츠를 제작한다. 아카이브 큐레이션으로 생산한 대부분의 역사기록 콘텐츠는 웹이나 전시, 책, 영상 등과 같은 대중 매체에 실려 시민과 만나게 된다.

이를 위해 라키비움은 개별적인 지식정보와 다양한 주제의 역사 콘텐츠를 구조적으로 연결하는 종합 서비스를 개발하여 시민들에게 제공하기도 한다. 이용자가 원하는 지식과 정보를 한 장소에서 일목요연하게 원스톱으로 제공하는 라키비움은 고객중심의 서비스 경영에 가장 부합하는 역사기록 전문 공공기관이다. 따라서 라키비움은 우리 시대의 역사적 정체성을 직접 확인할 수 있는 소통의 공간이며, 시민들의 생각과 상상력이 자유롭게 발현되는 창의적 문화 공간이다.

3. 다양한 라키비움 기관과 전시

라키비움의 가능성에 대한 대중적 기대가 높아지고 학술적 논의가 활발하게 진행되면서 많은 지식정보 제공기관 현장에서는 이와 관련한 실험과 적용을 늘려가고 있다. 국립중앙도서관과 같은 대규모 기관에서부터 전문 영역에 집중하고 있는 작은 학술도서관까지, 라키비움이라는 이름의 새로운 공간이 빠르게 등장하고 있다. 또한 앞으로 개관할 지방 정부의 기록원과 대통령 기념관 같은 전문기관에서도 라키비움 개념을 적용한 대시민 지식·정보 서비스를 준비하고 있다. 이밖에도 박물관과 도서관, 기록관의 기능을 융합하여 통합적인 서비스를 창출하고자 하는 공공기관은 꾸준히 늘어나고 있는 추세다.

현재 우리나라에서 운영되고 있거나 준비 중인 라키비움은 '역사문화센터'라는 공공적 역할을 지향한다. 따라서 라키비움의 중심에 대중친화적 전시 공간을 배치하는 것은 공공기관의 사회적 역할에 부합하는 일이다. 라키비움의 전시 공간은 다양한 기록물로 구성한 시각적 지식 콘텐츠들로 채워져 있는데, 이러한 콘텐츠는 공공기관의 '정체성'을 재현(representation)하고 있다. 시민들은 라키비움 전시를 경험하면서 기관의 역사와 철학을 즐기고 공부하게 된다. 공공기관의 '히스토리·헤리티지 마케팅(history·heritage marketing)'이 라키비움 전시를 통해 자연스럽게 집행되고 있는 것이다. 라키비움의 전시는 공공기관의 얼굴과 같은 존재이다.

1) 기념관의 라키비움 – 노무현 대통령기념관[1]

> *"역사는 여러분에게 묻습니다. 역사로부터 무엇을 배웠으며, 어떤 미래를 꿈꾸고 있는가? 지금 여러분의 생각과 실천이 바로 내일의 역사입니다."(2004. 12. 6)*
> *"나는 여러분들에게 기록대통령으로 기억되고 싶습니다."(2008. 1. 22)*
>
> \- 대한민국 제16대 대통령 노무현

노무현 전 대통령은 퇴임 후 고향으로 돌아간 대한민국의 첫 대통령이다. 노무현 전 대통령의 고향, 김해시 진영읍 봉하마을에 들어설 대통령기념관은 그의 서거 10주기를 맞는 2019년 개관을 목표로 하고 있다. 봉하마을은 서거 이후에도 연 평균 60만~80만 명의 방문객들이 꾸준히 찾고 있는 곳이다.

2016년 12월 현재 기념관 규모는 6,940㎡ 부지에 지상 2층(3,266㎡)으로 상정하고 있

1) '기념관에서의 라키비움 - 노무현 대통령기념관', 파트 글쓴이 : 김상철, 전 노무현재단 사료연구센터 본부장

<그림 1> 2019년 5월 경남 봉하마을에 건립될 '노무현 대통령기념관' 조감도 ⓒ노무현재단

으며 설계, 전시 및 운영프로그램 기획 작업이 진행 중이다. 건립사업은 김해시 등 지자체와 노무현재단이 공동으로 추진하고 있다. 노무현재단은 특히 전시설계를 포함한 기념관 건축설계를 자체적으로 확정해 김해시에 기부채납하는 방식으로 건물의 하드웨어와 소프트웨어 구성을 책임진다. 안정적이고 지속 가능한 운영을 위해 김해시와 협의를 거쳐 노무현재단이 기념관을 위탁관리하며 시민들의 방문과 참여를 넓히는 방안도 준비 중이다.

기념관 건물은 봉하마을의 풍경과 지형을 거스르지 않으면서 언제나 시민들이 기댈 수 있는 작은 언덕 같은 외양을 갖추게 된다. 국내외 대통령기념관에 비하면 상대적으로 규모가 작은 편이나 가능한 한 가장 많은 공간을 전시에 할애할 계획이다. 전시의 목표는 대통령 재임시기를 비롯한 노무현의 생애, 그 속에 자리한 성공과 좌절을 조명하는 한편 그가 평생 지향하고 실천한 시민의 참여, 민주주의의 가치를 담아내는 것이다. 이를 구현하는 기본 방식은 '기록과 사실로서, 있는 그대로'이다. 아카이브가 중요한 비중을 차지하는 이유다.

기념관에는 영상관, 세미나실과 같은 교육공간, 수장고와 열람실, 북카페 등도 자리잡는다. 이러한 공간과 연계한 체험과 참여, 연구교육 프로그램을 통해 추모나 기념을 넘어 '민주주의를 다시 생각하는 곳', '민주주의 학교'로서 역할을 모색하고 있다.

2) 기록원의 라키비움 - 서울기록원[2)]

"기억의 힘!"

- 서울특별시장 박원순, 2016. 5. 20. 서울기록원 착공식

<그림 2> 서울기록원은 2018년 완공 예정이다. 그림은 완공 예상 조감도 ⓒ서울특별시

2018년 완공 예정인 서울기록원은 본격적인 최초의 지방기록물관리기관이다. 서울기록원은 '시민과 함께하는 아카이브'를 비전으로 정하고, '전문 공공아카이브 실현'과 '서울의 대표 문화기관'을 정책 목표로 삼고 있다. 이러한 비전과 정책 목표에는 <공공기록물관리에관한법률>에 명시된 지방기록관 건립 의무 이행의 법적 당위성뿐만 아니라, 아카이브의 사회적·역사적 책임을 감당하고자 하는 서울시의 의지가 담겨 있다. 기록관리의 범주가 공공기관의 설명책임성 확보에서 사회 전반으로 확장된 수년의 진화 과정을 본다면 '사회 속의 아카이브'는 당연한 귀결이라 할 수 있다.

서울시에는 이미 여러 기억·문화 기관(memorial·cultural institute)이 있다. 서울역사박물관, 서울시립미술관, 서울도서관은 대중적 인지도를 확보하고 있고, 특화된 각 영역

2) '기록원에서의 라키비움 – 서울기록원', 파트 글쓴이 : 원종관, 서울특별시 정보공개정책과 아키비스트

에서 꾸준한 활동을 통해 시민들과 만나고 있다. 서울기록원은 이들 기관과 함께 그동안 선언에서 논의된 라키비움의 현실적 가능성을 찾고자 한다. 서울기록원의 디지털 아카이브는 '서울 라키비움'의 지향이자 핵심 방법론이라 할 수 있다. 기록관, 도서관, 박물관, 미술관 등이 각자의 기록, 도서, 박물, 미술작품을 전시나 출판 등의 목적으로 상호 대여·교환하는 것은 라키비움 구축의 주요한 축이다. 디지털 아카이브는 이러한 활동을 지원하고 더 긴밀하게 연계될 수 있는 토대를 제공한다.

기억·문화 기관의 자원 정보를 디지털 아카이브를 통해 공유할 수 있다면 개별 기관의 정보자원 데이터베이스는 크게 확장될 수 있다. 이에 기반하여 전시, 열람, 출판 등의 업무를 종전보다 풍부한 지식자원에 근거하여 추진할 수 있을 것이다. 서로 다른 메타데이터 체계나 정보자원 인프라는 협력과 연계를 위해 풀어야 할 과제이다. 하지만 아직 이런 시도가 본격적으로 추진된 적이 없다는 점에서 디지털 아카이브를 통한 '서울 라키비움'의 지향은 흥미로운 과정을 보여줄 것이다.

서울기록원은 아카이브 본연의 정체성과 미션에 따라 수장고에 '동면' 중인 정보자원 데이터를 적극적으로 공개·공유할 준비를 하고 있다. '서울 라키비움'은 서울기록원의 단독 지향이 아니라 이러한 협력과 만남에서 시작될 수 있을 것이다.

3) 역사관의 라키비움 – 한국외국어대학교 역사관[3]

> *"역사관은 대학의 모든 구성원들이 지니고 있는 공동의 기억과 미래의 비전을 치열한 의미와 상징의 그물망으로 촘촘히 엮어 내고자 합니다. 세계로 뻗어 나아가는 외대의 비전을 함께 설계할 수 있는 소통의 공간이 되기를 자처할 것입니다."*
>
> \- 한국외국어대학교 역사관 초대 관장 노명환, 2012. 1.

2009년 4월 세계민속박물관 산하에 설립된 '한국외국어대학교 역사관'은 1954년 개교 이래 60년 동안 펼쳐온 외대의 역사가 모여 있는 곳이다. 외대 공동체의 소중한 기록유산을 정리하여 150여 평 규모로 조성한 이곳은 방문객들에게는 외대의 역사

3) '역사관의 라키비움 – 한국외국어대학교 역사관', 글쓴이 : 조용성, 한국외국어대학교 역사관 아키비스트

<그림 3> 한국외국어대학교 역사관 전시 풍경 ⓒ한국외국어대학교

와 전통을 소개하고, 대학 구성원들에게는 소속감과 애교심을 고취시켜주는 역할을 수행하고 있다.

대중적인 전시 기법 연구와 기록물 보존 환경 개선 사업 등을 통해 학교 구성원들에게 친숙한 역사 문화 서비스를 제공하는 외대 역사관은 외대의 역사를 보다 쉽고 흥미롭게 소개하기 위해 소장 기록물 약 30,000여 점을 활용하여 전시 콘텐츠를 지속적으로 개발하고 있다. 2011년 리모델링한 외대 최초의 역사적 건물(구본관, 1957년 준공) 3층에 자리 잡고 있는 이곳은 대학 기관이라는 장점과 특수성을 살려 기록과 지식·정보 콘텐츠를 통합적으로 서비스하는 복합적 문화 공간으로 확대해 나갈 예정이다.

다양한 외국어와 외국학, 외국 문화를 전문적으로 연구·교육하는 외대의 특성을 적극 반영해 기획 전시와 특별 전시를 준비하고 있으며, 교내 곳곳을 찾아가는 이동형 전시 서비스를 운영하고 있다. 이와 더불어 새로운 역사 기록물 발굴을 위해 매년 학교 구성원들을 대상으로 학교 역사 기록물 수집 공모전을 시행하고 있다. 학교 구성원뿐만 아니라 지역 주민과 중·고등학생 방문단, 외국인 연수생, 국내외 주요 기관 인사 등 매년 2천여 명의 손님이 찾고 있는 역사관은 한국외대의 대표적인 역사문화 기관이다.

4) 도서관의 라키비움 - 국립중앙도서관

"도서관은 이제 단순히 책을 보는 장소가 아니라 변화의 시대, 인류의 지성을 대표하는 정보와 소통의 공간이자 문화를 향유하는 교육적 공간으로 확대되고 있다. 국가대표 도서관인 국립중앙도서관이 도서관의 새로운 모델을 선보이고자 한다."

- 국립중앙도서관 관장 임원선, 2016. 3. 22.

<그림 4> 2017년 2월 개관한 국립중앙도서관의 '기록매체박물관' ⓒ국립중앙도서관

국립중앙도서관은 '도서관법'과 '독서문화진흥법'에 따라 운영되는 문화체육관광부 소속의 국가대표도서관이다. 일제강점기에 총독부도서관으로 설립된 후 해방과 함께 국립도서관으로 전환되어 지금에 이르고 있다. 국립중앙도서관은 국가의 문화유산과 지식정보를 체계적으로 수집·보존하고 있으며, 자유로운 도서열람과 수준 높은 전시 개최 등을 통해 시민들에게 풍부한 지식정보 서비스를 제공하고 있다.

국립중앙도서관은 라키비움 등이 자리 잡고 있는 '본관'과 전국 사서직 직원들의 교육 훈련을 책임지고 있는 '사서연수관', 중요한 국가문헌자료가 과학적으로 보관되고 있는 '자료보존관', 디지털 북카페 등이 위치한 '디지털도서관' 등으로 구성되어 있다.

본관 1층에는 방대한 도서관 자료를 주제별로 감상할 수 있는 전시실이 마련되어 있다. 국립중앙도서관 라키비움의 가장 대중적 공간으로 평가받는 이곳에서는 첫 전시 <그날의 영광, 내일의 기대: 국내 문학상 수상 작품>展이 개최된 이래 <조선을 사랑한 서양의 여성들: 송영달 개인문고 설치기념 특별전>, <한국전쟁, 미 NARA 수집문서를 보다>展, <옛 소설의 대중화, 세책과 방각본>展, <장애인, 책, 또 다른 세상을 만나다>展 등 다양한 전시가 이어지고 있다.

본관 2층의 '문학실'에는 전시를 겸한 자료실이 조성되어 있다. 약 870㎡의 규모로 조성된 이 공간에는 시와 소설, 희곡의 대표 작가와 작품을 한 눈에 살펴볼 수 있는 <한국근대문학: 보다·읽다·만지다>展이 상설전시 형태로 펼쳐지고 있다. 또한 일제시기부터 출간된 문학이론서와 세계문학전집 등 총 2만 8000여 권의 도서가 준비되어 있고, 이용자들의 다양한 취향을 고려해 디자인한 116개의 좌석이 배치되어 있어 관심분야의 책들을 자유롭게 열람할 수 있다.

5) 미술연구소의 라키비움 – 김달진미술자료박물관

"김달진미술자료박물관에서는 우리 현대미술 사료를 정리해 남기는 일과 미술정보 제공에 힘쓰고 있으며, 정확한 자료를 바탕으로 미술계 현장의 흐름을 집어내 우리 현대미술의 기초 사료를 기록자로서 정리해가는 일을 진행하고 있습니다."

- 김달진미술자료박물관 관장 김달진

2001년 12월 개소한 이래 한국미술정보의 중추적 역할을 해오고 있는 '김달진미술연구소'는 미술자료수집가(art archivist) 김달진 소장의 애정과 집념이 녹아 있는 한국미술 아카이브 연구소이다. 이 연구소는 김달진 소장이 40년 넘게 수집하고 보관해 온 방대한 양의 한국미술 자료들을 아트 아카이브로 체계적으로 정리하고, 이를 바탕으로 국내외 미술계 자료와 소식을 전문가와 연구자, 시민들에게 제공하는 공공적 성격의 민간기관이다.

이를 위해 연구소는 2002년 무료 미술정보지 '월간 서울아트가이드'를 창간하여 국

<그림 5> 김달진미술자료박물관 전경 ⓒ김달진미술연구소

내 미술전시회 소식과 관련 뉴스를 정기적으로 전하고 있다. 같은 해 개설한 미술정보 포털사이트인 '달진닷컴(www.daljin.com)'에서는 미술 서적과 전시 공간 정보, 미술인 인명사전 등 보다 구체적이고 광범위한 정보를 체계적으로 구축하고 있다. 2007년 전면적으로 개방한 '미술자료열람실'은 큐레이터와 미술사학자, 예술연구자, 문화활동가 등이 한국 시각문화 연구를 시작하기 위해선 반드시 찾아야만 하는 미술기록의 보물창고라는 찬사를 받고 있다.

2008년에는 미술자료 아카이브를 기반으로 전시를 기획하고 선보이는 '김달진미술자료박물관'을 개관하였다. 이 박물관은 평소에는 접하기 힘든 희귀 미술자료들을 중심으로 다양한 기획전시를 개최하고 있다. 다른 미술관이나 박물관에서는 찾아보기 힘든 <한국추상미술의 역사>展이나 <한국미술 전시공간의 역사>展, <한국근현대 미술전시 자료의 변천>展, <한국미술 공모전의 역사>展, <한국근현대 미술교과서>展 등과 같은 전시들이 꾸준하게 이어져오고 있다.

뿐만 아니라 박물관은 아키비스트라는 직업을 직접 체험해 볼 수 있는 청소년 교육 프로그램 '우리는 아키비스트!'를 운영하고 있으며, 주요 문화기관 직원과 연구자, 예술전공 대학원생을 대상으로 아트 아카이브의 개념과 구축·운영 방법을 교육하는

<라키비움 프로젝트> 사업을 정기적으로 진행하고 있다.

6) 연구원의 라키비움 - 원자력 라키비움

"원자력 라키비움을 통해 연구 기록물을 안전하게 관리함으로써 연구 성과가 지속, 확산되는 데 기여하겠습니다."

- 원자력연구원 원장 김종경, 2014. 7. 14.

<그림 6> 원자력 라키비움의 '북카페 La Cafe' 전경 ⓒ한국원자력원구원

1959년 대통령 직속 원자력원 산하 연구소로 시작한 '한국원자력연구원'은 원자력 분야의 기초연구와 개발을 수행하는 우리나라 최초의 연구기관이다. 이곳에서는 원자력의 안전성 확보와 방사성 동위원소의 생산과 보급, 원자력정책 수립 지원 사업도 함께 수행하고 있다. 1973년 2월 17일 원자력연구소와 방사선의학연구소, 방사선농학연구소를 통합하여 '한국원자력연구소'로 발족하였고, 2007년 현재의 이름인 '한국원자력연구원'으로 개칭하였다.

2014년 원자력연구원은 정보과학동 3층 건물을 리노베이션하여 총 2,898㎡ 규모의

'원자력 라키비움'을 마련하였다. 우리나라 전문도서관 최초로 라키비움 개념을 채택해 설계한 이곳은 총 2단계의 준비기간을 거쳐 최종 개관하였다. 건물 1층에는 원자력 연구 기록물 550만 건을 영구 보존할 수 있는 '기록1관'이 자리 잡고 있다. 2층에는 이용 빈도가 높은 연구기록물을 보존하는 '기록2관'과 한국 원자력 50년 역사의 주요 기록물을 전시하는 '박물관'이 함께 위치해 있다. 3층에는 소규모 인원이 모여 창조적 아이디어를 공유하는 '창의연구실'과 수준 높은 지식·정보서비스를 제공하는 '정보데스크' 등이 있다.

그밖에도 휴식을 취할 수 있는 북카페(La Cafe), 60석 규모의 학술세미나실, 다양한 규모의 멀티미디어실, 회의실 등이 골고루 갖춰져 있어 이곳을 찾는 직원과 방문객에게 편안하고 안락한 서비스를 제공하고 있다.

국립중앙도서관을 비롯해 국회도서관, 국가기록원, 국립세종도서관, 도서관정보정책위원회, 한국과학기술정보연구원 등 총 50여개의 관련 기관에서 벤치마킹을 다녀갈 정도로 모범적인 공간 활용과 운영 방식을 자랑하고 있는 대표적인 라키비움이다.

참고문헌

최영실, 이해영, 「기록관, 도서관, 박물관의 기능을 융합한 라키비움의 기능 계획」, 『한국비블리아학회지』 23(4), 한국비블리아학회, 2012.

김유승, 「국회 라키비움의 전망에 관한 연구 – 기억기관 협력 정책에 관한 논의를 중심으로」, 『한국기록관리학회지』 12(2), 한국기록관리학회, 2012.

배성중, 배삼열, 김용, 「소규모대학교에서의 라키비움 구축 및 운영에 관한 연구」, 『한국기록관리학회지』 14(4), 한국기록관리학회, 2014.

오정훈, 이응봉, 「전문도서관 라키비움 구축에 관한 연구 - 원자력 라키비움을 중심으로」, 『사회과학연구』 25(2), 충남대학교 사회과학연구소, 2014

조혜진, 「박물관 '전시'의 역사교육적 함의와 활용 방안」, 『역사교육』 134, 역사교육연구회, 2015

전진성 외, 『세계의 역사기념시설』, 민주화운동기념사업회 연구소 엮음, 오름, 2006

정호기, 『한국의 역사기념시설』, 민주화운동기념사업회, 2007

라키비움 정보

1. 노무현 대통령기념관

주소 : 경상남도 김해시 진영읍 본산리 봉하마을 일원

문의 : 1688.0523

홈페이지 : http://www.knowhow.or.kr, http://archives.knowhow.or.kr

2. 서울기록원

주소 : 서울특별시 은평구 통일로 684, 서울기록원

홈페이지 : http://archives.seoul.go.kr

3. 한국외국어대학교 역사관

주소 : 서울시 동대문구 이문로 107 한국외국어대학교 Minerva Complex 3층

문의 : 02.2173.3981

홈페이지 : https://goo.gl/BCmsdL

4. 국립중앙도서관

주소 : 서울시 서초구 반포대로 201(반포동)

문의 : 02.535.4142

홈페이지 : http://www.nl.go.kr

5. 김달진미술자료박물관

주소 : 서울특별시 종로구 홍지문1길 4(홍지동)

문의 : 02.730.6214~5,7(연구소), 6216(박물관), 6227(정보센터)

홈페이지 : http://www.daljin.com, http://www.daljinmuseum.com

6. 원자력 라키비움

주소 : 대전광역시 유성구 대덕대로 989번길 111

문의 : 042.868.2000~1

홈페이지 : http://www.kaeri.re.kr

견학 신청 : http://ebiz.kaeri.re.kr

* 원자력 라키비움을 견학하기 위해서는 방문 희망일 2주 전까지 온라인으로 예약해야 한다.

2-4. 아카이브 큐레이션과 콘텐츠

김태현

1. 기록의 주체와 역사 서술

우리는 기록을 통해서 지난 과거의 의미 있는 사건들과 다시 만난다. 아무리 중요한 정보와 지식일지라도 정확한 기록을 남겨 놓지 않으면 인간은 거대한 망각의 시간 속에 빠져들어 과거의 일을 반복하게 된다. 이것은 무거운 바위를 끊임없이 언덕 위로 올려놓아야만 하는 '시시포스(Sisyphus)의 형벌' 같은 일이다. 인류는 바위를 옮길 수 있는 정보와 지식을 기록으로 남겨 놓음으로써 시시포스의 고통에서 벗어 날 수 있었다. 역사적 진보는 기록의 축적과 활용을 통해 진행되어 왔다.

우리에게 기록의 역사는 길고, 그 내용은 풍부하다. 조선시대의 경우 500년의 역사는 '조선왕조실록'이라는 기록물로 상세하게 남아 있는데 이것은 모두 1,893권 888책이라는 방대한 분량으로 구성되어 있다. 1997년 '훈민정음'과 함께 유네스코 '세계문화유산'으로 등재된 이 기록물은 조선시대의 정치와 외교, 군사, 제도, 법률, 경제, 산업, 문화 등 모든 분야의 정보와 지식을 꼼꼼하게 기록하고 있다. 그래서 이 기록물은 한국사 연구의 기본 자료가 될 뿐만 아니라 조선시대 역사 콘텐츠의 주춧돌 역할을 하고 있다. 이 시대를 배경으로 한 드라마나 영화, 소설, 웹툰 같은 콘텐츠들도 기록물에서 출발한 역사적 상상력의 문화적 결과물이다.

"한 사회가 어떤 역사를 쓰느냐, 어떤 역사를 쓰지 않느냐 하는 것보다 더 그 사회의 성격을 뜻깊게 암시하는 것은 없다"는 역사학자 E.H. 카(Edward Hallett Carr)의 말처럼 '조선왕조실록'은 당시의 사회상을 보여주는 역사적 콘텐츠이다. 왕들의 기록이자 역사서인 '조선왕조실록'에서도 볼 수 있듯이 모든 기록물은 그것이 생산될 당시의 사회 성격을 반영하고 있다.

조선시대의 기록과 역사 서술의 주체는 왕이었다. 이 방대한 조선시대 기록물을 통해 우리가 알 수 있는 것은 왕을 중심으로 구성된 당시의 사회상과 사람들의 삶이다. 왕으로부터 멀리 떨어져 있는 사람들과 세상은 그 거리의 비례만큼 파악하기 어렵다. 많은 조선시대 역사 연구서와 문화 콘텐츠가 왕을 중심으로 구성되어 있는 것도 모두 이러한 이유 때문이다. 한 시대의 기록물은 그 시대의 가능성과 한계를 동시에 우리에게 전해주고 있다.

조선시대 이후 우리 사회는 크게 변화하였다. 여러 우여곡절을 거쳐 왕조시대는 역사의 뒤편으로 사라졌고 세상은 좀 더 근대적인 모습으로 발전해 왔다. 독립운동과 민족해방, 4.19혁명, 6월민주항쟁을 거쳐 2016년 촛불시민혁명에 이르기까지 우리 시대의 변화를 이끌어 온 중심에는 언제나 보통의 사람들이 존재해 왔다. 문자 그대로 '우리 같은 사람(民)이 주인(主)인 세상', 즉 '민주주의(民主主義)' 사회로 진보해 온 것이다. 민주주의는 왕이나 귀족이 아닌 '우리가 곧 역사'인 사회를 지향한다. 이것은 시대의 기록을 생산하고 역사를 서술하는 주체의 변화를 의미한다. 역사의 뒤편에서 이름 없이 존재하던 대중이 기록과 역사 서술의 중심으로 등장했다.

기록과 역사 서술에서 민주주의적 변화가 본격적으로 시작된 건 2000년대 이후부터이다. 2002년 출범한 '20세기민중생활사연구단'은 지난 100년간 역사적으로 소외되어 온 이름 없는 사람들의 모습과 생활을 기록으로 수집해 디지털 아카이브와 기록 콘텐츠로 세상에 공개했다. 민중의 구술 생애사와 사진, 동영상, 문서, 영화, 문학작품 등으로 구성된 이 기록들은 우리의 근현대사를 다층적으로 이해하는데 중요한 토대가 되고 있다.

2014년 4월 16일 발생한 세월호 참사와 피해자를 기록하는 '416세월호 참사 시민기록위원회'는 시민들의 자발적인 참여로 시작되었다. 세월호 참사에 대한 기록과 기억의 주체를 피해자와 시민으로 상정한 시민기록위원회는 우리 사회가 세월호 사고에 대한 기억을 온전히 유지할 수 있도록 유가족들과 동행하며 진상규명 활동이 펼쳐지는 현장의 주요한 풍경들을 기록하고 있다. 304명의 희생자와 유가족, 슬픔을 함께 하는 시민들의 기억과 목소리가 우리 시대의 모습을 상징하는 역사적 기록이 되어 남겨지고 있는 것이다.

우리 시대의 기록은 지금 현재 우리의 모습과 시대정신을 반영하고 있다. 우리의 삶과 기억이 우리 시대의 모습을 재현(representation)하는 사회적 사건으로 기록되고 있기 때문이다. 이제 우리는 스스로의 삶을 기록하고 이를 기반으로 다양한 역사를 서술하는 세상에 살고 있다. 역사적 의미가 없다는 이유로 세상의 주변부에 머물던 사람들이 우리 시대의 기억과 기록의 주체로 자리 잡아가는 것은 민주주의 사회의 다양성을 증명해 주는 의미 있는 현상이다.

2. 시민 기록과 아카이브 큐레이션

조선시대의 중요한 일은 모두 왕에서부터 출발했듯이 민주주의를 지향하는 우리시대의 중심에는 시민이 자리 잡고 있다. 자유롭고 평등한 권리를 지닌 근대적 인간으로 탄생한 시민은 자발적이고 능동적인 행동을 통해 근대 국가의 가장 중요한 구성원이 되었다. 따라서 이들은 개인적인 삶을 영위하는 익명의 대중인 동시에 국가의 대소사를 직간접적으로 결정하는 역사적 주체이다. 그리고 우리 시대의 모든 영역에서 생산되고 유통되는 시민 기록은 개인의 일상과 역사적 사건이 만나는 곳에서 다양한 의미를 만들어 내고 있다.

시민 기록은 상호 모순적인 두 가지 성격을 함께 지니고 있다. '일상성'과 '사건성'이라는 개념으로 정리할 수 있는 이것은 근대 이후 형성된 시민의 사회적 성격으로부터 기인한다. 개인적 범주에서 조직되고 실행되는 '일상'은 근대적 시민의 삶을 설명해 주는 가장 기초적인 토대이다. 현대적 시민의 삶은 대부분 일상으로 채워져 있고, 일상은 언제나 반복적이고 순환적이다. 이것은 '아침에 일어나기'에서 시작해 '학교 가기'를 거쳐 '수업 듣기'와 '식사하기', '과제하기', '텔레비전 보기', '페이스북 하기'를 마친 후 '취침'에 이르기까지 우리의 삶을 포괄적으로 구성한다. 이러한 이유로 시민의 '일상'은 무의미하고 권태로우며 피곤하고 불안한 것으로 인식되기도 한다.

'일상성'은 도시적 삶에 기반하고 있기에 매우 근대적인 개념이다. 자연과의 투쟁을 멈출 수 없었던 농경사회에서는 투쟁의 과정에서 발생하는 연속적이고 예측 불가능한 사건으로 인해 오늘날과 같은 근대적 일상성이 존재하지 않았다. 따라서 근대 이후의 사회에서 '사건'은 일상으로부터의 탈출을 기획하면서 시작된다. 특정한 시간과 공간에서 발생하는 사건은 일상성에 파열을 가하는 다양한 의미작용(Signification)을 불러 온다. 그래서 사건이 발생하는 곳에서 일상은 소멸되고, 의미를 잃어버린 순간 사건은 다시 일상으로 회귀한다.

시민은 안락한 일상에 머물고자 하는 관성과 그것으로부터 벗어나고자 하는 욕망 사이에서 영원히 갈등하는 존재다. 이 갈등을 뚫고 '사건'은 찰라적으로 등장했다 소리 없이 사라진다. 그래서 근대적 시민의 삶 속에 내포되어 있는 '의미와 무의미', '주관성과 객관성', '보편성과 특수성', '정주와 탈주' 사이의 갈등은 '일상성'과 '사건성'이라는 시민 기록의 두 가지 모순된 성질로 수렴하는 중요한 개념들이다.

아카이브 큐레이션은 시민 기록물을 기반으로 근대적 주체인 시민의 의미를 추적하고, 역사적이고 문화적인 기록 콘텐츠를 통해 시민에게 말을 건네는 일련의 과정을 말한다. 이것은 시민의 역사를 시민의 관점에서 시민의 기록을 통해 서술하기 위한 다양한 분야의 방법론을 포함하고 있다. 그래서 아카이브 큐레이션은 시민의 일상 속에 숨어 있는 의미 있는 사건을 발굴하고 그 사건에 풍부한 해석과 의견을 붙여 스토리텔링을 작성하는 것에서부터 시작한다. 스토리텔링은 기록 콘텐츠의 맥락을 구축하는 뼈대와 같은 것으로 시민 기록의 선별 지침서이자 문화 콘텐츠 생산의 안내서 역할을 한다.

시민 기록이 기록 콘텐츠의 모습으로 시민을 만나러 가는 체계적이고 합리적인 모든 과정을 아카이브 큐레이션이라고 했을 때 디자인은 가장 마지막 단계의 작업을 수행한다. 디자인은 시민적 삶의 '일상성'과 '사건성'을 상호 보완적으로 복원할 수 있는 우리 시대의 가장 통합적인 시각 예술이기 때문이다. 기록 콘텐츠는 디자인 작업을 통해 대중적 문화예술로서의 가치를 부여받고 시민 중심의 역사 서술이라는 사회적 지위를 획득 할 수 있다.

3. 기억+기록 콘텐츠

시간이 흘러 과거가 되어 버린 사건은 두 가지 운명 중 하나를 강요받게 된다. 망각의 늪에 빠져 흔적도 없이 사라지거나, 인간의 기억과 기록 노력을 통해 새로운 의미로 재구성된다. 새로운 의미는 과거의 사건을 끊임없이 현재화 할 때 가능한데 이것은 인간의 지적 해석활동을 통해 완성된다. 일반적으로 기억은 주관적이고 불가역적이다. 그래서 기억은 언제나 망각과의 경쟁에서 패배할 수밖에 없는 불안한 존재이다. 이러한 기억의 불안정성은 사건에 대한 기억을 기록으로 남겼을 때만 해소될 수 있다. 하지만 기록은 해석을 통해서만 기억을 다시 호출할 수 있다는 점에서 불완전한 장치이다. 따라서 '기억+기록 콘텐츠'는 기억과 기록에 내재되어 있는 불분명하고 부정확 단점을 서로 보완할 수 있는 통합적 역사 서술을 지향한다. 망각의 늪을 피한 의미 있는 '사건'은 '기억+기록 콘텐츠'의 모습으로 우리와 다시 만나게 되는 것이다.

1) 서울 시민 구보 씨의 '서울광장 이야기'

<그림 1> 서울 시민 구보 씨의 '서울광장 이야기' 전시 풍경 ⓒ박준석

서울광장이 지금과 같은 너른 터가 된 것은 고종이 러시아 공사관에 피신했다 덕수궁으로 돌아 온 1897년이었다. 대한제국을 선포하고 황제자리에 오른 고종은 새로운 나라의 위상을 높이기 위해 대한문 앞에 방사형 도로를 놓고 넓은 광장을 설치하였다. 이후 이곳은 3.1운동에서부터 8.15해방, 4.19혁명, 한일회담반대운동, 6.10민주항쟁을 거쳐 2002월드컵 응원이 펼쳐진 우리 근현대사의 중요한 장소가 되었다.

서울 시민 구보 씨의 '서울광장 이야기'는 해방 이후부터 70년의 시간동안 변화해 온 서울광장의 의미를 서울 시민의 기억과 다양한 기록물로 이야기하는 역사 콘텐츠이다. 이 콘텐츠의 스토리텔링을 이끌어 가는 주인공은 1945년 8월 15일 서대문에서 태어나 평생을 서울에서 살아 온 가상의 서울 시민 구보 씨이다. 해방둥이로 태어난 구보 씨는 우리 현대사의 굴곡을 지켜 본 역사의 산증인이며, 일상적인 삶 속에서 서울광장의 변화를 경험한 서울 토박이이다.

구보 씨에게 서울광장은 기억과 추억의 장소이다. 국민학생 구보 어린이의 눈에 비친 서울광장은 전쟁의 살풍경이 펼쳐지는 공포의 장소였고, 중학생 구보에게 다가 온 서울광장은 민주주의 혁명의 공간이었다. 덕수궁 돌담길에서 데이트를 즐기던 청년 구보 씨의 추억과 '독재타도 민주쟁취'를 외치던 넥타이 부대 구보 과장의 기억은 서울광장의 역사를 시민의 눈으로 다시 볼 수 있게 해주는 새로운 관점을 제시해 주었다.

서울광장과 같은 공간의 역사는 그 공간을 흘러간 시간의 축적만으로 구성되는 것이 아니라 구보 씨와 같은 이름 없는 시민들의 기억과 추억, 그리고 기록을 통해 완성된다. 이것은 시민의 일상과 사건을 역사 서술의 지평 위로 올려놓았을 때 비로소 가능한 일이다.

2) 4.16세월호 참사 1주기 기록전시 '아이들의 방'

304명의 고귀한 생명을 앗아간 4.16세월호 참사는 국민적 슬픔의 크기만큼이나 수많은 기록물을 생산해 내고 있다. 서울광장 합동분향소와 청계천 일대, 광화문 농성장 등지에 남겨진 노란리본과 종이배, 종이학, 현수막, 시민 발언장은 이번 참사와 희생자들을 영원히 기억하겠다는 시민들의 마음이 담긴 기록물이다. 이 기록물들은 현재 서울특별시와 4.16기억저장소 등에서 수집·정리하여 보존하고 있으며, 추모관이 건

<그림 2> 4.16세월호 참사 1주기 기록전시 '아이들의 방' 전시 풍경 ⓒ김태현

립되면 모두 그곳으로 이전할 예정이다.

'4.16가족협의회' 산하 기록수집 기관인 '4.16기억저장소'는 시민 기록과 함께 희생자 기록을 수집하고 있다. 바다에서 건져낸 희생자 물건에서부터 팽목항 가족 대기소에 남겨진 물품, 희생자들의 생전 모습이 담겨 있는 개인 기록물뿐만 아니라 관련자들의 구술 기록과 희생자 가족들의 진상규명 투쟁 기록까지 세월호 참사와 관련된 모든 것들이 4.16기억저장소의 수집 대상이다.

4.16세월호 참사 1주기 기록전시 '아이들의 방'은 4.16기억저장소에서 수집한 단원고 희생 학생들의 방 사진과 희생 학생들이 생전에 남긴 어록을 중심으로 구성된 추모 콘텐츠이다. 수학여행을 떠나기 전까지 학생들의 일상적인 삶을 유지해주던 작은 방은 다큐멘터리 작가들의 사진과 부모들이 전해 준 학생들의 말을 통해 그들의 부재를 가장 사실적으로 증명해 주는 기록이 되었다. 희생 학생들의 일상이 세월호 참사의 비극성을 가장 극명하게 증명하는 기록물이 된 것이다.

'아이들의 방' 기록 콘텐츠가 설치된 짙은 파란색 벽면은 아이들이 돌아 온 깊은 바다와 아이들이 떠나 간 먼 우주를 의미한다. 전시장을 찾은 시민들은 노란색 별모양의 포스트 잇에 자신들의 마음을 적어 벽면에 붙여 놓았다. 노란별이 하나 둘 늘어나 은하수가 될 때까지 전시는 계속되었다. '아이들의 방'은 희생 학생들의 일상 기록과 시민들의 마음이 만나 또 하나의 기억이 만들어지는 시민 참여형 추모 전시였다.

3) 경북 영천 '우리동네 박물관'

<그림 3> 경북 영천 '우리동네 박물관' 전시 풍경 ©우리동네 박물관

'우리동네 박물관'은 마을미술 프로젝트의 일환으로 경북 영천시 화산면 가상리에 세워진 작은 생활사 박물관이다. 이 박물관이 들어 선 마을은 집도 100호 정도 밖에 안 되고 사는 사람도 얼마 없는 전형적인 농촌이다. 대부분의 시골이 그렇듯이 젊은 사람들은 모두 일하러 도시에 나가 있고 노인들만 남아 농사를 지으며 살아가는 곳이다. 마을을 떠난 사람들로부터 버림받은 집들이 아무도 살지 않는 흉가가 되어 마을 곳곳에 남아 있다.

동네 한 가운데 폐허처럼 방치됐던 옛 마을회관은 이 마을 사람들의 커뮤니티 공간이었다. 마을의 중요한 회의나 행사가 열리던 곳도 마을회관이었다. 비가 내려 농사일을 쉬는 날이거나 한 해 농사가 끝나고 농한기 철이 돌아오면 마을회관에 모여 음식을 해먹고 놀이를 즐기곤 했다. 동네의 소식이 모이고 서로의 안부를 나누던 공간이었다. 동네 사람들의 추억과 기억이 쌓여 있던 마을회관이 안전점검과 인테리어 작업을 거쳐 '마을의 기억 공간'으로 새롭게 변신하였다.

'우리동네 박물관'은 두 가지 종류의 마을 기록물로 채워져 있다. 하나는 마을 사람들의 사진첩에서 선별한 사진기록이다. 사진첩은 동네 사람들의 모습이 마을을 배경으로 시기별로 정리되어 있는 중요한 아카이브였다. 다른 하나는 박물관을 준비할 당시 마을의 모습을 기록한 사진과 영상 콘텐츠이다. 마을사람들의 초상 사진을 촬영하였고, 그들의 집과 가축, 산과 들, 꽃, 논, 저수지의 모습을 빠짐없이 기록하여 박물관의 콘텐츠로 정리하였다.

마을의 과거와 현재 모습이 공존하는 '우리동네 박물관'은 동네 사람들의 기억이 모이는 역사적 공간이 되었다. 도시에 사는 자식들이 집에 오는 날이면 할아버지는 손자손녀의 손을 잡고 박물관을 찾는다. 옆집 할아버지와 함께 쌓아 온 추억을 초상사진과 사진첩 사진, 마을 기록물을 보면서 이야기해주기 위해서다. '우리동네 박물관'은 마을의 기억이 할아버지 할머니에서 손자 손녀로 전해지는 새로운 커뮤니티 공간이 되었다.

4) 불불 프로젝트[1]

'불불 프로젝트'는 "불확실한, 한없이 불투명한 아카이브"라는 제목의 줄임말이다. 이 사업은 지역을 바라보는 하나의 방식으로 '아카이브'는 어떤 가능성을 가지고 있는지 탐구하고, 아카이브에 대한 '태도'를 제안하는 프로젝트였기에 제목처럼 불확실하고 불투명할 수밖에 없었다. 2016년 4월부터 12월까지 진행된 이 프로젝트는 총 30주차에 달하는 워크숍과 일주일간의 전시회로 구성되었다. 본래의 제목은 '아카이브의 숲'이었다. 참가자들이 발견한 기억과 이야기가 한 그루의 나무가 되어 숲을 만들고자 한 사업이었기 때문이다.

2016년 상반기에는 어린이 프로그램을, 하반기에는 청장년 프로그램을 진행하였다. 상반기 프로그램은 성산동과 망원동에 거주하는 동네 어린이들이 2016년 현재의 기억을 기록하고 그 결과물을 동네 가이드북으로 만드는 사업이었다. 청장년과 함께 진행한 하반기 프로그램은 각자의 주제를 세분화하고 다양한 매체를 활용할 수 있도록

---

1) '4) 불불 프로젝트'와 '5) 기억의 지도®', '6) 기억이 많은 아이® & 꿈꾸는 기억조각보' 파트는 세 기억+기록 프로젝트를 주도적으로 기획하고 실행한 전미정 기억발전소 대표가 글을 썼다.

<그림 4> '불불 프로젝트'의 결과물을 전시한 '아카이브의 숲'展 ⓒ기억발전소

안내해 주는 방식으로 진행되었다.

이 사업은 일반인들이 '아카이브'를 어떻게 이해하고 접근하면 좋을지 함께 고민하고 찾아가는 프로그램으로 기획되었다. 두 프로그램 모두 다양한 세대의 기억과 기록을 통해 '지역의 이야기'를 풀어내고자 했다. 기존의 다른 워크숍이 매뉴얼이나 강의를 바탕으로 이루어져 왔다면 '불불 프로젝트'는 커다란 방향성만 유지한 채 꾸준히 변형되는 형태로 진행되었다. 이것은 프로젝트의 기획자들에게도 일종의 실험과 같은 일이었다.

이 사업에서 기억의 장소로 삼았던 곳은 마포구였는데, 프로그램을 진행하면서 참가자들은 새로운 사실을 발견할 수 있었다. 타지역에서 이 프로그램에 참여한 사람들과 마포지역 거주자들 사이에는 마포에 대한 서로 다른 기억이 존재하고 있다는 점이었다. 하지만 이러한 기억의 차이는 프로그램이 진행되면서 서로 공유하고 있던 마포에 대한 기억을 하나씩 찾아내면서 해소되었다.

'불불 프로젝트'의 결과물을 펼쳐 놓은 전시는 재개발로 철거될 망원동의 부흥주택에서 진행되었다. 이곳은 한 시대를 증언하며 호시절의 '부흥'을 증거하던 오래된 장소였으며, 그렇기 때문에 곧 사라질 존재였다. 일종의 아이러니한 공간이었던 셈이다. 전시를 통해 참가자들과 관객들은 흩어져 사라질 기억의 의미를 다시 꺼내어 질문하고, 기억과 기록을 넘나드는 아카이브의 방법론에 대해 고민해보았다.

'불불 프로젝트'를 진행하면서 참가자들은 '사라진 것'과 '사라질 것'에 대한 기억을 더 소중하게 바라보게 되었다. 기억하려는 사람들에게 주어진 기록의 의무에 대하여 재발견하는 시간이기도 했다. '불불 프로젝트'는 2017년에 책으로 출간될 예정이며, 동일한 콘셉트를 유지하면서 기존의 참가자와 신규 참가자들이 함께하는 방식으로 지속될 것이다.

5) 기억의 지도®

<그림 5> '기억의 지도®' 프로젝트에 참여해 자신들의 기록을 정리 중인 시니어들 ©기억발전소

'기억의 지도®'는 50세 이상 시니어의 삶과 경험에 주목하는 사업이다. 노년의 기억은 개인의 차원을 뛰어넘어 사회의 공공기억으로서 가치를 지닌다. 사회의 다양한 지표이기도한 노인의 삶은 그 삶을 경험하지 않은 이들에게는 다양한 서사가 담긴 역사책과 같기 때문이다. 우리 민중들의 삶을 시로 기록한 고은의 『만인보』처럼 사람들의 삶으로 벼려낸 기억의 자서전을 만드는 것이 '기억의 지도®'가 추구하는 지향점이었다.

그 어느 때보다 평균 수명이 길어진 우리 시대. 이른 은퇴를 했건 아직 현역에 남아 있건 50세를 넘은 시니어들은 스스로 아직 늙었다고 생각하지 않는다. 하고 싶은 이야기가 여전히 많다. 자신의 이야기를 풀어내는 일에도 적극적이다. 하지만 막상 그 이야기를 어떤 식으로 끄집어내고 어떻게 들려주어야 하는지는 잘 알지 못하고 있다.

'기억의 지도®'는 2012년 프로그램을 운영하기 시작해 지금까지 이어지고 있다. '기억의 지도®'에서 참가자는 지금까지 자신이 살아 온 여정을 한 권의 책으로 직접 출판한다. 프로그램의 초반에는 참가자들의 머릿속에 두서없이 흩어져있는 기억을 정리하고, 이에 따른 개인 기록물 선별 작업을 중점적으로 진행한다. 이 과정에서 기억발전소에서 개발한 별도의 워크북이 중요한 역할을 하며, 기억을 꺼내는 중요한 매개로 참가자들의 추억이 담긴 옛 사진들이 적극 활용된다.

한 사람의 삶을 증거 하는 기록물인 동시에 그 시대상을 보여주는 역사적 풍경은 모두 사진으로 남겨지기 마련이다. 프로그램에 참가한 많은 사람들은 '자신의 이야기'를 정리하는 과정에서 본인들의 일상적인 이야기가 사회적, 문화적, 역사적 의미를 지니고 있다는 점을 눈치 채게 된다. 자신의 삶과 기억이 우리 세상의 보편적인 이야기와 언제나 함께 해 왔다는 점을 깨닫게 되는 것이다.

'기억의 지도®' 가 워크숍을 지속해오면서 깨뜨리고 싶은 것은 바로 보통의 삶을 가치 절하하는 참가자들의 편견이었다. 한 시대를 살아간 개인의 기록과 기억이 결국엔 거대한 역사의 흐름을 만들어 왔다는 것을 우리 시대의 시니어들에게 알려주고 싶었다. 그래서 '기억의 지도®' 프로젝트는 자서전이라는 방법론을 통해 우리의 기억을 쌓아가는 캠페인이자 행동하는 아카이브이다.

6) 기억이 많은 아이® & 꿈꾸는 기억조각보

'기억이 많은 아이®'와 '꿈꾸는 기억조각보'는 일상적이고 개인적인 이야기에 주목하는 프로그램이다. 자신의 이야기를 통해 자기를 발견하고 표현할 수 있으며, 자신을 돌아보는 과정에서 자신만의 미래상을 만들 수 있다는 생각을 바탕으로 만들어진 문화예술 프로그램이었다. 따라서 이 사업은 이제 막 자라나는 '어린 기억'과 '새로 만들어 가는 기억'에 집중했다. 이를 위해 자아 정체감과 자존감을 확인할 수 있는 기억

<그림 6> 자신의 이야기를 '기억+기록 콘텐츠'로 만들고 있는 참여자 ©기억발전소

은 무엇인지 탐구하고자 했다. 그래서 이 프로그램에서 지향하는 것은 동시적인 기억(simultaneity, 同時性)이며, 미래를 위한 기억이었다.

'기억이 많은 아이®'는 초등학생과 함께 하는 사업이었다. 2011년 10월부터 다음 해 4월까지 이어진 첫 사업의 참여자는 대구광역시 '어린이사진동아리 꿈만들'의 열 살 어린이 8명이었다. 참여한 어린이들은 스스로 본인 자신과 가족, 살던 지역을 꼼꼼히 되돌아보고, 이것을 지도나 글, 사진 등으로 정리하였다. 이것은 새로운 '나'를 재발견하는 일이었다. 자신의 이야기에서 시작해서 자신이 속한 작은 사회의 이야기로 확장되는 기억, 그리고 그 과정 속에서 새롭게 더해지는 또 다른 기억들이 뒤섞였고, 이것은 글쓰기와 사진 촬영, 동네와 지역 탐사 등으로 이어졌다. 정리 된 결과물은 <열 살의 눈으로 본 세상 그리고 행복>展과 단행본 『반가워, 기억아』로 출판되었다.

'꿈꾸는 기억조각보'는 자신의 삶에 의미를 부여하는 '기억의 가능성'을 확인하기 위해서 시작하였다. 이 프로그램에는 무중력청소년(학교생활 부적응청소년), 탈학교 청소년, 취약계층 청소년 등이 주로 참가하였다. 이 사업에서 가장 중요했던 것은 참가자들이 스스로 자신의 이야기를 털어놓고 자신의 삶을 바라볼 수 있는 환경을 만드는 것이었다. 참가자들이 열린 마음으로 지속적으로 프로그램에 참여해야 의미 있는 결과물을 만들어 낼 수 있었기 때문이다.

그림과 음악, 사진, 글쓰기 등 다양한 매체의 결합을 통해 완성된 이 프로그램은 서로 다른 천 조각을 바느질로 이어 하나의 조각보로 완성하는 과정과 닮아 있었다. 이 사업의 이름이 '꿈꾸는 기억조각보'인 이유이다. 이 프로그램은 청소년미혼모, 자활노숙인 등과 함께 진행하는 워크숍으로 발전하였으며, 아동청소년 프로그램으로 변주되어 진행되기도 하였다.

참고문헌

에드워드 H. 카, 『역사란 무엇인가』, 김택현 옮김, 까치, 2015

박용구, 『부정의 역사철학』, 길, 2013

시모네타 팔라스카 참포니, 「이야기꾼과 지배서사: 파시스트 이탈리아의 근대성, 기억, 역사」, 『국가와 기억』, 제트리 K. 올릭 엮음, 최근호등 옮김, 민주화운동기념사업회, 2006

박성수, 「기억과 정체성」, 『문화과학』 40호, 문화과학사, 2004

홍성태, 「국가폭력과 기억의 정치」, 『문화과학』 40호, 문화과학사, 2004

김교빈 외, 『망각과 기억의 변증법』, 한국철학사상연구회 기획, 이파르, 2015

미셸 마페졸리, 앙리 르페브르, 『일상생활의 사회학』, 일상성·일상생활연구회 엮음, 박재환 옮김, 한울, 2016

앙리 르페브르, 『현대세계의 일상성』, 박정자 옮김, 기파랑, 2005

박재환, 일상성·일상생활연구회, 『일상생활의 사회학적 이해』, 한울, 2009

페르낭 브로델, 『물질문명과 자본주의 1-1』, 주경철 옮김, 까치, 1995

페르낭 브로델, 『물질문명과 자본주의 1-2』, 주경철 옮김, 까치, 2001

김기봉, 『역사들이 속삭인다 – 팩션 열풍과 스토리텔링의 역사』, 프로네시스, 2009

손동휴, 이경준, 「마을공동체 아카이브 활성화 방안」, 『기록학연구』(35), 한국기록학회, 2013

기억+기록 콘텐츠 위치 정보

1. 서울 시민 구보 씨의 '서울광장 이야기' 웹 콘텐츠

웹 콘텐츠 위치 : 서울특별시 홈페이지>정보소통광장>속속정보>서울실록

웹 콘텐츠 주소 : https://goo.gl/9B6Q7T

2. 4.16세월호 참사 1주기 기록전시 '아이들의 방' 웹 콘텐츠

웹 콘텐츠 위치 : 4.16기억저장소 홈페이지>특별전시관>아이들의 방

웹 콘텐츠 주소 : https://goo.gl/lH0dLF

3. 경북 영천 '우리동네 박물관'

주소 : 경상북도 영천시 화산면 가상길 16

2-5. 기억과 기록, 그 매체로서의 기록영화

최정은

1. 기억과 기록

1) 사회적 기억

가) 사회적 화두로서의 기억

한국 사회의 기억담론 대두는 사회현실을 반영한 정치적 이슈와 맞닿아 있다. 전진성의 논의에 따르면 1980년대 이후 고양된 민주화를 바탕으로 1990년대 이후 촉발된 소위 과거사 청산 문제는 '기억의 정치'와 '대항기억', '대안기억'의 논의를 가져왔다. 공식적 차원의 '역사'에 대한 저항감을 반영하여 '기억의 역사'는 권력자의 이해관계가 아닌 억압되고 잊혀진 진실을 대변하였다. 소위 기억의 부활은 억압되고 무시되어 왔던 사적 기억들을 들여다보게 하였고 '과연 무엇이 객관적 진실이며 무엇이 대표적 기억인가?' 하는 대표성의 문제를 생각하게 하였다.[1] 예를 들어 데틀레프 포이케르트는 『나치시대의 일상사: 순응, 저항, 인종주의』에서 나치, 히틀러와 같은 지배세력이 아닌 나치시대의 평범한 국민들, 즉 '작은 사람들(kleine Leute)'의 일상에 주목한다. 이들이 경험한 나치시대의 일상 기억을 통해 나치즘이 어떻게 독일 사회에서 작동하였고 사람들은 어떻게 순응, 반응하였는지를 고찰한다. 68혁명 이후 전후세대가 부모세대에

1) 이에 대해서는 전진성, 『역사가 기억을 말하다』, 휴머니스트, 서울, 2009를 참조

게 던졌던 "나치시대에 당신은 무엇을 했나요?"라는 질문은 전쟁을 경험한 평범한 사람들에게 과연 전쟁은 어떻게 경험되고 기억되는가를 생각하게 했다. 거대 서사속에서 공식기억의 줄기에서 배제된 다양한 사적 기억들을 고찰하는 것은 그래서 사회 현실을 반영하는 정치적인 차원이라 할 수 있다. 한국에서는 1980년대 이후 민주화가 진전되는 과정에서 기존 권위주의 시대에 억압되었던 다양한 기억들에 귀를 기울이게 되었다. 대표적인 것이 일본군성노예피해여성들의 기억, 한국전쟁기 민간인학살사건 피해자들의 기억, 비전향장기수들의 기억 등이다. 오늘날에는 어쩌면 공식적 지위를 얻어 더이상 대항기억일 필요가 없어질 정도가 되었으나 2000년대 이전에는 이러한 기억들은 철저히 배제되고 소외되었던 대항기억들이었다. 따라서 기억담론은 무엇보다 정치적이며 사회현실을 반영하는 사회적 차원의 역동적 개념이다.

나) 기억의 사회적 차원의 접근

기억이 사회성 차원에서 주목받기 시작한 논의는 바로 집단기억(collective memory)의 논의이다. 집단기억이란 한 집단 성원이 서로 공유하는 기억으로 각 개인과 조직체의 관점과 목적의식이 반영된 과거 재현의 형태이다.[2] 하지만 그 내부의 복잡하고 불확실한 측면이 폐쇄적으로 설정되어 다양한 관점의 개입 흔적이 이미 사라져버린 상태라는 한계를 지닌다. 각 개인과 조직체의 관점은 일원적이지 않지만 그것을 '공유'라는 가치로 묶어 하나의 관점으로 대표하는 차원에서 문제가 발생할 수 있는 것이다. 하지만 집단기억에 대한 논의는 기억이 사회적 차원에서 '구성'된다는 매우 중요한 전제를 우리에게 제시하였다는 점에서 의미가 크다.

이후 개념적 대안으로서 사회적 기억(social memory)에 대한 논의가 시작되었다. 사회적 기억이란 개인적 기억의 사회화 과정과 집단기억의 개별화 과정에 동시에 초점을 지닌다. 기억이 형성되는 사회적 과정이자 그 장에 관심을 갖는 것이다. 어떠한 기억이 집단을 대표하는가가 아니라 그 사회의 대표적 기억은 무엇이고 그것은 어떻게 만들어졌는가에 초점이 있다. 각 개인과 집단의 다양한 기억을 다중적이고 포괄적으로 반영하며 각 기억들이 어떻게 상호작용하는지를 드러내는 것을 중요시한다. 하지만 개념적으로 집단기억과 사회적기억의 명확한 구분은 무의미하며 각 논의들의 초점에는

2) 이에 대해서는 권귀숙, 『기억의 정치』, 문화와지성사, 서울, 2006. 참조

공통적으로 기억이 사회적 차원에서 구성된다는 개념이 전제한다는 것이 중요하다.

2) 기록학 패러다임 변화[3)]

가) 기록과 기억. 기록학에서의 기억연구 그 의미

포스트모더니즘의 영향으로 기억이 오랫동안 표상하던 가치중립성과 객관성이 부정되면서 사회적 가치의 편향성, 주관성 등이 부상하였고, 이는 곧 집합기억 개념을 논의의 장으로 이끌어내는데 기여했다. 포스트모더니즘은 증거개념의 변화와 기억개념의 변화를 동시에 가져왔는데, 그것은 증거개념의 변화가 기억개념의 변화를 이끄는 양상으로 진행되었다. 증거란 더 이상 업무수행의 사후적 결과물이 아니라 '현재'의 업무를 위한 정보자원으로 이해되고 이용되어야 한다는 인식이 주목을 받기 시작했다. 증거가 조직의 효율적 업무수행과 정책결정을 지원하는 유용한 정보자원이라는 인식이 부각된 것이다. 이에 증거와 불가분의 관계를 맺고 있는 기억 개념도 재정립될 필요가 있었다. 증거의 확보가 어려워지면서 기억 또한 수동적으로 '남겨진' 유산이라는 의미에만 머무를 수 없었다. 그리고 집단적·사회적 기억의 목적의식적 구축과 형성이라는 개념으로의 변화가 필연적으로 요청되었다.

하지만 이러한 기억 개념의 변화에 맞물려 과거의 재현 형식으로 신뢰를 담보할 수 있는 매체가 필요했고 여기에서 기록이 그 역할을 하게 되었다. 역사가 기록을 단지 사료로 간주하고 역사가의 주관과 사고의 흐름에 따라 그것을 '집필'하거나 '배치'하는데 반해 기록은 원형으로서의 과거를 일정 부분 담보하고 있다는 점에서 역사와 차별되기 때문에 사회적 기억을 담아내는 매체로서의 역할을 기록에 기대할 수 있게 된 것이다.

나) 기억 구성으로서의 아카이브

기억은 사회적 구성물이며 이를 매개하는 기록 역사 사회적 구성물이다. 사실 기억의 재현은 다양한 방식으로 나타나는데 가장 일반적인 것은 아카이브에 보관되어 누

3) 이 부분은 최정은, 「사회적 기억과 구술기록 기록화에 관한 연구」, 한국외국어대학교 정보·기록학과 석사학위논문, 2011.8.을 재구성하였음.

군가에 의해 역사로 쓰여지는 것이다. 이렇게 역사화되는 것은 곧 사회의 공식기억이 된다는 것과 유사한 의미를 갖는다. 역사가 기억에 대한 '기억작업'을 수행한다면, 기록을 통한 기억의 기록화(documentation & archiving)는 역사와 더불어 '기억작업'에 중요한 역할을 수행한다. 시대를 통틀어 개인과 사회는 그들이 활용할 수 있는 기술을 통해 다양한 매체에 자신들의 이야기를 남겨왔다.[4] 개인과 사회가 기록화를 통해 남겨온 기록에서 각 개인의 기억은 집단적이고 사회적인 기억으로 전환되었다.

기억 저장소로서의 아카이브는 어느 한 측면의 기억만이 선별되어 저장된 공간이었던 적이 있고, 여전히 그러한 경우가 있을 것이다.[5] 하지만 이상적인 것은 아카이브에는 일원적이거나 폐쇄적인 기억이 아닌 다양하고 포괄적인 기억이 저장되어야 한다는 것이다. 드러내거나 은폐하거나 아카이브는 과거로부터 현재까지 원형으로서의 기록을 보존하고자 하는 욕구가 반영된 공간이다. 원형으로서의 기록이란 어떠한 사적 개입도 없는 완전무결함을 의미하는 것이 아닌 오히려 다양한 사적 개입들을 확실하게 드러내는 솔직함을 말한다.

아카이브가 담고 있는 사회적 기억은 사회적·문화적 역할을 수행하는 것을 넘어 의사소통의 시공간적 범위를 확장할 수도 있다.[6] 한 사회는 기억되고 반추될 만한 가치, 사실이나 역사적 사건을 '결정'하고 이것을 다음 세대에 전달함으로써 세대 간의 소통을 매개한다. 동시에 사회적 기억은 과거를 재현하는 역할에만 머무르지 않고, 부단히 현실의 맥락에 개입하고 유통됨으로써 스스로의 존재 범위를 확장한다.[7] 하지만 아키비스트들은 사회적 소수자들의 기록을 남기는데 실패했고, 아카이브는 기억 망각을 강요하는 힘에 대항할 수 있도록 이들의 기억을 남기는 역할을 해야 한다. 아카

---

4) 자크 데리다에 의하면, 기억하고자 하는 욕망은 우리가 스스로 흔적을 없애는 것을 잘 알고 있다는 그 지점에서 기원한다. 데리다는 이를 '기억 죽이기(killing the memory)'로 표현하는데, 즉 인간은 기억하려는 갈망과 동시에 한 측면에서는 파괴해버리는 행위를 하게 된다는 것이다.

5) 기록을 문화적 산물로서 바라보는 의견도 있다. 그에 따르면, 기록, 즉 언어는 대상의 유동성을 고정시키고, 대상의 무질서를 질서화하며, 대상을 유의미한 대상으로, 즉 인식의 영역으로 편입시키는 탁월한 능력을 지니고 있다. 문제는, 부르디외가 모든 언술의 적절성은 그 언술이 관습적 절차를 따르는가, 적절한 인물에 의해 발화되었는가에 달렸다고 지적했던 것처럼, '기술'이 기록자, 혹은 저자의 권위를 토대로, 그것을 확증·재생산하는 방식으로 구성되는 전적으로 문화적인 산물이라는 데 있다. ; 정수진, 「원형의 기록화, 기록의 원형화」, 『한국민속학』 44호, 2006, p.486.

6) Foote, Kenneth E., "To Remember and Forget : Archives, Memory, and Culture", The American Archivist 53, 1990, pp.378~379.

7) 이에 대해서는 원종관, 「레코드 컨티뉴엄의 속성을 통해 본 증거와 기억의 조화에 관한 연구」, 한국외국어대학교 대학원 정보·기록관리학과 석사학위논문, 2008. 참조

이브는 사회의 사회적 기억을 기록화해야 하고, 왜 특정한 사건을 선별해 그것을 기록화했는지에 대한 설명책임을 해야 한다.[8] 기록화 여부를 통해 이후 기록을 활용한 역사 연구와 그 결과물로서의 '역사'가 결정된다. 따라서 기록화는 역사에 의해 서술될 '역사적 사실'을 결정짓는 기원이자 원천이다.

사회적 기억이 기록화된다는 것은 그 사회의 정체성 형성과도 매우 밀접한 관련이 있다. 사회적 기억으로의 관심 증대는 교과서, 역사서, 박물관, 유적, 대중 매체(텔레비전, 영화 등)에 대한 논의로 확장되었다. 또한 기존 아카이브의 전통적 종이, 문헌기록이 담고 있는 공식적 기억보다는 다른 진실, 다른 대안, 다른 이야기, 다른 목소리에 대한 관심이 늘어나고 있다. 이런 시점에서 아카이브는 사회에서의 다양한 개인과 집단의 목소리를 대변하고 기록화할 수 있는 논의 공간을 제공해야 한다. 권력의 개념과 관련하여 정체성은 매우 중요한 문제이다. 아카이브는 역사적으로 무시되어 왔던 개인과 집단이 스스로를 위한 정체성을 창조하는 것을 지원해야 한다.

2. 기록 매체론

1) 기억의 공적 재현 방식으로서의 영화

가) 기억의 사회적 생산 방식[9]

영국의 버밍햄 대학 현대문화연구소의대중기억연구회(Popular Memory Group)에 따르면 기억의 사회적 생산은 공적인 재현(public representation)과 사적인 기억(private memory)의 두 가지 방식으로 일어난다. 역사의 공적인 재현에서는 과거에 대한 여러 해석들의 경합을 통해 지배적인 기억이 나타난다. 지배적인 역사적 재현은 매우 이데올로기적이고 전형적인 신화에 가장 가까운 것인지도 모른다. 과거에 대한 공식적인

8) Kenneth E. Foote, "To Remember and Forget : Archives, Memory, and Culture", The American Archivist 53, 1990, pp.391~392.

9) 이에 대해서는 Popular Memory Group , "Popular Memory: Theory, Politics, Method", R. Johnson, et al(ed), Making Histories, University of Minnesota Press, 1982. 참조

(official) 재현은 국가와의 관계에서 가장 첨예하게 드러난다. 민족사와 민족유산은 국가가 유용하는 지배적인 공식적 기억의 대표적인 예이다. 공적인 미디어도 또한 공적 재현의 주요한 원천이다. 사적 기억은 일상생활 중에 만들어진다. 그러나 사적 기억은 "기록되지 않을 뿐만 아니라 실제로 침묵된다." 사적 기억은 개인의 종속된, 또는 사적인 삶의 경험을 반영한다.

사회적 기억이 생산되는 과정에는 두 가지 종류의 관계가 있다. 첫 번째는 학계를 포함하여 공적인(public) 분야에서 나타나는 지배적인 기억(dominant memory)와 대항기억(counter-memory) 사이의 관계이고, 두 번째는 현대국가 체제에서 공적인 담론들과 생활문화에서 생성된 좀더 사적인 기억 사이의 관계이다. 과거에 대한 다수의 공적인 재현 사이에서 끊임없는 경합이 일어나고 그 중에서 하나가 지배적인 기억이 되면, 다른 것들은 대항기억이 된다. 이 두 가지 형태의 기억은 그것들이 만드는 역사적 진실의 정당성을 주장하면서 두 개의 대립되는 역사적 해석을 내놓는다. 따라서 헤게모니 쟁취를 위해 지배적인 기억과 대항기억 사이에 계속적인 경쟁이 일어나게 된다. 지배적인 기억의 재현들은 국가 기구들에 의해 공식적인 역사 속에서 계속 형식화되고 재생산된다. 그러나 공식적인 기억과 삶의 경험에서부터 오는 사적 기억 사이에는 잠재적인 괴리가 있다. 이 괴리는 대중의 대항기억이 출현할 수 있는 가능한 공간을 남겨준다. 대항기억은 종속되거나 억압받는 사람들의 사적이지만 집합적인 기억이다. 지배적인 기억과 대항적 기억과의 관계는 고정된 것이 아니라 끊임없이 협상된다. 이러한 사적인 기억은 헤게모니적인 기억과 담론에 대항하는 대항담론을 구성하는 대항기억으로서 하나의 공적인 역사의 재현이 될 수 있다.

기억은 과거와 현재와의 대화이다. 기억은 단지 과거에 대한 것이 아니라 과거와 현재의 관계이다. 왜냐하면 과거가 정치적으로 중요한 것은 과거가 현재에 살아서 현재 사회적 관계에 영향을 주기 때문이다. 정치적 지배는 헤게모니 투쟁에 있어서 결정적인 역사에 대한 정의를 수반한다. 역사는 정치적 투쟁의 장이다. 역사와 정치의 관계는 따라서 별개의 것이 아니라 내적인 것이다. 그것은 역사의 정치학(politics of historicity)이고 정치의 역사적 차원(historicity of politics)이다. 이러한 관계의 중심에 있는 것이 현재의 시각에서 과거를 이해하고 진리를 생산하기 위해 역사를 재창안하는 토대로서 바로 기억이다.

나) 사회적 기억의 재현방식으로서 왜 영화인가?

1951년 국방부 정훈국이 제작한 <정의의 진격>(감독 한형모)는 한국전쟁을 이야기할 때 가장 많이 활용되는 다큐멘터리 필름이다. 이 영화에서 보여주는 한국전쟁에 대한 공식 기억은 다음과 같다. '북괴'의 기습남침에 의해 평화로웠던 대한민국은 아비규환이 되었지만 UN군의 지원과 용감한 국군의 멸공정신으로 '북괴'를 격퇴하리라는 것이다. 한국사회에서 기억의 문제 특히 기억의 정치성을 다룸에 있어 가장 첨예한 대립의 지점은 한국전쟁과 관련된다. 우리에게 한국전쟁은 '6.25전쟁'으로 명명되는 것이 익숙하다. 이는 1950년 6월 25일, 평화로운 일요일, 북의 기습 남침을 가장 적나라하게 드러내는 용어이기 때문이다. 한국전쟁은 1950년 6월 25일 그 날 발발했지만, 이 전쟁을 이해하기 위해서는 그 시점의 전후 길게는 일제강점기부터 권위주의 정권의 수립까지 더 긴 호흡으로 보아야 한다. 하지만 기존 한국전쟁에 대한 공식기억은 그러한 긴 호흡보다는 끔찍했던 전쟁 발발이후 휴전직전까지의 참혹한 전쟁난리통에 국한된 측면이 있다. 이러한 공식기억 속에는 한국전쟁 전후 일어난 국군이나 미군에 의한 민간인학살사건이나 1945년 해방이후 약 3년간의 소위 해방정국의 정치적 사회적 혼란상황은 반영되지 않았다. 한반도에서의 전쟁이 왜 일어났는지, 왜 일어날 수 밖에 없었는지 당시의 한반도에 살던 사람들에게 좌익과 우익이란 무엇이었는지, 단독정부 수립이란 무엇을 의미했는지는 다뤄지지 않았다.

하지만 1990년대 이후 한국영화에서는 한국전쟁을 더이상 6.25로 다루지 않았다. 1990년 영화 <남부군>(감독 정지영)을 시작으로 <그 섬에 가고 싶다>(박광수, 1993)이 제작되었다. 이 영화들은 전쟁과 분단을 더이상 반공이데올로기가 아닌 전향적으로 다루기 시작했다. 좌익 빨치산을 주인공으로 다루고 그들의 이념적 정치적 비극을 통해 남북에서 버림받았던 전쟁의 희생자로서 그린다거나 한국전쟁을 통한 전통적 윤리의 붕괴의 관점을 다루는 방식이었다. 이후 2000년대 들어 <공동경비구역 JSA>(박찬욱, 2000), <웰컴 투 동막골>(박광현, 2005)과 같은 상업영화와 <송환>(김동원, 2003), <할매꽃>(문정현, 2007) 등의 다큐멘터리가 등장하였다. 김대중, 노무현 정부의 햇볕정책이 추진되던 시대적 상황을 바탕으로 이 영화들은 사회적 논의를 솔직하고 자유롭게 반영하였다.[10] 특히 제주 4.3사건을 소재로 한 오멸 감독의 영화 <지슬>(2012)은 한국에

10) 이에 대해서는 정영권, 「한국전쟁과 영화, 기억의 정치학-<그 섬에 가고 싶다>와 <할매꽃>을 중심으로」,

서의 소위 정치영화의 짧은 역사에서 미학적 측면에서도 발전을 이룬 의미를 갖고 있기도 하다. 가해자와 피해자의 반응을 주술적인 카메라로 위로하듯 훑어 내려간 이 영화는 한 평론가에 의하면 '새로운 정치영화의 미학이 생겨나는 듯한 충격'을 주었다.[11] 이제 영화라는 매체는 사회적 기억을 반영하고 대변하는 매체이자, 미학적 측면에서 정치적 비극을 순화, 발전시키는 단계로까지 발전하고 있다.

영화는 분명 기억, 특히 오랫동안 소외되고 배제되었던 기억을 가장 대중적으로 드러낼 수 있는 매체이다. 20세기 이후 강력한 기억 공간으로서 영화는 자리매김 해왔고 이제는 역사가들마저 역사를 이용한 구성물 즉 문화산업으로서의 대중문화, 영화라는 매체를 거부할 수 없는 시점이 되었다. 영화라는 영상매체는 재현의 구체성과 설득력에 있어 문자기록의 그것을 뛰어넘는 수준의 차별성을 지니고 있으며 이른바 객관적 사실에 대한 강박이 애초부터 없기 때문에 무궁무진한 재현 가능성을 지니고 있다.[12]

『씨네포럼 제17호』, 동국대학교 영상미디어센터, 2013. 참조

11) 르몽드 디플로마티크 <정치영화가 오고 있다>, 2012년 11월 12일자 제50호 기사

12) 이에 대해서는 조원옥, 「영화로 불러낸 기억의 변화, 홀로코스트 영화」, 『대구사학』 제90집, 대구사학회, 2008. 참조

참고문헌

• 국내논문

최정은, 「사회적 기억과 구술기록 기록화에 관한 연구」, 한국외국어대학교 정보·기록학과 석사학위논문, 2011.8.

정영권, 「한국전쟁과 영화, 기억의 정치학-<그 섬에 가고 싶다>와 <할매꽃>을 중심으로」, 『씨네포럼 제17호』, 동국대학교 영상미디어센터, 2013

조원옥, 「영화로 불러낸 기억의 변화, 홀로코스트 영화」, 『대구사학』 제90집, 대구사학회, 2008.

정수진, 「원형의 기록화, 기록의 원형화」, 『한국민속학』 44호, 한국민속학회, 2006

원종관, 「레코드 컨티뉴엄의 속성을 통해 본 증거와 기억의 조화에 관한 연구」, 한국외국어대학교 대학원 정보·기록관리학과 석사학위논문, 2008

• 서양논문

Kenneth E. Foote, "To Remember and Forget : Archives, Memory, and Culture", The American Archivist 53, 1990

• 국내서

권귀숙, 『기억의 정치』, 문화와지성사, 서울, 2006

전진성, 『역사가 기억을 말하다』, 휴머니스트, 서울, 2009

• 서양서

Popular Memory Group, "Popular Memory: Theory, Politics, Method", R. Johnson, et al(ed), Making Histories, University of Minnesota Press, 1982.

• 기타

르몽드 디플로마티크 <정치영화가 오고 있다>, 2012년 11월 12일자 제50호 기사

2-6. 감독으로서 바라본 기록영화의 사회적 역할 - 4가지 작품을 중심으로

문정현

1. 기록영화 제작의 실제

기록영화를 제작한다는 것, 실제 하는 이야기를 카메라의 눈으로 바라보고 이를 이야기로 재현하는 일이다. 참 어려운 일이다. 현실의 어떠한 기록이 생명을 부여받고 메시지로 의미화 된다는 것, 이는 바로 이 사회를 대면하는 시선의 문제이자 제작자 개인의 세계관과도 직결되기 때문이다. 결국 모든 기록영화는 우리가 살고 있는 이 세계의 실체를 재인식하게 하는 창의 역할을 할 것이다. 다음의 작은 제작경험들이 기록영화를 이해하는데 조금이나마 도움이 되었으면 한다.

2. 4가지 작품들을 통해 본 기록영화의 사회적 역할

1) 〈할매꽃〉- 작은 기록의 발견으로부터

우연히 발견한 작은 외할아버지의 일기장, 오래전 기록되어진 작은 외할아버지의 동영상(1초), 그리고 영화의 주인공인 외할머니의 젊은 시절이 찍힌 비디오 테입의 발견,

이 중요한 사건의 경험이 그리고 그 강렬한 인상이 나로 하여금 약 4년에 걸쳐 "할매꽃"을 제작하게 했다. 많은 시행착오를 거치면서 다큐멘터리 영화의 매력을 느끼게 됐던 작업이었다. 이전의 내가 영화를 사변적으로 대했다 한다면, 이 작업 이후에 현장에서의 증언과 증거를 기록하는 카메라의 존재를 신뢰하게 되었던 건 같다. 지금 생각하면 다큐를 이제 막 시작한 나에게 다소 버거울 수 있는 영화였다고 생각한다. 첫 가편본이 무려 8시간이 나왔고, 나는 여기서 단 한 컷도 자르고 싶지 않았었다. 작업을 한다는 건 정말 고통스러운 일이라는 걸 절절하게 깨닫게 된 영화였다. 최근 <할매꽃> 상영회를 가진 적이 있었는데, 보면서 "참 영화하고 싶어 안달이 났구나" 하는 생각이 나도 모르게 들었다. 왜 이런 생각이 들었는지 확실히는 모르겠지만 뭔가 진심보다는 욕심이 더 많이 느껴지는 영화였다. 그리고 <할매꽃> 이후, 현재까지의 모든 작업들은 <할매꽃>을 극복하기 위한 나의 발버둥이라 불러도 될 성 싶다.

2) 〈용산〉- 거대한 기록들, 하지만 작은 시작으로부터

2009년, 용산 참사가 있었던 날, 아직도 기억나는 장면 하나, 인터넷 앞에서 생중계를 보고 있던 나, 뭔가 망치로 머리를 두들겨 맞은 느낌, 그리고 거짓말처럼 내가 기억하고 있었던, 그리고 언젠가는 하고 싶었던 죽음에 대한 이야기들이 내 머릿속을 지나갔다. <할매꽃> 작업 이후에, 이상하게 죽음과 죽음에 이르는 고통에 대한 생각들을 많이 하게 되었다. 지금까지도 이어지고 있는 당시의 이명박 신공안정국에 분노했고 아무 것도 하고 싶지 않은 하루하루였다. 더 큰 사건들이 터질 것만 같은 불안하기만 한 나날이었다. 영화 <용산>은 이런 배경을 안고서 시작한 영화였다. 그리고 참사 현장에 매일 나가 볼 수 없는 미안한 마음을 영화 안에서 이야기해보고 싶었다. 1년 넘게 남일당 일대(용산참사가 일어났던 곳)를 맴돌았다. 사실 나는 아직도 남일당 일대를 돌고 있다. 작업을 끝냈어도 작업하던 그 마음은 끝나지 않은 상태, 해소되지 않은 상태이다.

용산 참사를 대하는 나의 태도를 떠나 영화 "용산"이 만들어 질 수 있었던 가장 큰 이유는 어찌보면 기록되어진 영상들의 존재였다. 용산참사 당시를 기록했던 현장의 카메라, 그리고 영화의 중요한 덩어리인 5.18 광주 민주항쟁, 87년 민주대항쟁에 대한 기록영상들은 "용산"의 큰 자산이 되었다. 이 영상들은 푸른영상 선배 감독들이 찍어서 잘 보존했던 영상들(색인되고 문서로 내용이 정리된), 영상자료원 및 KTV에서 Search 할 수 있고 사용할 수 있는 자료들이었다. <할매꽃>처럼, 영화 <용산>도 국내외 30여 개 이상의 영화제에 초청되어 상영되었다. 수 십회가 넘는 공동체 상영을 통해서 관객들을 만났다. 기록으로만 남아있었던 영상들이 영화적 의미(이야기)를 부여받고 새롭게 태어나는 과정, 기록영화에서 추구하는 영화적 진실을 향한 긴 여정길에 오른 것이다. 그리고 이 영화는 언젠가 또 다른 영화의 재료가 될 것임이 분명하다.

어찌 되었건, 내 손을 떠난 것은 완성된 작업일 뿐, 그 영화들은 아직도 현재의 나, 그리고 현재 진행하고 있는 작업들에 끊임없이 말을 걸어오는 것 같다. 한 편, 한 편의 작업이 따로 존재하는 것이 아니라, 모두 관계되어지며 한 덩어리가 되어가고 있는 것 같다. 그리고 그 덩어리 안에 웅크리고 앉아 어쩔 줄 모르는 나를 대면하곤 한다. 나는 과연 작가가 될 수 있을까? 어찌 되었건 <용산>작업을 하면서 타인의 고통을 바라보고 기록한다는 것의 힘듦을 몸으로 알게 되었던 것 같다.

3) 〈붕괴〉- 사적인 것의 공적화

주위 사람들이 가끔 나에게 이런 말들을 한다. "어떻게 너한테만 그런 일들이 끊임없이 일어나냐?", "또 그런 일이 있었어?", "딱 다큐하기 좋은 인간이다" 등등. 정말 나한테는 많은 일들이 일어난다. 때로는 천불이 나기도 한다. "아동 성폭력 피해 부모모임"에 대한 다큐멘터리영화 <가면놀이>의 제작을 끝내고 본격적으로 현장에 대한 이야기를 기획하고 있을 즈음이었다. 뱃속에 있는 둘째 아이에 대한 전화 한통이 병원으로부터 걸려왔다. 이 예상치 못한 전화 한통이 영화 <붕괴>의 시작이었다. 그렇게 시작한 이야기를 끝내는 데 5년이라는 시간이 걸렸다. 따지면 2011년의, 나의 위선의 시간들이 이 영화에 담겨있다.

현재의 나: 생계를 위해 돈을 벌고 있는 나, 푸른영상 사무실 운영을 위한 수익사업을 하고 있는 나, 한 편, 한 편의 다큐작업을 욕망하는 나, 참으로 살인적인 스케줄에 정신없는 하루하루다. 영화 <붕괴>는 이 와중에 참 힘든 감정을 안고 완성한 작업이다. 기획단계 부터 이미 "나"는 무너졌고, 제작하면서 "나"는 참으로 부족하고 기만적

인 인간임을 고백할 수밖에 없었다. 나의 현재를 확인하는 것, 절망할 수밖에 없다.

작업을 하는 데 있어 내가 한 번이라도 흉내 냈던 방식은 내 새로운 작업에 유효하지 않다. 스스로 이런 약속을 하고 지금까지 작업을 해 왔다. 영화 <붕괴>를 통해서는 나의 드러난 감정, 혹은 숨겨져야 하는 감정들이 구체적인 사건을 통해 어떻게 재현될 수 있는가를 알아보고 싶었다. 더불어 너무나 개인적인 나의 이야기를 객관적으로 봐 줄 수 있는 제작자가 필요했고, 실험영화를 해 오던 이원우 감독에게 공동연출을 제안했다. 감독님과의 협업 안에서 나를 객관적으로 바라보기 위한 노력들, 감정을 화면에 드러내는 것, 혹은 숨기는 것에 대해 많은 고민을 할 수 있었다.

"이 시대 불안과 공포의 징후를 감독 자신의 지극히 개인적인 이야기와 결합해 실험적으로 구성한 작품이다. 영화는 붕괴라는 키워드를 통해 계속해서 질문하고 사유한다. 직접적인 건물의 붕괴부터 개인과 국가의 위기까지, 영화가 다루고 있는 붕괴의 범위를 한정 짓기 어렵다. 장기간에 걸쳐 이루어진 이미지와 사운드의 기록은 감독의 사적 기록인 동시에 한국사회의 공적 기록이기도 하다. <붕괴>는 특정한 경험에 대해 비판적으로 돌아볼 것을 화두로 던지며 시작한다. 그리고 감독 자신의 경험을 반추해가며 질문과 대답을 엮어간다. 번호 붙은 내레이션과 이미지의 결합으로 이어지는 구성은 보는 이들에게 계속해서 되돌아보며 사유할 여지를 준다. 지속적으로 이루어지는 감독의 자기 성찰은 영화가 끝날 무렵 지금 이 시대를 어떻게 들여다볼 것인지에 대한 또 하나의 길을 제시할 것이다. (공영민)"

어찌 되었건 영화 "붕괴"를 통해 '내 삶 자체가 다큐멘터리가 되지 않으면, 혹은 준비되어 있지 않으면 어떤 기록도 의미를 획득하기 어렵겠다'는 생각을 하게 된다. 삶에 대한 진지한 태도와 이를 바탕 한 기록, 이 과정 안에 내가 있음을 확인할 수 있는 영화였다.

4) 〈경계〉-누구에 의한 기록인가?

우연히 알게 된 외국의 감독들과 "경계"를 살아가는 사람들에 대한 옴니버스 영화를 만들었다. 나를 포함, 세르비아, 인도네시아 감독이 8편의 단편 영화를 만들었고 이를 합쳐 한편의 장편 영화가 되었다. 나는 총 2편의 단편영화를 만들었는데 한 편은 오랜 시간 알고 지내온 아프리카의 이슬람 가족 이야기이다. 12년이라는 시간동안 이들의 변화를 기록한 영화이다. 두 번째 영화는 <할매꽃>에 출연했던 재일조선인 일본 삼촌에 대한 이야기다. 슬픈 이야기다.

매우 추상적인 개념, <경계>에 대해 각자가 생각하는 바를 아무런 제약 없이, 맘껏 이야기해보자고 했다. 첫 편집본이 왔을 때 나의 첫 인상: 내 이야기들과는 달리 외국 감독들의 이야기가 구체적이지 않고 매우 사변적이라는 생각이 들었다. 더군다나 영상서신이라는 틀 자체가 매우 어울리지 않는 옷이라는 생각이었다. 걱정됐다. 싱가폴에서 함께 편집 후 나의 인상: 내 이야기만 너무 지엽적이고 우리만 아는 이야기라는 인상이 들었다. 이야기의 한계를 직면하고 절망했다. 그리고 세르비아 친구와 인도네시아 친구의 영화가 볼수록 참 매력적이었다. 본질을 이야기하면서도 크고 넓은 이야기가 될 수 있게 하는 화법들을 가지고 있었다. 순간순간 보편적 정서를 담보하는 자신들만의 매우 풍부한 화법이 보였고 읽혀졌다. 한국의 다큐멘터리영화들이 가지는 대상에 대한 배려, 주제에 대한 진지함과 미학적 고민, 시대정신을 담고자 하는 치열함에, 이 외국 친구들이 보여준 크고 넓은 이야기법이 함께 갈 수 있다면. "아! 뭐가 될 수도 있겠구나"라는 생각이 들었다. 조금의 깨달음이 있었다.

또한 기존의 나의 영화들이 주제에 접근하기 위해 한 이야기 안에 여러 이야기들을 찾고 ,배치하는 과정이었다면, <경계>는 완성된 각 이야기들의 충돌과 연결이 어떻게 의미를 생성해 낼 수 있을까를 실험해 보는 과정이었다. 결과적으로 "모든 이야기는 멍석만 깔아주면 서로 이어지려고 스스로 노력을 한다"는 영상의 영도를 경험해 볼 수 있는 유의미한 시간이었다. 사회적 소수자들을 기록하는 세 감독의 특징들이 빛을 낸 사례이기도 하다. 이 사회와 그 역사는 누구에 의해 기록되어지는가에 대한 성찰은, 기록영화 제작과정에 가장 중요하게 고민되어져야 하는 지점이다. 그들의 이야기를 그들의 화법을 통해 보여지게 하는 것, 소수자들의 위치에 끊임없이 다가가려 노력하는 감독의 시선과 태도, 그리고 이 사회의 상부구조가 아니니 하부구조에 살아감을, 그리고 그들과 연대하며 살아간다는 것이 이 역사를 기록하기 위한 전제임을 인식하는 것이 중요하다는 사실을 새삼 깨닫게 된다.

<경계> 이전의 영화들 <할매꽃>,<용산>,<붕괴> 등은 과거를 이야기하고 이를 현재에 투사하기 위한 일련의 노력이었던 것 같다. 이를 위해 나를 어리숙하고 불완전한

인간(실제로 그렇다!!!)으로 설정해 영화 안에 위치시켜 놓는다. 그리고 이 부족함을 관객들 스스로 질문하고 채워 나가면서, 함께 내 이야기를 읽어주기를 바랬던 것 같다. 하지만 영화 <경계>를 제작하면서는 "그래! 이제부턴 "다음"이라는 것을 이야기보자"는 생각을 했다. 과거를 안고, 현재를 성찰하며 그 다음을 상상할 수 있는, 뭐, 그런 거 말이다.

작품정보

"할매꽃"/ 2007년/ 89min/ **다큐멘터리**

시놉시스

하고 싶어도 차마 하지 못했던 핏빛 시대의 뜨거운 증언! 대한민국 현대사의 비극이 내 가족 안에 있었다. 평생 정신병으로 고생하던 작은 외할아버지가 돌아가신 후 나는 우연히 그 분의 일기를 보게 되고, 한 번도 들어보지 못한 슬픈 가족사와 맞닥뜨린다. 반세기 전 산골의 한 작은 마을에서 일어난 계급, 이념간의 갈등과 남. 북 그리고 일본 땅으로 흩어지게 된 가족들... 역사책에서만 접했던 우리 현대사의 비극이 내 가족 안에 있었다.

- 2007년 제17회 부산국제영화제 최우수 다큐멘터리 수상
- 2007년 올해의 독립영화상
- 2008년 제58회 베를린 국제영화제 초청
- 2008년 로마 아시아영화제
- 2008년 바르샤바 국제영화제
- 2008년 제5회 두바이 국제영화제 국제경쟁부분
- 2009년 캐나다국제다큐멘터리영화제(Hot Docs)
- 2009년 3월 개봉 등

"용산"/ 2010년/ 73min/ 다큐멘터리

시놉시스

2009년 1월 20일 새벽, 강제철거로 길거리에 내몰린 철거민들이 도심 한 복판에서 화염에 휩싸여 목숨을 잃었다. 인터넷을 통해 용산의 불길을 보는 순간, 나는 내가 목격했던 1991년의 죽음이 떠올랐다. 분신정국이라 불리던 그 때 고등학생인 나는 등굣길에 분신으로 몸이 타들어가는 대학생을 보았다. 87년 6월 항쟁 때에는 윗집에 살던 한열이형의 죽음을 TV와 신문에서 보기도 했다. 1980년 5월 광주민중항쟁의 기억으로부터 역사의 굵직한 순간마다 나를 스쳐갔던 사람들, 죽음들. 이 다큐멘터리는 죽음으로 그려지는 오늘날 대한민국의 모습이다.

- 2010년 제7회 두바이 국제영화제 국제경쟁부분
- 2010년 제2회 DMZ 국제다큐멘터리영화제
- 2011년 야마가타 국제다큐멘터리 영화제, 뉴아시아커렌츠 수상
- 2011년 제6회 Jogja-Netpac 아시아영화제
- 2011년 서울독립영화제 등
- 2012년 뉴타이페이시티영화제

"붕괴"/ 2014년/ 78min/ 다큐멘터리/ 공동연출 이원우

시놉시스

둘째 아이가 장애아일 수 있을 확률을 통보 받았다. 다큐멘터리 감독인 나는 출산의 순간만을 초초하게 기다린다. 그리고 과거 10년 동안 장애인들과 함께 했던 시간들을 되돌려본다. 마침내 불안과 공포에 떨었던 나의 과거와 현재의 얼굴들을 발견한다.

- 2014년 부산국제영화제, 최우수다큐멘터리상 수상
- 2014년 서울독립영화제 초청
- 2015년 인디다큐페스티벌

- 2015년 인디포럼 영화제
- 2015년 체코 이흘라바 국제영화제 국제경쟁부분
- 2015년 런던한국영화제
- 2015년 Asian Pacific Screen Award 경쟁부분 등

"경계"/ 2014년/ 87min/ 다큐멘터리

시놉시스

세계 어딘가엔 떠돌 수 밖에 없는 사람들이 있다. 한국, 인도네시아, 세르비아 출신 감독들이 서로에게 편지를 보낸다. 그들은 현대사의 파란 속에서 국경을 넘어야 했던 사람들의 삶에서 공통점을 발견하고 자신이 바라본 '경계'에 관한 이야기를 전한다.

- 2014년 부산국제영화제
- 2014년 Jogja-Netpac아시아영화제
- 2014년 자카르타국제영화제
- 2015년 제7회 DMZ 국제다큐멘터리영화제
- 2015년 Cinema du Reel 경쟁부분
- 2016년 6월 개봉 등

제3부
아카이빙과 콘텐츠의 실제

3-1. 웹기록 콘텐츠

한상진, 김택헌

1. 기록정보 콘텐츠

1) 기록정보 콘텐츠의 개념

현대의 기록관리는 종이기록 중심에서 전자기록으로, 기록물의 보존 위주에서 활용으로, 비공개 관행에서 적극적 공개를 통한 이용자 중심의 서비스로 기록관리 패러다임이 변화하고 있다. 이러한 변화 속에서 기록물관리기관은 소장하고 있는 기록물의 가치와 중요성을 알리고, 이용자들이 기록물을 쉽게 접근·활용할 수 있도록 서비스하는 노력을 계속하고 있다. 기록물에 대한 이용을 촉진하기 위한 전시, 출판, 강연, 교육 등 전통적인 이용자 프로그램 이외에도 콘텐츠와 같은 새로운 형태의 이용자 서비스가 등장했고 그 중요성이 점차 강조되고 있다.

일반적으로 콘텐츠의 사전적 의미는 "인터넷이나 컴퓨터 등 유·무선 통신을 통하여 제공되는 각종 정보나 그 내용물"을 말한다. 또한, 콘텐츠산업의 진흥에 필요한 제반사항을 규정하고 있는 「콘텐츠산업 진흥법」(법률 제12844호)에 따르면, 콘텐츠를 "부호·문자·도형·색채·음성·음향·이미지 및 영상 등의 자료 또는 정보"로 정의하고 있다. 즉, 콘텐츠는 보존과 이용에 있어서 효능을 높일 수 있는 형태로 제작·처리된 모든 형태의 자료 또는 정보를 총칭하는 광의의 개념으로 해석할 수 있다.

이러한 의미에서 기록정보 콘텐츠는 일차적으로 기록물의 형태로 생산·접수된 자료 그 자체인 동시에, 기록물의 내용을 구성하고 있는 정보의 집합체를 의미한다. 더 나아가, 단순히 보유하고 있는 기록물을 있는 그대로 보여주는 방식에 그치는 것이 아니라, 적절한 수준의 평가와 선별을 거쳐 이용자 입장에서 유의미한 정보로 가공하는 것을 포함한다. 다시 말해 기록정보 콘텐츠란 "기록물관리기관에서 소장하고 있는 기록물을 의미 있게 재구성 또는 조직화하여 이용자가 쉽게 검색·활용할 수 있도록 제공하는 이용자 서비스"로 정의할 수 있다.

2) 기록정보 콘텐츠 개발절차

기록정보 콘텐츠를 기획·발굴하고 개발하는 절차는 기관의 조직, 인력, 예산, 인프라 등의 여건에 따라 다르기 때문에 일반화하기는 어려우나, 기록관리 공공표준의 하나인 「공공기록물 서비스 표준」(NAK/S 25:2015 v1.0)에 따라 개략적인 절차를 소개하면 다음과 같다.

<그림 1> 기록정보 콘텐츠 개발 절차

- 기획단계 : 기록정보 콘텐츠의 목적을 설정하고 이를 달성하기 위한 일체의 과정을 체계적으로 계획하는 단계로서, 콘텐츠의 개발 목적 및 방향, 주제 및 이용자, 내용집필 방식, 서비스 방식 등을 사전에 검토하여야 한다.
- 주제분석 및 기록조사 : 선정된 주제나 사안 등을 분석하고, 그와 관련된 기록물을 조사·선별하여 데이터베이스로 구축하는 단계이다.
- 내용개발 : 콘텐츠 주제에 대한 개요 및 설명, 관련 기록물 목록, 원문 등을 포함하여 내용을 집필하는 단계이다.
- 서비스 구축 : 내용개발 단계를 거쳐 구체화된 내용을 시스템 상에 구현하고

해당 기관의 홈페이지 등 정보통신망을 통해 서비스(퍼블리싱)하는 단계이다.

- 홍보 및 평가 : 콘텐츠 구축 결과물은 홈페이지, SNS, 언론매체, 뉴스레터 등 다양한 방식을 활용해 홍보할 수 있다. 또한 이용자 의견수렴, 만족도 조사 등의 지속적인 평가를 수행하고, 그 결과는 다시 콘텐츠 기획단계에 반영하는 등 선순환 구조를 유지할 수 있어야 한다

3) 기록정보 콘텐츠의 기술

기록정보를 구현하기 위해서는 다음과 같은 기술이 필요하다.

가) 웹 3.0

웹 3.0(Web 3.0)이란 2006년 뉴욕타임즈의 John Markoff 기자가 처음 사용하였다. 웹 3.0은 컴퓨터가 시멘틱 웹 기술을 이용하여 웹페이지에 담긴 내용을 이해하고 개인 맞춤형 정보를 제공할 수 있는 지능형 웹 기술을 말하며, 지능화 및 개인화된 맞춤형 웹이다.

월드와이드웹(www)의 발명가 팀 버너스리는 2006년 5월에 다음과 같은 언급을 하였다.

> 사람들은 웹 3.0이 무엇인지 묻는다. 내 생각엔 사용자가 모든 것이 접혀 있어 애매하게 보이는 크기를 조절할 수 있는 벡터 그래픽스의 오버레이를 사용할 때 웹 2.0과, 커다란 데이터 공간을 가로지르며 통합되는 시맨틱 웹에 대한 접근에서 사용자는 어마어마한 데이터 자원에 접근할 수 있을 것이다.

기록정보 콘텐츠에서 웹 3.0이 중요한 위치를 차지할 수 있는 이유는 정보를 지식화해야 된다는 필요성 때문이다. 이전의 웹 1.0이 접속(Access)을 중시하였고, 콘텐츠는 생산자에 의해서 이용자에게 일방적으로 제공되었던 시대가 있었다. 또한, 웹 2.0 에서는 참여와 공유를 중시하였으며, 이용자는 콘텐츠의 생산자이자 소비자이며 이를 유통하는 측면에서 콘텐츠를 이용하였다. 하지만, 현재의 기록정보 콘텐츠는 단순히

콘텐츠의 생산·소비·유통자라는 측면에서 벗어나야 된다. 즉, 현재에는 개인별 맞춤 서비스를 제공할 수 있도록 지능화된 웹이 필요하다. 즉, 사용자가 원하는 콘텐츠를 제공할 수 있도록 해야 되며, 이를 통한 기술로서 메타데이터와 온톨로지, 시맨틱 기술, 클라우드 컴퓨팅, 상황인식 등의 기술들이 발전을 거듭하면서 사용자에게 특화된 다양한 서비스가 제공될 수 있다.

나) 시맨틱 웹

시맨틱 웹(Semantic Web)은 1998년에 팀 버너스 리가 제안한 것으로 '의미론적인 웹'이라는 뜻으로, 현재의 인터넷과 같은 분산된 환경에서 리소스(웹 문서, 각종 화일, 서비스 등)에 대한 정보와 자원 사이의 관계-의미 정보(Semanteme)를 기계(컴퓨터)가 처리할 수 있는 온톨로지 형태로 표현하고, 이를 자동화된 기계(컴퓨터)가 처리하도록 하는 프레임워크이자 기술을 의미한다. 웹 기술은 정보표현과 전달에 간편한 방법을 제공하여 인터넷이 실생활까지 확산되는 기폭제 역할을 하였다. 그러나 웹상에 축적된 정보가 방대해 짐에 따라 많은 문제에 봉착하게 되었다. 웹 기술은 축적된 방대한 데이터에 대하여 키워드(keyword)에 의한 정보 접근만을 허용하고 있어, 정보 검색 시 무수히 많은 불필요한 정보가 돌출하여 정보 홍수를 가중시키고 있다. 또한, 컴퓨터가 필요한 정보를 추출, 해석, 가공할 수 있는 방법이 없어, 모든 정보를 사용자가 직접 개입해서 처리하여야 하는 문제가 있다. 이러한 문제들의 근본원인은 컴퓨터가 정보자원의 의미를 이해하지 못하는데 원인이 있다.

2001년 팀 버너스 리 등에 의해 웹 기술의 비전으로 시맨틱 웹이 제시되었다. 시맨틱 웹은 기존 웹을 확장하여 컴퓨터가 이해할 수 있는 잘 정의된 의미를 기반으로 의미적 상호운용성(semantic interoperability)을 실현하여, 다양한 정보자원의 처리 자동화, 데이터의 통합 및 재사용 등을 컴퓨터가 스스로 수행하여, 인간과 컴퓨터 모두 잘 이해할 수 있는 웹을 만드는 것이 목표이다.

시맨틱 웹의 구현을 이해하기 위해서는 기반 기술인 온톨로지(ontology)와 메타데이터(metadata)를 살펴볼 필요가 있다. 온톨로지는 단어와 관계들로 구성된 일종의 사전으로 생각할 수 있으며, 그 속에는 특정 도메인에 관련된 단어들이 계층적으로 표현되어 있고, 추가적으로 이를 확장할 수 있는 추론 규칙이 포함되어 있어 웹 기반의 지식 처리나 응용 프로그램 사이의 지식 공유, 재사용 등이 가능하도록 되어 있다. 온톨로지는 시맨틱 웹 응용의 가장 중심적 개념으로서, 이를 표현하기 위해 스키마와 구문 구조 등을 정의한 언어가 온톨로지 언어(ontology language)이며, 현재 DSML+OIL, OWL, Ontolingun 등이 있다. 이 온톨로지가 구조화 되어 있는 데이터가 '데이터를 위한 데이터', 즉 '메타데이터'이다. 온라인 백과사전 위키피디아의 정의에 의하면 구조화된 정보를 분석, 분류하고 부가적 정보를 추가하기 위해 함께 따라가는 정보라고 할 수 있다.

다) 상황인식컴퓨팅

상황인식컴퓨팅은 1990년대 중반 Schilit와 Theimer에 의해 제안된 용어로 당시에는 '사용 장소 또는 주변 사람과 물체의 집합에 따라 적응적이며 동시에 시간이 경과되면서 대상의 변화까지 수용할 수 있는 일종의 소프트웨어'로 정의하였다(Liberman and Selker 2000). 이후 상황의 종류와 형태에 대한 다양한 연구, 상황인식컴퓨팅 서비스의 개발가능성에 대한 다양한 연구가 진행되어 왔으며 "현실 공간과 가상 공간을 연결하여 가상 공간에서 현실의 상황을 정보화하고 이를 활용하여 사용자 중심의 지능화된 서비스를 제공하는 기술"3)이라는 개념정의를 공유해 왔다. 상황인식컴퓨팅을 응용한 서비스는 일정한 특징을 가지게 되는데 일반적으로 사용자에게 정보와 서비스 제공(presentation), 사용자를 위한 서비스의 자동실행(execution), 이후 검색을 위한 상황 정보의 표시(tagging)라는 세 가지를 상황인식 응용이 지원할 수 있는 특징으로 분류하고 있다(Dey et al. 1999).

상황인식컴퓨팅 서비스는 사용자의 특성이나 시·공의 차이 등 각종 주변 상황 정보를 인식해 이를 기반으로 사용자에게 최적의 서비스를 예측, 능동적으로 대응하는 이용자 맞춤형 서비스로서 1) 위치나 공간정보를 인식하여 서비스를 제공하는 위치기반 서비스(LBS: Location Base Service)와 2) 인맥정보를 인식해 활용하는 소셜네트워크서비스(SNS: Social Network Service)로 분류된다. 이러한 이유 때문에 스마트폰의 대중화는 상황인식컴퓨팅의 발전에 치명적인 역할을 할 수 밖에 없었으며 스마트폰의 품질(위치인지기술의 정확성 같은)에 따라 상황인식컴퓨팅 서비스의 품질이 좌우될 수 도 있다. 오늘날 많은 스마트폰 이용자가 편리하게 사용하는 증강현실 기술 또한 상황인식컴퓨팅 서비스에서 이야기하는 위치기반서비스의 사례이다.

상황인식컴퓨팅의 사례로는 Louvre 박물관 연구실 프로젝트, 출석관리서비스, 광주과학기술연구원, 관악구 U-안심서비스 등이 있다.

<표 1 > 상황인식컴퓨팅 사례

서비스명	서비스 개요
Louvre 박물관 연구실 프로젝트	· 이슬람 자기 예술 부서에 증강현실 기술을 적용·실현시 · 관람객에게 최적의 순서로 작품을 관람하도록 안내 · 관람객이 1kg 내외의 LCD 스크린을 소지하고 박물관을 관람하다가 특정 시간, 특정 안내 상황과 장소에 다다르면 LCD 스크린에 다음 관람 장소와 내용 또는 특이사항을 알 수 있는 정보가 표시되어 관람객이 자신의 상황에 맞게 다음 경로를 선택
출석관리서비스	· 학생이 지니고 있는 아이폰의 GPS를 이용해 학생의 출석상황을 관리
광주과학기술 연구원	· 홈네트워크 환경에서 사용자 인식을 위해 상황인식 기술을 적용하는 연구
관악구 U-안심서비스	· 노약자(치매노인, 정신지체 장애인 등)들의 안전을 위해 설계 · 노약자의 실종 등 사건사고를 미연에 방지하고 사고 발생 시 실종자 수색에 소요되는 인력과 비용을 절감하기 위해 유비쿼터스 기술을 행정업무에 접목함으로써 안전한 주민 생활을 지원하기 위해 마련된 서비스

출처: 이정미, 상황인식 컴퓨팅의 개념과 도서관 정보서비스에의 적용, 한국비블리아학회지 제23권 제1호, 2012

라) 검색어 자동완성 기능

자동완성기능은 검색포털서비스에서 제공하는 주요 기능으로 문자를 입력할 경우 연관된 다른 나머지 문자열을 찾아서 보여주는 기능이다. 현재 구글, 네이버, 다음 등에서 활용되고 있다.

이러한 기능을 기록정보 콘텐츠를 제공하는 웹사이트에서 지원을 한다면, 기록에 대한 세부 내용을 잘 모르는 경우에도 연관 검색어를 찾아서 간편하게 원하는 내용을 검색할 수 있도록 서비스를 제공할 수 있다.

이러한 자동완성 기능을 위해서는 jQuery에 대한 학습 등을 통해서 접근이 가능하다. 물론, 이러한 학습을 위해서는 웹에서 지원되는 기본적인 언어인 HTML을 함께 학습해서 jQueryUI에 대한 함수를 활용하면 된다.

2. 기록정보 콘텐츠 구축 사례

1) 국가기록원

국가기록원의 기록정보 콘텐츠는 "사회적 관심이나 열람 요청이 많은 기록물을 누구나 쉽게 활용할 수 있도록 기록물의 특성, 주제, 시대 등에 따라 묶어서 정리한 것"이다. 국가기록원은 2005년부터 국가의 주요 정책, 시의성이 있거나 시대·생활상의 변화를 보여주는 주제를 선정하고 관련 기록물을 연계하여 콘텐츠를 개발하고 온라인으로 서비스하고 있다. 현재 국가기록원 홈페이지(www.archives.go.kr)를 통해 서비스 중인 콘텐츠는 유형별로 테마 콘텐츠 25개, 시리즈 콘텐츠 8개, 교육 콘텐츠 18개, 컬렉션 콘텐츠 12개, 전시 10개 등 총 73개이다(2016년 12월 말 기준). 또한 콘텐츠를 활용하는 이용자의 유형에 따라 일반 사용자, 학생·교사, 연구자 등의 그룹별로 접근할 수 있는 수요자 맞춤형 서비스를 지향하고 있다. 국가기록원의 기록정보 콘텐츠 구축 사례를 유형별로 살펴보면 다음과 같다.

첫째, 테마 콘텐츠는 경제, 사회, 문화 등 국민들의 관심이 많은 주제를 선정하고 관련된 내용과 국가기록원 소장 기록물을 연계한 콘텐츠이다. 국가기록원이 개발하고 있는 가장 전형적인 콘텐츠 구축 방식의 하나이며, 주요 콘텐츠로는 「기록으로 보는 지방자치의 발자취」, 「기록으로 보는 경제개발 5개년 계획」, 「재외 한인의 역사」, 「한국과 유엔」, 「금기와 자율」, 「다시 보는 2002 FIFA 월드컵」 등이 있다.

<표 2> 국가기록원 '테마 콘텐츠' 예시

· 콘텐츠명 : 기록으로 보는 지방자치의 발자취 (2015.10월)
· 개발목적 : 지방자치 실시 20주년을 맞아 우리나라 지방자치제도의 변화와 발전상을 보여주기 위함
· 주요내용 : 1948~2015년까지 우리나라 지방자치의 시기별·이슈별 개요 설명 및 관련 기록물 355건 서비스

[출처] http://theme.archives.go.kr/next/localSelf/viewMain.do

· 콘텐츠명 : 기록으로 보는 경제개발 5개년 계획(2015.8월)
· 개발목적 : 광복 70년을 계기로 우리나라의 발전상을 대표적으로 보여줄 수 있는 '경제개발 5개년 계획'을 콘텐츠화함
· 주요내용 : 1948~1990년대까지 경제개발계획의 추진성과 소개 및 관련 기록물 549건 서비스

[출처] http://theme.archives.go.kr/next/economicDevelopment/viewMain.do

둘째, 시리즈 콘텐츠는 우리 사회 및 생활의 변화상 등 시의성 있는 주제를 선정하여 기록물과 연계한 콘텐츠이다. 이 콘텐츠는 이용자의 호응과 관심을 지속적으로 유발하기 위해 주기적으로 업데이트되는 특성이 있으며, 주요 콘텐츠로는 「오늘의 기록」, 「기록으로 만나는 대한민국」, 「기념일과 기록」, 「연표와 기록」, 「사진 대한민국」 등이 있다.

<표 3> 국가기록원 ‘시리즈 콘텐츠’ 예시

· 콘텐츠명 : 오늘의 기록(2012.1월)
· 개발목적 : 매일 한 건의 주제를 선정하여 내용 설명과 함께 기록물을 서비스하는 시의성 콘텐츠 개발
· 주요내용 : 광복 이후 정부의 주요 정책·행사, 사건, 생활의 변화상 등을 담고 있는 기록물 1,460건 서비스

[출처] http://theme.archives.go.kr/next/daily/viewMain.do

· 콘텐츠명 : 기록으로 만나는 대한민국(2013년)
· 개발목적 : 광복 이후 우리 사회의 변화·발전상과 관련 기록물을 연계하여 주제집필 내용과 함께 소개
· 주요내용 : 사회일반, 생활일반, 산업·경제, 문화·예술, 보건·안전, 기관·단체 등 6개 분야 73개 세부 주제별 서비스

[출처] http://theme.archives.go.kr/next/koreaOfRecord/viewMain.do

셋째, 교육 콘텐츠는 초·중·고등학생의 교육자료로 활용될 수 있도록 관련 주제에 대한 내용 설명과 기록물을 연계한 콘텐츠이다. 주요 콘텐츠로는 「헌법이야기」, 「국경일과 법정기념일」, 「노래로 배우는 한국현대사」, 「기록으로 살펴보는 의식주 문화」 등이 있다.

<표 4> 국가기록원 '교육 콘텐츠' 예시

· 콘텐츠명 : 헌법이야기(2007년)
· 개발목적 : 대한민국 헌법의 제·개정 절차와 역사, 위헌법률 결정 사례 등을 소개하기 위함
· 주요내용 : 헌법개정 절차(발의→공고→국회의결→국민투표→공포), 제헌헌법~제9차 헌법까지의 헌법 제·개정사 등

[출처] http://theme.archives.go.kr/next/rule/viewMain.do

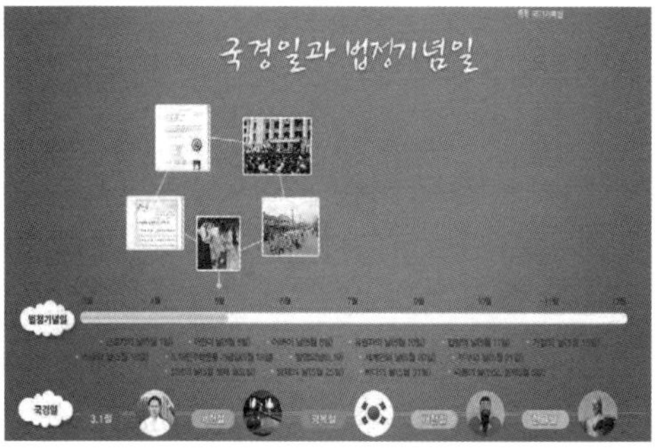

· 콘텐츠명 : 국경일과 법정기념일(2012년)
· 개발목적 : 국경일과 법정기념일의 제정 이유 및 주요내용을 살펴보기 위함
· 주요내용 : 3.1절 등 5개 국경일과 65개 법정기념일에 대한 내용 설명과 관련 기록물 628건 서비스

[출처] http://theme.archives.go.kr/next/anniversary/viewMain.do

넷째, 컬렉션 콘텐츠는 이용자들의 활용도 제고를 위하여 국가기록원 소장 기록물 중 특정 주제 관련 기록물을 데이터베이스(DB)화 하여 개발한 콘텐츠이다. 이 콘텐츠는 대량의 기록물 목록과 원문을 서비스하는 방식으로, 주요 콘텐츠로는 「정부간행물 컬렉션」, 「국무회의 기록」, 「관보」, 「일제시기 건축도면 아카이브」, 「독립운동관련 판결문」, 「일제강점기 피해자명부」 등이 있다.

<표 5> 국가기록원 '컬렉션 콘텐츠' 예시

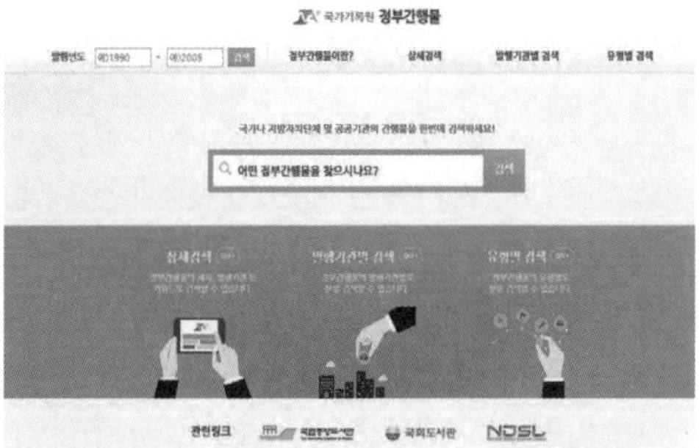

· 콘텐츠명 : 정부간행물 컬렉션(2015.12월)
· 개발목적 : 정부의 정책 수립을 위한 주요 참고자료인 정부간행물의 목록과 원문을 이용자에게 제공하기 위함
· 주요내용 : 정부간행물 목록(235,054권)의 통합검색 및 원문보기(92,018권) 서비스 제공

[출처] http://theme.archives.go.kr/next/publishment/viewMain.do

· 콘텐츠명 : 관보 컬렉션(2006년)
· 개발목적 : 공문서의 효력을 갖고 있는 관보를 이용자들에게 제공하기 위함
· 주요내용 : 조선총독부관보, 미군정청관보, 정부수립 이후 관보, 전자관보 등 역대 관보의 개요, 관련 법령, 원문보기 등

[출처] http://theme.archives.go.kr/next/gazette/viewMain.do

다섯째, 전시 콘텐츠는 국가기록원이 개최한 기획·특별전시회의 전시 내용을 온라인으로 볼 수 있도록 개발한 콘텐츠이다. 이 콘텐츠는 오프라인 전시의 개요, 전시주제 및 코너, 활용 기록물 등을 사이버 공간 상에 그대로 재현해 놓은 것이 특징이다. 주요 콘텐츠로는「여성기록 전시콘텐츠」,「국가지정기록물 온라인 전시관」,「2010 국제기록문화전시회」,「UN의 눈으로 본 한국」 등이 있다.

<표 6> 국가기록원 '전시 콘텐츠' 예시

· 콘텐츠명 : 여성기록 전시콘텐츠(2013년)
· 개발목적 : 국가기록원 대전기록관 개관 기념으로 개최한 특별전시 '여·기 기록이 있다'의 사이버 전시 구축
· 주요내용 : 일제강점기부터 현재까지의 여성 관련 기록물 253건을 시기별로 구분하여 서비스

[출처] http://theme.archives.go.kr/next/woman/viewMain.do

· 콘텐츠명 : 국제기록문화전시회(2010년)
· 개발목적 : 국가기록원이 2010년 6월 코엑스에서 개최한 국제기록문화전시회의 사이버 전시 구축
· 주요내용 : 전시회 개요, 세계기록 유산관, 국제기록관, 대한민국 기록관, 전시 풍경 등의 메뉴로 구성

[출처] http://theme.archives.go.kr/next/kor/index.do

2) 서울시

서울시는 대한민국 수도이자 천만 인구가 거주하고 있는 제1의 광역자치단체로서 방대한 양의 콘텐츠를 생산·관리한다. 2015년 1월말 기준 614종의 정보시스템을 운영하고 있고 136개의 온라인 서비스를 운영하고 있다.(서울시 홈페이지 참조 : http://www.seoul.go.kr) 그리고 이를 유지·관리하기 위해 연간 2천억 원의 전자정부 예산을 집행하고 있다. 대시민 정보서비스 규모를 살펴보면, 2014년 기준 하루 평균 24만 여명이 서울시 홈페이지를 방문하고 있고, 38만여 명이 서울시 모바일 서비스를 이용하고 있다.

그 가운데 서울시 정보공개와 기록관리를 총괄하는 부서인 정보공개정책과의 주요 기록정보 콘텐츠의 생산·관리 현황을 살펴보면 다음과 같다. 서울시 정보공개정책과는 민선5기 공약사항인 '열린시정 2.0' 실천의 일환으로 2012년 신설된 이래, 국내 최초 지방기록물관리기관(아카이브즈)인 '서울기록원' 건립(2018년 상반기 예정)을 목표로 그간 다양한 기록정보 콘텐츠를 개발·운영하고 있다. 대표적인 콘텐츠로는 정부3.0 원문공개를 선도한 서울시 행정정보포털인 '정보소통광장'이 정보공개정책과 대시민 서비스의 허브를 담당하고 있고, 서울기록원 건립 관련 시범사업의 일환으로 제작된 각종 온라인 콘텐츠들이 독립적인 형태를 가지되 서비스 맥락상 연계의 성격을 가지며 운영된다. 여기에서는 2016년 현재 기준으로 운영되고 있는 '정보소통광장', '서울광장 기록콘텐츠', '서울사진아카이브'를 간략히 살펴본다.

첫째, 정보소통광장은 서울시에서 생산하는 약 880만 건에 달하는 행정정보(2016년 8월 현재)를 온라인 서비스하는 기록정보 콘텐츠 포털이다.(서울시 정보소통광장 홈페이지 : http://opengov.seoul.go.kr) 정보소통광장의 가장 큰 특징은 생산단계의 기록물을 시스템 기반으로 바로 공개하는 것이다. 나아가 민원제안 통합관리시스템, 소셜미디어 댓글, 소스코드 퍼가기 등 정보소통 생태계 조성 기능 등 다양한 공유 플랫폼을 갖추고 있어 이후 마련한 중앙정부의 정보공개포털 원문공개 서비스와 차별점을 두고 있다.

<표 7> 서울시 정보소통광장 메인화면 및 결재문서 원문정보 공개화면

<정보소통광장 메인화면>

<원문정보 공개서비스 화면>

[출처] http://opengov.seoul.go.kr

<표 8> 정보소통광장 서비스 제공 현황

<table>
<tr><th colspan="3">메 뉴</th><th>설 명</th></tr>
<tr><td rowspan="6">시민참여정보

<시민관심정보></td><td colspan="2">시민관심정보</td><td>사회적 이슈 및 시민 생활밀착형 정보를 선별/발굴하여 재가공한 정보를 제공</td></tr>
<tr><td colspan="2">시민정보나눔</td><td>이용자가 다양한 정보를 등록하고, 댓글을 통해 다양한 의견을 자유롭게 공유할 수 있는 정보소통 공간</td></tr>
<tr><td colspan="2">120주요질문</td><td>서울시 다산콜센터의 주요 민원(자주 묻는 질문)에 대한 답변정보 제공</td></tr>
<tr><td colspan="2">내손안에서울</td><td>서울시와 시민이 콘텐츠 제작 및 공유하는 '내 손안에 서울' 홈페이지 콘텐츠 제공</td></tr>
<tr><td colspan="2">주민참여사업</td><td>주민참여 사업의 계획 및 추진과정 행정정보 공개</td></tr>
<tr><td colspan="2">정책제안/문의</td><td>공개된 행정정보에 대한 이용자의 문의나 제안을 하실 수 있는 방법 안내</td></tr>
<tr><td rowspan="8">결재정보
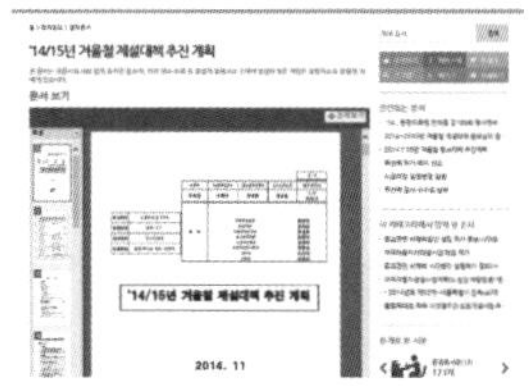
<결재문서>

<회의정보></td><td colspan="2">결재문서 목록</td><td>서울시, 자치구, 투자출연기관에서 생산된 결재문서를 모아 분류별 공개</td></tr>
<tr><td rowspan="4">회
의
정
보</td><td>주요회의</td><td>서울시 정례간부회의, 실국장간담회의, 투자·출연기관장 회의, 자치구부구청장 회의에 대한 정보 공개</td></tr>
<tr><td>위원회회의</td><td>법령 등에 따라 설치·운영하는 각종 위원회 회의의 개최계획, 회의록 및 회의결과 등 공개</td></tr>
<tr><td>위원회소개</td><td>서울시 산하 154개 위원회에 대한 분류별 세부 정보 제공 (2015년 09월 기준)</td></tr>
<tr><td>회의/행사</td><td>서울시에서 매일 개최되는 회의 및 행사정보 안내</td></tr>
<tr><td colspan="2">서울의 정책</td><td>시정운영 주요 핵심과제 사업 및 100억 이상 예산이 투입되는 대규모 사업, 주요 국제교류 및 통상에 관한 사업 등 중점관리대상 정책에 대한 사업의 내용과 추진과정 공개</td></tr>
<tr><td colspan="2">건설사업정보</td><td>서울시에서 진행하고 있는 각종 건설사업에 대한 현황정보와 관련 결재문서 공개</td></tr>
<tr><td colspan="2">원순씨와
함께보는 문서</td><td>서울시장단(시장, 부시장)의 결재문서 공개</td></tr>
</table>

<table>
<tr><th colspan="3">메뉴</th><th>설명</th></tr>
<tr><td rowspan="16">속속정보

<서울의 정책>

<주요사업백서>
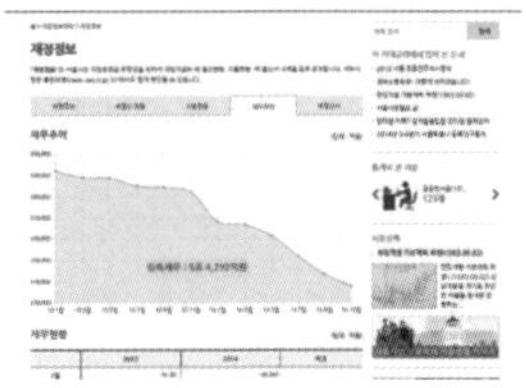
<재정정보></td><td colspan="2">사전정보공표</td><td>정보공개를 청구하기 전에 사전공개하는 행정정보 서비스</td></tr>
<tr><td colspan="2">정책연구자료</td><td>서울시 각 기관 정책연구 연구자료 종합서비스창구</td></tr>
<tr><td rowspan="4">서울의 통계</td><td>생활통계</td><td>서울시민의 생활상을 통계화한 정보 제공</td></tr>
<tr><td>통계로 본 서울</td><td>서울의 주요 통계를 시각적으로 확인할 수 있도록 분야별 100대 통계 제공</td></tr>
<tr><td>한 눈에 보는 서울</td><td>서울통계(stat.seoul.go.kr)에서 제공되는 통계 데이터 시각화 서비스</td></tr>
<tr><td>통계정보</td><td>서울시 통계 홈페이지에 등록된 각종 통계자료 공개</td></tr>
<tr><td rowspan="4">서울의 재정</td><td>재정정보</td><td>서울시 재정규모와 예·결산현황, 지출현황, 예·결산서내역, 예산 설명서와 지출내역 공개</td></tr>
<tr><td>예산설명서</td><td>서울위키에 등록된 서울시 예산사업별 설명서 공개</td></tr>
<tr><td>클린재정</td><td>서울시 예산집행 현황 세부내역별 공개</td></tr>
<tr><td>업무추진비</td><td>서울시 시장단(시장, 부시장) 및 4급 부서장 이상 간부직 공무원의 업무추진비 집행내역 공개</td></tr>
<tr><td colspan="2">공공데이터</td><td>서울시 열린데이터광장에 등록된 공공데이터 공개</td></tr>
<tr><td colspan="2">기록관리시스템</td><td>서울시 기록관리시스템에 등록된 고시, 공고, 시보, 예규, 훈령 등의 자료 공개</td></tr>
<tr><td colspan="2">보도자료</td><td>서울시 언론담당관 매일 언론에 제공하고 있는 각종 보도자료 공개</td></tr>
<tr><td colspan="2">시사편찬자료</td><td>서울시 시사편찬위원회의 발간자료 공개</td></tr>
<tr><td colspan="2">주요사업백서</td><td>서울시가 추진한 주요 사업 및 행사의 진행과정과 성과, 관심도가 높은 사회적 이슈의 해결방안 등을 백서로 기록·발간한 정보를 공개</td></tr>
<tr><td colspan="2">서울실록</td><td>시민들이 관심 있는 기록정보와 서울시가 보유하고 있는 역사정보를 수집, 정리하여 제공</td></tr>
</table>

메뉴		설명
정보공개청구	정보공개청구 절차안내	공공기관이 직무상 작성 또는 취득하여 관리하고 있는 문서, 도면, 사진 등을 사본, 출력물의 형태로 공개하는 정보공개청구에 대한 제도 소개
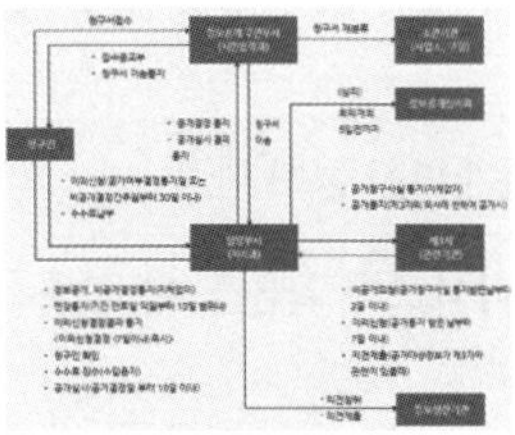	정보공개청구 목록현황	정보공개청구에 따라 공개하거나 비공개한 정보의 목록을 분기별로 제공
	정보공개 목록	서울시가 법령에 의해 의무적으로 제공하여야 하는 행정정보목록을 제공
<정보공개청구 절차>	정보공개관련 규정	서울시 정보공개제도 법규 및 업무편람, 비공개 정보 판단의 세부기준 등 제공
이용안내	100배 활용하기	정보소통광장 이용방법과 활용사례 소개
	정보공개현황	서울시 결재문서와 행정정보 공개현황을 연도/월별/직위별 수치로 공개

둘째, 서울광장 기록콘텐츠 '서울시민 구보씨의 서울광장 이야기'는 광복 이후 지난 70년간 서울광장의 변화와 광장을 중심으로 전개됐던 대한민국 현대사의 주요 사건들을 사진, 글, 영상 등 600여 건의 시각화 기록물을 제공하는 웹페이지 형식의 온라인 서비스이다.(서울시민 구보씨의 서울광장 이야기 : http://opengov.seoul.go.kr/seoulplaza/web-data) 이 콘텐츠의 특징은 1945년 생 해방둥이 '구보 씨'라는 가상의 서울시민을 주인공으로, 구보 씨가 태어나서 2014년까지 살아오며 서울광장 일대에서 경험하는 이야기들을 풀어내는 팩션(Faction: 팩트(Fact)+픽션(Fiction)) 스토리텔링 형식을 가지고 있다는 점이다. 서울시는 서울광장 개장 10주년이었던 204년 '서울광장 기록화사업'에 착수, 1월부터 30여 곳이 넘는 공공기관과 민간단체에서 서울광장의 역사성과 상징성을 보여주는 각종 문헌 및 시청각 기록물 1만8천여 점을 수집했으며, 이 가운데 주요 시각화 기록물을 선별해 온라인 웹 전시를 마련한 것이다. 2016년 8월 현재 현재 서울시 정보소통광장 내에서 연계 운영되고 있다.

<표 9> 서울시 서울시민 구보씨의 서울광장 이야기 메인 화면

<메인화면>

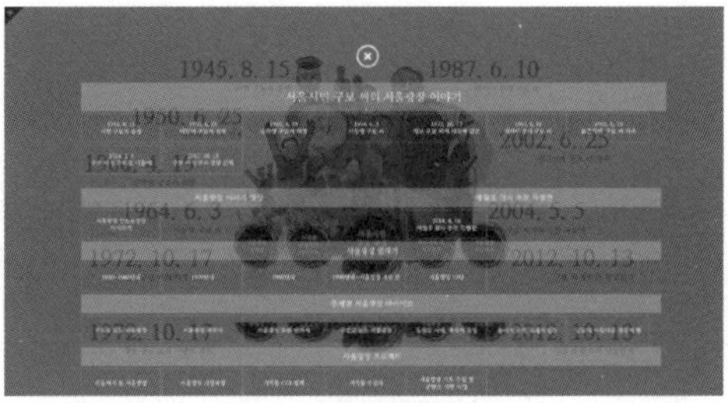

<메뉴제공화면>

[출처] http://opengov.seoul.go.kr/seoulplaza/webdata/cover.html

셋째, 서울사진아카이브는 서울시에서 보유하고 있는 1950~80년대 시정사진 98,900점을 온라인 제공하는 기록정보 콘텐츠이다.(서울사진 아카이브 : http://photoarchives.seoul.go.kr) 이 콘텐츠는 10만 점에 가까운 방대한 양의 사진들을 시민들이 쉽게 찾아볼 수 있도록 시기별, 주제별, 지역별(자치구별)로 검색 메뉴를 만들어 이용할 수 있도록 했다. 또 원하는 키워드를 입력해 관련 사진을 검색할 수 있는 기능도 갖추고 있다. '사진 컬렉션' 메뉴에서는 서울시민의 삶이 담겨 있는 20개의 다양한 테마를 선정, 이와 관련된 사진들을 따로 분류해 스토리와 함께 구성했다. 제공되는 모든 사진에는 각종 문헌기록과 당시 언론기사 등을 바탕으로 한 소개글을 달아 사진의 배경을 이해하고 흥미를 가질 수 있도록 한 점이 타 공공기관의 사진 제공 서비스와 차별된다.

<표 10> 서울시 서울사진아카이브 화면

<메인화면>

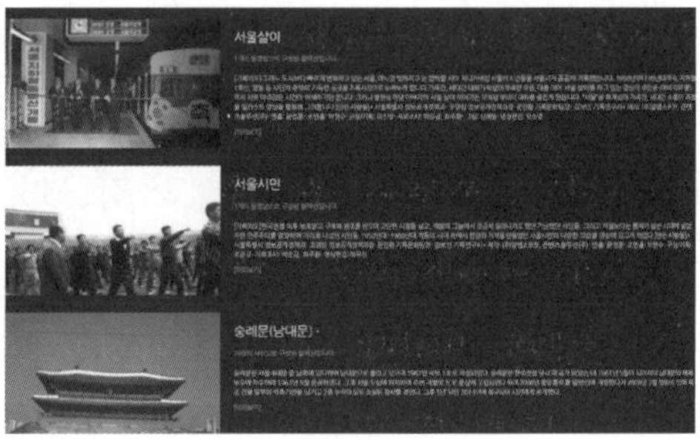

<사진컬렉션 제공 화면>

[출처] http://opengov.seoul.go.kr/photoarchives

3) 민주화운동기념사업회

민주화운동기념사업회 사료관(이하 사료관)은 2006년 <사료정보콘텐츠 구축을 위한 모형 및 절차 개발> 연구 사업을 시작으로 사료(기록)정보의 입체적 활용 방법을 모색했다. 사료관은 민간의 민주화운동 관련 기록을 다량 수집·관리하고 있어 특정 주제나 사건 중심으로 콘텐츠를 제작하는 것이 공공·행정 기록보다 용이한 점을 활용했다. 특히 사료를 적극적으로 평가, 선별, 가공, 해석, 활용해야 하는 기록콘텐츠의 특성상 다양한 주제, 소재, 인물을 기반으로 웹기록 콘텐츠를 제작했고 이를 디지털로 서비스하고 있다.

사료관의 디지털 아카이브인 오픈 아카이브 웹사이트(http://archives.kdemo.or.kr)를 통해 서비스하고 있는 콘텐츠는 유형별로 역사 콘텐츠(사료로 배우는 민주화운동) 콘텐츠 9개, 테마(이상한 나라의 수상한 앨리스들) 콘텐츠 8개, 인물(인물을 말하다) 콘텐츠 6개 등 총 23개이다. 사료관은 고정된 형식보다는 다양한 형식과 내용을 콘텐츠 제작에 적용하여 사료 활용 범위의 확장 가능성을 폭넓게 검토했다. 사료관의 사료정보콘텐츠 구축 사례를 유형별로 살펴보면 다음과 같다.

첫째, 사료로 배우는 민주화운동 콘텐츠는 시대 순으로 중요한 역사적 사건을 선별하고 사료를 활용하여 교육용 콘텐츠로 제작했다는 점이 특징이다. 「1948년 반민특위(반민족행위특별조사위원회)」, 「1960년 4·19혁명」, 「1964년 한일회담반대운동」, 「1970년 전태일」, 「1972~79년 유신반대운동」, 「1979년 부마항쟁」, 「1980년 5·18민주화운동」, 「1987년 6월민주항쟁」, 「2000년 통일」등 9개를 제작했고 온라인(http://contents.kdemo.or.kr)을 통해 볼 수 있다.

둘째, 이상한 나라의 수상한 앨리스들 테마 콘텐츠는 기존의 디지털 교육 콘텐츠에서 방향을 전환하여 보다 감성적 접근 방식인 동영상 형식을 채택하였다. 또, 형식적 변화뿐만 아니라 대상 수요자를 보다 넓게 설정하여 교육과 교양 두 가지 목적을 달성할 의도로 제작하였다는 점이 특징이다. 「집」, 「헌법」, 「양심」, 「광장」, 「교육」, 「언론」, 「레드」, 「아줌마」등 다소 이색적인 소재로 6분 ~ 8분 내외의 동영상 콘텐츠를 제작했다. 특히 형식의 특성상 편리한 검색과 유통을 염두에 두고 동영상 채널인 유튜브(youtube)로도 서비스를 제공하고 있다.

<표 11> 민주화운동기념사업회 '사료로 배우는 민주화운동' 예시

- 콘텐츠명 : 사료로 배우는 민주화운동
- 개발목적과 내용 : 고등학교 한국근·현대사 심화학습에 활용할 목적으로 역사교사모임 소속의 교사들과 기록관리전문가가 팀을 꾸려 공동연구를 진행하고 디지털 교육 콘텐츠로 제작
- 주요내용과 특징 : 1948~2000년 까지 한국 근현대사의 주요한 역사적 사건 9개를 선별하고 영상, 기록을 기반으로 교육적 목적을 달성하기 위한 콘텐츠로 제작함. 특히 찾아보기, 참고문헌 및 참고 웹사이트, 학습지 등을 제공하여 교사와 학생 간의 상호작용이 가능하도록 구축함

[출처] http://contents.kdemo.or.kr

<표 12> 민주화운동기념사업회 '이상한 나라의 수상한 앨리스들' 예시

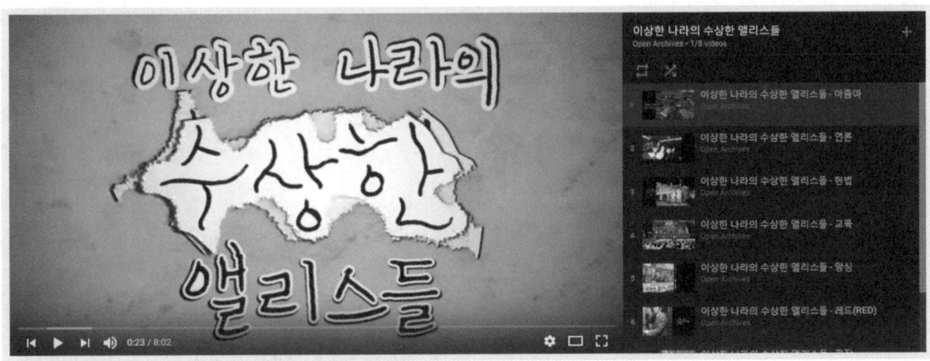

- 콘텐츠명 : 이상한 나라의 수상한 앨리스들
- 개발목적과 내용 : 학생 대상의 교육뿐만 아니라 일반인 대상의 교양 목적을 위해 폭넓은 범위의 소재를 선정함. 민주화운동과의 관련성과 함께 사회적 주제를 다뤄서 사료(기록)를 활용한 콘텐츠 제작의 새로운 시도를 함
- 주요내용과 특징 : 집(철거민), 헌법(헌법정신), 양심(시대를 고발한 사람들), 광장(민주주의의 학습장), 교육(무한경쟁 사회의 아이들), 언론(민주언론운동), 레드(국가보안법과 레드컴플렉스), 아줌마(여성노동자의 삶) 등 독특한 주제를 압축적인 영상에 담아 제작함

[출처]https://www.youtube.com/playlist?list=PLLDbArvT2aBFTG2vjPYE6nQ8c_BoRcW_r

셋째, 인물을 말하다는 한국 현대사의 주요한 인물의 삶을 통해 민주화운동을 이해할 수 있도록 짧은 동영상으로 제작한 콘텐츠이다. 「조영래」, 「지학순」, 「전태일」, 「함석헌」, 「신동엽」, 「장준하」의 삶을 연대기적 방식으로 또는 특정 사건과 연결하여 조명하였다. 이상한 나라의 수상한 앨리스들과 마찬가지로 유튜브를 통해서도 볼 수 있다.

<표 13> 민주화운동기념사업회 '인물을 말하다' 예시

- 콘텐츠명 : 인물을 말하다
- 개발목적과 내용 : 일반인 대상의 교양 목적을 위해 주요 민주화운동 인물을 선정하고 짧은 동영상으로 콘텐츠를 제작함
- 주요내용과 특징 : 조영래(인권변호사), 지학순(로마 가톨릭교회 주교), 전태일(노동자), 함석헌(독립운동가, 사회운동가), 신동엽(시인), 장준하(독립운동가, 정치인) 등을 통해 민주화운동을 조명함

[출처] https://www.youtube.com/watch?v=LwyXV5iKrz8&list=PLLDbArvT2aBEqfPz-pvLob01kM8g2Zu40X

넷째, 6월의 연가는 2013년 서울역사박물관에서 진행한 6·10민주항쟁 26주년 기념 전시를 디지털로 함께 제작한 콘텐츠이다. 전시의 특성인 일회성을 극복하기 위해 전시 주제인 6월 항쟁을 디지털 스토리텔링과 가상현실(Virtual Reality) 기법을 통해 풀어냈다. 사료관의 또 다른 콘텐츠인 사료이야기 중 소설가 김영현의 「6월항쟁-6월의 거리에서」를 기반으로 제작했다. 스토리텔링의 극적 전개를 위해 장면마다 컴퓨터 화면 전체가 전환되는 효과를 준 것이 특징이다. 또 전시장을 특수 카메라 렌즈로 촬영하고 가상현실로 전시장을 아카이빙하는 시도를 했다. 온라인에서 볼 수 있다. http://archives.kdemo.or.kr/sub/JuneStory/index.html

<표 14> 민주화운동기념사업회 '6월의 연가' 예시

- 콘텐츠명 : 6월의 연가
- 개발목적과 내용 : 2013년 6·10민주항쟁 26주년 기념전시를 디지털 스토리텔링과 가상현실 기법을 활용한 디지털 콘텐츠로 제작함
- 주요내용과 특징 : 소설가 김영현의 <6월항쟁 - 6월의 거리에서>를 기반으로 함

[출처] http://archives.kdemo.or.kr/sub/JuneStory/index.html

참고문헌

• 국내서

국가기록원, 『국가기록원 온라인 콘텐츠 가이드북』, 대전:국가기록원, 2016.6

국가기록원, 『2016 기록정보 콘텐츠 제작과 활용』, 기록관리 교육교재, 성남:국가기록원 기록관리교육센터, 2016.6

서울특별시, 『서울광장 기록 수집 및 콘텐츠 개발 사업 결과 보고서』, 서울:서울특별시, 2014.8

서울특별시, 『서울 정보소통광장 백서』, 서울:서울특별시, 2014.6

• 국내논문

설문원·김익한, 「이승만시기 국무회의록과 정부부처 기록의 연관구조분석에 기반한 역사콘텐츠 설계방안」, 한국비블리아학회지 17(2), 2006.12

전수진, 「보존기록관리기관의 온라인 콘텐츠 유형과 특징」, 한국기록관리학회지 8(2), 한국기록관리학회, 2008.12

김태호, 「아카이브즈 '기록정보 콘텐츠' 효율화 방안 연구」, 한국외국어대학교 대학원 학위논문, 2009.2

류한조·김익한, 「기록 콘텐츠 개발 모형에 관한 연구-건축 문화재 기록을 중심으로」, 한국기록관리학회지 9(1), 한국기록학회, 2009.6

심성보, 「교수 학습자용 기록정보 콘텐츠 서비스의 구성 및 개발」, 기록학연구 16, 한국기록학회, 2007

김명훈, 「레코드 컨티뉴엄과 평가, 그리고 기록콘텐츠-기록콘텐츠 개념 정립을 위한 시론」, 정보관리연구, 한국과학기술정보연구원, 2010

김용탁, 「민간기록물 수집에 따른 기록콘텐츠 개발 및 활용방안에 대한 연구」, 중부대학교 대학원 석사학위논문, 2015.2

설문원, 「로컬리티 기록콘텐츠 개발 방향에 관한 연구」, 한국도서관·정보학회지 43(2), 한국도서관·정보학회, 2012.6

• 번역문

Pugh, Mary Jo, 『기록정보서비스』, 설문원 역, 진리탐구 서울, 2004.

• 웹사이트 논문 및 자료

국가기록원, http://www.archives.go.kr

서울특별시 정보소통광장, http://opengov.seoul.go.kr

서울시민 구보씨의 서울광장 이야기, http://opengov.seoul.go.kr/seoulplaza/webdata

서울사진 아카이브, http://photoarchives.seoul.go.kr

• 법령 및 정부 자료

공공기록물관리에관한법률[법률 제12844호, 2014.11.19., 타법개정]

콘텐츠산업 진흥법[법률 제13821호, 2016.1.27., 타법개정]

공공기록물 서비스 표준[공공표준, NAK/S 25:2015(v1.0)]

3-2. 개인 맞춤형 서비스

김택헌

1. 개인화 서비스 개요

개인화(Personalization)란 개인이 원하는 것을 제공하는 것으로 주로 웹 환경에서 상품이나 서비스 등을 개인 소비자의 필요나 사용 목적에 따라 알맞게 만드는 것을 말한다. 다시 말해 웹 환경에서 제공되는 서비스나 콘텐츠 등을 모든 사용자에게 동일하게 제공하는 것이 아니라 개인이 원하는 것만을 선별하여 제공하는 것을 말하며, 개인화된 서비스를 제공하는 것을 개인화 서비스(Personalized Services)라고 한다. 개인화 서비스는 고객 지향의 서비스로 개인이 원하는 것을 맞춤식으로 제공해 주는 서비스를 말하며, 책과 영화, 뉴스 등 다양한 콘텐츠 중에서 개인 사용자가 보고 싶거나 갖고 싶은 것만 골라서 보여주는 서비스를 말한다. 이러한 개인화 서비스는 정보통신기술의 발달에 따라 웹에서 출발하여 모바일 환경으로 활용 환경이 점차 넓어지게 되었다.

2. 개인화 서비스 유형

개인화 서비스에는 크게 원하는 정보만 한 자리에 모아서 볼 수 있도록 한 개인화 페이지(Personalized Page), 개인을 위한 맞춤형 검색엔진인 개인화 검색(Personalized Search), 그리고 개인이 원하는 상품을 추천하는 개인화 추천(Personalized Recommendation)으로 나눌 수 있다.

1) 개인화 페이지

웹 사이트에 로그인할 때 개인 정보를 이용해 사용자의 환경을 파악하여 서로 다른 형태의 서비스를 제공할 수 있도록 개인이 필요로 하는 서비스나 정보를 웹 상에 모아서 구성한 페이지를 개인화 페이지라고 한다.

개인화 페이지 서비스는 웹의 초기부터 많은 포털에서 지원하던 서비스로 대게 '마이폴더', '마이홈', '마이서비스'와 같이 '마이~'라는 이름으로 제공된 서비스를 말한다. 이것은 사용자가 원하는 정보만 모아서 보여주고, 배경화면 등을 사용자가 꾸밀 수 있게 하였으나 사용자들의 관심을 크게 받지 못하고 사라지게 되었다.

개인화 페이지는 이후 구글의 개인화 포털인 '아이구글' 서비스 제공으로 다시 주목을 받았다. 구글의 '아이구글' 서비스는 자신이 보려는 정보를 고정시키지 않고 원하는 곳으로 언제든지 이동시킬 수 있도록 하고, RSS(Rich Site Summary)를 이용해 사용자가 원하는 정보를 사용자가 추가할 수 있는 구조로 이루어져 이전의 개인화 페이지와는 다른 개인화 서비스를 제공하였다.

2) 개인화 검색

세계 각 나라의 포털과 최고 IT기업은 대부분 검색엔진에 기반을 두고 있기 때문에 검색 분야에서 개인화는 매우 치열하다고 할 수 있다. 검색 서비스는 초기의 디렉토리 방식과 키워드를 기반으로 한 웹사이트 검색을 거쳐 구글의 페이지랭크(PageRank) 방식의 검색으로 이어져 다수의 사용자가 원하는 결과를 쉽게 제공할 수 있게 되었다. 하지만 대다수의 사용자 보다는 개인 사용자가 원하는 결과를 쉽게 검색해주는 개인화 검색에 대한 요구가 많아지면서 검색엔진도 개인화 서비스를 점차 강화하고 있는 추세이다.

이것은 검색의 가치가 대중에서 개인으로 점차 옮겨지고 있음을 나타내는 것으로, 디렉토리 방식의 야후를 선두로 한 검색엔진을 1세대 검색엔진이라고 한다면, 키워드를 이용한 웹사이트 검색을 제공한 라이코스, 알타비스타 등을 2세대 검색엔진으로 볼 수 있다. 그리고 페이지랭크 방식의 검색으로 검색결과에 대중적 가치를 부여한 구글을 중심으로 한 3세대 검색엔진을 거쳐 대다수의 사용자 보다는 각 개인 사용자가 원하는 결과를 쉽게 검색해주는 개인화 검색을 4세대 검색엔진, 혹은 차세대 검색엔진이라고 할 수 있다.

이러한 개인화 검색을 위해서는 정보의 단위가 더욱 세분화되어야 하며 숨은 정보를 찾아내어 개인에게 필요한 자료를 찾아주기 위한 기술적 개발이 필요하다. 그러나 기술적인 부분과 더불어 사용자들이 우려하는 점을 해결하는 것도 중요한 일이다. 이것은 검색엔진이 개인화되면 될수록 개인이 원하는 것을 오히려 결과에서 제외할 수도 있지 않을까 하는 염려를 사용자들이 가질 수 있기 때문이다.

3) 개인화 추천

개인화 추천이란 시스템이 개인 사용자에게 적합한 정보를 찾아 제시하는 자동화된 추천 서비스를 말한다. 이것은 개인의 선호 정보와 히스토리 정보, 또는 개인이 처한 상황 정보 등을 바탕으로 적절한 상품을 검색하거나, 필터링하여 각 개인에게 적합한 정보를 제공한다.

추천 시스템은 영화, 음반, 도서 등 사용자의 선호도가 비교적 명확하게 드러내어지는 분야에 대한 추천, 고객의 구매 패턴을 통한 묵시적 데이터 기반의 전자상거래 사이트, 장소와 시간 정보를 활용함으로써 차별화를 꾀하는 모바일 쇼핑 영역, 블로그, TV프로그램, 개인화된 영어 학습 등 인터넷 콘텐츠 사이트 및 교육 영역 및 위치기반 서비스 등 응용 연구 및 활용 분야가 매우 다양하다 추천 기술을 활용하여 개인화 추천을 한 대표적인 기업으로는 아마존(Amazon.com)과 넷플릭스(Netflix.com)가 있으며, 이들 기업은 기업 성장 당시에 큰 경쟁기업이 존재했으나 추천시스템을 통해 결국 경쟁 우위에 서게 되었다.

3. 추천 시스템

1) 아마존

아마존은 1995년 온라인 서점을 서비스하기 시작하였다. 아마존은 당시 인기서적 20%가 전체 매출의 80%를 차지하는 파레토 법칙을 따르는 매출 구조를 가진 전통적인 서점 시장의 강자인 반즈앤노블(Barnes & Noble)과는 달리 온라인을 통해 롱테일시장을 공략하였다. 이런 전략은 공간의 제약이 없는 온라인 시장에 잘 들어맞았고 무서운 속도로 성장하게 되어 온라인 시장에서 반즈앤노블에 비해 경쟁 우위에 서게 되었다.

아마존의 롱테일시장에 대한 접근법은 바로 추천이었다. 이것은 백만 권이 넘는 장서를 모든 사람들에게 다 보여줄 수 없기 때문에 고객에게 적합하리라 여겨지는 도서를 자동으로 추천함으로써 새로운 책들을 소개하는 방식을 채택한 것이었다. 아마존의 추천에는 협력적 필터링(Collaborative Filtering)이라는 기술을 이용하였는데, 이것은 '이 책을 구매한 사람이 구매한 다른 책'을 추천해 줄 수 있는 대표적인 추천 알고리즘이다.

이후 아마존은 지속적으로 추천시스템을 보강하였는데, 추천시스템의 고도화에 매년 이익의 10% 이상을 투자하였다. 이에 따라 수조원대 매출의 30% 정도가 추천시스템에서 나오게 되었다. 아마존은 추천 시스템의 태동을 알린 기업으로서의 의의가 있다.

2) 넷플릭스

넷플릭스는 1997년 온라인 DVD/비디오 대여 서비스를 시작하였다. 당시에는 오프라인 기반 비디오 대여점을 운영하는 거대 기업인 블록버스터(Blockbuster)가 이미 시장을 점유하고 있었지만 강력한 연체료 정책으로 인해 고객들은 스트레스를 받을 수밖에 없었다. 넷플릭스는 연체료 대신 반납에 혜택을 주었고, 정액제 서비스를 도입하는 등 고객의 스트레스를 없애는 전략을 취하였다. 그리고 취향 분석을 통해 영화를 추천해 주어 영화를 고르는 즐거움은 물론 영화를 고르는 시간과 고통을 줄이는데 노력하였다.

넷플릭스는 추천해준 영화 가운데 영화를 고르도록 하는데 80%이상의 추천 정확도를 보였고, 이러한 넷플릭스의 혁신을 통한 성장은 블록버스터를 파산에 이르게 할 정도의 힘을 보여주었다. 다시 말해 넷플릭스가 북미 최고의 미디어 엔터테인먼트 기업으로 자리매김하는데 개인화 추천 서비스가 큰 영향을 미치게 되었다.

넷플릭스가 추천 서비스 기술 향상에 얼마나 노력을 기울였는지는 넷플릭스 상(Netflix Prize)를 보면 알 수 있다. 넷플릭스 상은 2005년 넷플릭스사가 추천 알고리즘의 개선을 위해 지신의 알고리즘을 10% 이상 개선해주는 연구자에게 100만 달러의 상금을 주겠다고 선언한 것으로 전 세계 많은 연구자가 참여하여 연구분야 활성화에 기여하게 되었다. 넷플릭스 상은 서비스 측면에서 넷플릭스와 사용자가 윈-윈하게 되었고, 개인 선호 분석 연구에 있어서는 넷플릭스와 연구자들이 윈-윈하게 된 상으로 평가된다. 넷플릭스는 추천시스템의 저변을 세계적으로 확대했다는 의의를 가진다.

3) 왓챠

왓챠(Watcha.net)는 2012년 PC 버전 사이트로 출발하여 2013년 안드로이드와 아이폰 앱을 출시한 국내 영화 추천 서비스이다. 이것은 사용자가 자신이 본 영화를 별점으로 평가하면 이와 유사한 장르와 주제의 영화가 제시되는 방식으로 사용자들이 남긴 별점 평가는 2017년 7월 기준으로 3억 4천만 개 이상으로 국내 영화 별점 평가 보유량 중 1위를 차지한다. 이에 비해 국내 선발 주자인 네이버 영화의 경우에는 9백 7십만 개 이상의 별점 평가만을 보유하고 있다.

왓챠는 사용자가 명확한 추천을 위한 자발적 노력과 함께 이른바 '평점알바'를 걸러내는 별점 조작 차단 시스템을 도입함으로써 신뢰도 높은 별점 평가로 구글 영화 검색 결과에 노출되었다. 왓챠의 추천 기술은 협력적 필터링 알고리즘에 의하여 구현되었다.

4) 개인화 서비스 지향점

개인화 서비스를 접하는 소비자가 진정 원하는 것은 유능한 개인비서가 있어서 내 취향을 파악하여 원하는 정보나 서비스를 제대로 제공해 주는 것이다. 그러나 현실적으로는 개인비서 대신 컴퓨터란 기계가 자동으로 제공해주는 개인화 서비스를 받게 된다.

그러나 서비스를 제공하는 기업과 서비스를 제공받는 고객의 생각은 서로 같지 않아 충돌을 피하기가 어렵다. 왜냐하면 기업이 고객에게 제공하는 개인화 서비스는 기업의 이윤추구의 한 도구일 뿐 온전히 고객 개개인을 위하는 목적이 아니기 때문이다. 하지만 고객들은 상업성이 배제된 진정한 개인화 서비스를 원한다. 따라서 서로의 이익이 일치하지 않는 경우는 개인화 서비스가 원활히 이루어지기가 어렵게 된다.

기업은 진정으로 개인을 위한 맞춤 서비스를 제공해야만 고객들에게 받아들여질 수 있음을 이해해야 한다. 고객들은 진정으로 개인을 위해 비용과 시간을 절약해주는 개인화 서비스를 접하게 되면 유료 서비스라고 하더라도 오히려 적극적으로 사용할 수 있을 것이기 때문이다.

참고문헌

• 웹사이트 논문 및 자료

김중태, 개인화(1) 개인이 원하는 것을 제공하는 개인화, PCLINE, 2005.12

김중태, 개인화(2) 점차 개인화 기능이 강화되는 검색엔진, PCLINE, 2005.12

김중태, 개인화(3) 불 붙은 개인화 홈페이지 경쟁, PCLINE, 2005.12

김중태, 개인화(4) 시맨틱웹 기술이 개인화를 앞당긴다., PCLINE, 2005.12

넷플릭스, https://www.netflix.com

솔트룩스, www.saltlux.com

아마존, https://www.amazon.com

왓챠, https://watch.net

이성은, 개인화 서비스에 대한 개인적 생각, 알아가는 즐거움 (www.4four.us), 2011.10

전하나, 내 취향 알아보는 영화 추천, 지디넷코리아, 2013.6

하인석, 개인화 기술, 솔트룩스 (saltlux.tistory.com), 2009.2

프로그램스, www.frograms.com

Bug, 좋은 추천이란 어떤 것일까요? - 추천의 힘, 프로그램스 블로그(frograms.tistory.com), 2012.12

3-3. 소셜미디어 아카이브와 콘텐츠 활용

송주형

1. 소셜미디어란?

소셜미디어(Social Media)는 이제 우리 사회의 화두가 됐다. 사람들은 매일 소셜미디어에 접속하고, 이를 통해 세상과 관계를 맺는다. "인간은 사회적 동물(Zoion Politikon)"이라는 아리스토텔레스의 오랜 명제는 소셜미디어를 통해 더욱 설득력을 얻는다. 소셜미디어를 우리말로 옮기면 '사회적 매체'다. 미디어가 제공하는 콘텐츠를 일방적으로 수용해야만 했던 기존 매스미디어(Mass Media)와 달리 사회적 매체는 사회적 동물로서 인간을 매개(媒介)한다. 소셜미디어를 통해 이용자들은 콘텐츠 수용자에만 머물지 않고 콘텐츠의 생산자, 전달자, 선별자, 비판자, 보관자 등 다양한 지위를 획득한다. 개인은 물론 기관과 기업, 특히 미디어 기업에서까지 그 활용에 대한 관심이 높아지고 있는 소셜미디어지만 명쾌하게 정의하기란 쉽지 않다. 소셜미디어가 포괄하는 광범위한 상호작용 영역과 그 속에서 유통되는 다양한 콘텐츠 형태 때문이다. 일반적으로 '사람들이 자신의 생각과 의견, 경험, 관점 등을 서로 공유하고 참여하기 위해 사용하는 개방화된 온라인 툴과 미디어 플랫폼'으로 정의한다. 즉 개별성과 온라인을 통한 확장성, 사회적 상호작용이 소셜미디어의 핵심이다.

1) 소셜미디어와 SNS(Social Network Service)

소셜미디어라는 용어는 2004년 6월 열린 한 컨퍼런스에서 가이드와이어 그룹(Guidewire Group)의 창업자 크리스 쉬플리(Chris Shipley)가 사용함으로써 널리 알려지게 됐다. 이후 많은 IT기업들이 소셜미디어에 관심을 갖고 다양한 서비스를 개발해 제공했다. 많은 소셜미디어가 등장하고 이에 대한 논의가 증가하면서 소셜네트워크서비스(SNS)를 소셜미디어와 동일한 개념으로 오용하는 경우가 있으나, 범주상 SNS는 블로그, 위키, UCC(User Created Contents), 마이크로 블로그 등과 함께 소셜미디어의 한 유형이다.

소셜미디어의 범주와 각각의 특징을 간략히 살펴보면 아래의 <표 1>과 같다. 이러한 소셜미디어는 개인에 국한되는 개인미디어 개념에서 탈피하여 상호작용성과 다수 대 다수 커뮤니케이션을 통한 다른 사람들과의 소통 및 관계 형성을 강조하는 방향으

<표 1> 소셜미디어 서비스의 유형

구분	설 명
SNS	이용자들이 자신의 계정을 만들어 친구들과 연결을 하거나 콘텐츠를 공유하고 상호작용을 할 수 있도록 하는 서비스. 예) 페이스북 등.
블로그	Web(웹)과 Log(일지)의 합성어로 웹에 기록하는 일지를 의미. 여러 사람이 글을 쓸 수 있는 게시판과 달리 한사람 또는 소수의 사람만 글을 올릴 수 있음.
위키	콘텐츠를 추가하거나 정보를 웹 상에서 편집할 수 있는 일종의 공동 데이터베이스. Wiki는 '빨리'라는 하와이어. 예) 위키피디아 등.
팟캐스트	iPod(아이팟)과 Broadcast(방송)의 합성어로 아이튠즈와 같은 서비스를 통해 오디오와 비디오 파일을 구독할 수 있는 서비스. 예) '나는 꼼수다' 등.
포럼	특정 주제나 관심사를 두고 온라인 토론이 이뤄지는 장소로 온라인 커뮤니티를 구성하는 보편적인 요소. 예) 다음 아고라 등.
콘텐츠 커뮤니티	특정한 종류의 콘텐츠를 만들고 공유하는 커뮤니티. 예) 플리커(사진), 유튜브(영상), 딜리셔스(북마크 링크) 등
마이크로 블로그	휴대전화 문자메시지(SMS)처럼 간단한 콘텐츠를 배포하는 SNS. 예) 트위터 등

출처 : icrossing(2008), FKII(2008) 재구성

로 진화하고 있다. 초기에는 참여와 공유가 강조되는 UCC, 다음에는 개방을 중시하는 블로그, 이후 소통을 강조하는 SNS가 급속도로 성장하고 있다. 즉 사용자들은 자신의 생각, 경험, 정보 등의 다양한 콘텐츠를 공유하고 소통하며 소셜 웹 환경의 주체로 부상하고 있다.

2) 소셜미디어의 특징과 분류

소셜미디어의 특징은 참여(Participation), 공개(Openness), 대화(Conversation), 커뮤니티(Community), 연결(Connectedness)이다. 소셜미디어는 관심 있는 모든 사람들의 기여와 피드백을 촉진하며, 미디어와 오디언스(audience)의 개념을 불명확하게 하는 '참여'의 특징을 지닌다. 또한 대부분의 소셜미디어는 참여가 공개돼 있으며 투표, 피드백, 코멘트, 정보 공유를 촉진함으로써 콘텐츠 접근과 사용에 대한 장벽이 거의 없는 '공개'의 특징을 지닌다. 전통적인 미디어가 'broadcast'로 콘텐츠를 일방적으로 유통시키는 반면, 소셜미디어는 '대화'를 통한 쌍방향성을 띤다. 또 소셜미디어는 빠르게 '커뮤니티'를 구성하고, 이들로 하여금 공통의 관심사에 대해 이야기하게 한다. 마지막으로 소셜미디어는 다양한 링크를 통한 '연결' 상에서 번성한다.

진 스미스(Gene Smith)는 이러한 소셜미디어의 속성을 소셜 소프트웨어의 관점에서 정의했다. 그에 따르면 소셜미디어는 "자신의 존재를 알리기 위한 존재감(Presence), 각종 정보와 콘텐츠 공유를 위한 공유(Sharing), 커뮤니케이션을 위한 대화(Conversations), 자신의 홍보하기 위한 명성(Reputation), 단체 활동을 위한 그룹(Groups), 관계를 유지·구축하기 위한 관계성(Relationships), 자신의 주체성을 표현하기 위한 정체성(Identity) 등 7가지 속성"을 지닌다. 각 항목의 설명은 <표 2>와 같다. 그는 모든 소셜 소프트웨어가 이러한 요소를 가지고 있는 것은 아니지만, 대부분 3개 이상의 요소를 가지며, 하나 또는 두개 요소를 전략적으로 집중 구현하고 있다고 분석했다. 이는 다양한 소셜미디어를 한눈에 비교, 분석하는데 효율적인 방법이다.

<표 2> 소셜미디어의 7가지 속성

구 분	해 설
존재감 (Presence)	자신의 상태가 온라인인지 오프라인인지, 상대방이 대화할 수 있는 상태인지를 파악할 수 있는 속성
공유 (Sharing)	사진이나 동영상과 같은 콘텐츠를 시스템 안에서 사용자들끼리 공유하거나 추천, 배포 등을 통해 관계 네트워크를 형성하는 속성
대화 (Conversations)	이용자끼리 이메일이나 쪽지, 채팅, 메신저 같은 형태로 커뮤니케이션할 수 있는 속성
명성 (Reputation)	어떤 사람이 좋은 사람이며 믿을 수 있는지를 평가할 수 있는 속성
관계성 (Relationships)	이용자들 간에 관계를 맺고 이를 시스템에 축적할 수 있는 속성
그룹 (Groups)	흥미나 기타 목적을 기반으로 형성된 커뮤니티 형태의 속성
정체성 (Identity)	온라인상에서 다른 사람과 구별할 수 있도록 자기 자신을 표현할 수 있는 속성

출처: Gene Smith, 「Social software building blocks」

3) 소셜미디어의 이용 현황

인류 역사상 처음으로 전 세계 수십억 명이 소통하고 참여해 콘텐츠를 생산, 공유하는 매체의 출현에 사람들은 열광하고 있다. 전 세계 사용자가 5억 명을 돌파하는데 라디오는 38년, TV는 14년, 인터넷은 4년이 소요됐지만 대표적 소셜미디어인 페이스북과 트위터는 불과 3년과 9개월밖에 걸리지 않았다. 2009년 7월에는 인터넷 사용시간 점유율에서 소셜미디어가 이메일 서비스를 앞질렀고, 2010년 초에는 그 격차를 2배 이상으로 늘려놓았다. 후발주자인 소셜미디어가 인터넷의 '터줏대감' 이메일 서비스를 압도하는 셈이다. 전 세계 인터넷 사이트의 방문자 수 상위 사이트를 살펴보면 이런 현실이 쉽게 확인된다. <표 3>과 같이 전 세계에서 가장 많은 사람들이 방문하고 있는 상위 20개 인터넷 사이트 중에 소셜미디어 사이트는 7개나 된다. 2011년에는 구글이 '구글 플러스'라는 SNS를 시작했고, 순위에 오른 대부분의 포털 사이트에서 SNS나 블로그 서비스를 제공하고 있어 인터넷은 사실상 소셜미디어가 점령했다고 해도 과언이 아니다.

<표 3> 전 세계 인터넷사이트 방문자 수 상위 사이트

순위	서비스명	주소	비고
1	구글	google.com	포털
2	유튜브	youtube.com	소셜미디어(콘텐츠커뮤니티)
3	페이스북	facebook.com	소셜미디어(SNS)
4	바이두	baidu.com	포털
5	위키피디아	wikipedia.org	소셜미디어(Wiki)
6	큐큐닷컴	qq.com	포털
7	타오바오닷컴	taobao.com	쇼핑몰
8	티몰닷컴	tmall.com	쇼핑몰
9	야후닷컴	yahoo.com	포털
10	아마존닷컴	amazon.com	쇼핑몰
11	구글 인도	google.co.in	포털
12	트위터	twitter.com	소셜미디어(마이크로블로그)
13	소후닷컴	Sohu.com	포털
14	제이디닷컴	Jd.com	포털
15	라이브닷컴	Live.com	포털
16	인스타그램	Instagram.com	소셜미디어(콘텐츠커뮤니티)
17	시나닷컴	Sina.com.cn	포털
18	웨이보	Weibo.com	소셜미디어(마이크로블로그)
19	레딧닷컴	Reddit.com	포털
20	구글 일본	Google.co.jp	포털

출처: http://www.alexa.com/topsites, 2018년 11월 20일 기준.

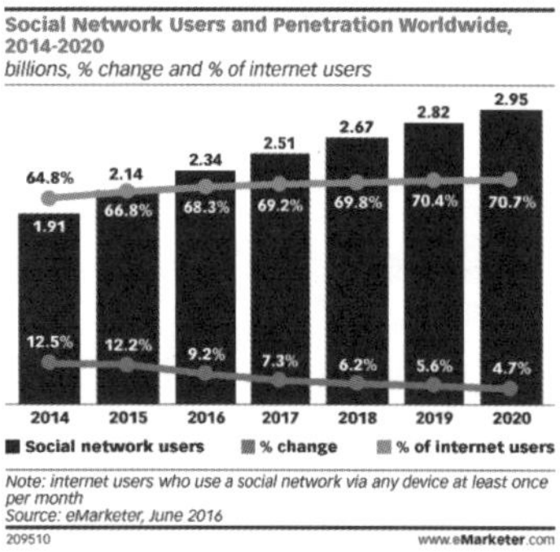

<그림 1> 전 세계 SNS 이용자

Mobile Phone Social Network Users and Penetration Worldwide, 2014-2020

	2014	2015	2016	2017	2018	2019	2020
Mobile phone social network users (billions)	**1.41**	**1.66**	**1.88**	**2.06**	**2.22**	**2.38**	**2.53**
—% change	23.8%	18.3%	12.8%	9.6%	8.0%	7.2%	6.2%
—% of social network users	73.6%	77.7%	80.2%	81.9%	83.3%	84.6%	85.9%

Note: mobile phone users of any age who use social networks via mobile phone (browser or app) at least once per month
Source: eMarketer, June 2016

209676 www.eMarketer.com

<그림 2> 전세계 SNS 모바일 접속자

시장조사기관인 이마케터(eMarketer)는 2016년 6월 발표한 자료(<그림 1>)에서 올해 전 세계 소셜네트워크 이용자를 23억 4,000만 명으로 예측했다. 이는 전 세계 인구의 32%, 인터넷 이용자의 68.3%에 해당하는 수치다. 이러한 이용자는 2017년 25억 1,000만 명에서 2018년 26억 7,000만 명을 거쳐 2020년에는 29억 5,000만 명으로 증가한다. 성장세는 조금씩 둔화되고 있지만 소셜미디어 이용이 꾸준히 늘어날 것이라는 건 쉽게 예상할 수 있다. 또한 휴대폰을 통한 모바일 접속의 증가가 눈에 띄는데 현재 80% 이상의 이용자들이 모바일로 SNS에 접속하고 있으며, 이 수치는 2020년 약 86%까지 증가할 것으로 이마케터는 전망(<그림 2>)했다.

4) 소셜미디어 아카이브

테크놀로지의 발달과 이에 따른 사회적·문화적 변화는 인간의 본능인 사회적 관계망 구축의 많은 부분을 온라인상으로 옮겨 놓았다. 그 때문에 사람들은 다양한 형태의 소셜미디어를 통해 사회적 관계를 맺고, 네트워크를 형성한다. 그 과정 속에서 사람들은 소셜미디어에 자신의 일상을 기록하기도 하고, 다른 이들과 의견을 교환하기도 한다. 이러한 내용은 작성자가 삭제하기 전까지 고스란히 소셜미디어에 남겨진다. 이를 통해 우리는 각자의 아이덴티티는 물론 공동체의 문화를 형성하기도 한다. 현대인들은 소셜미디어의 관계 맺음을 통해 가상의 공동체를 구성하고 있는 셈이다. 이는 오프라인 공동체 이상으로 현대인과 현대사회에 특별한 의미와 영향력을 지닌다. 이러한 공동체는 그 속에서 생성되는 기록과 함께 후대를 위해 아카이빙될 필요가 있다.

물론 소셜미디어를 통해 유통되는 콘텐츠는 전통적인 기록학 개념에서 볼 때 기록으로 보기에 어려운 점이 많다. 이들 대부분은 기록물의 4대 속성인 진본성과 무결성을 갖추지 못했고, 신뢰성과 이용가능성을 확보하는데도 한계를 지닌다. 또한 제각각인 생산자와 출처로 인한 맥락 파악의 어려움과 방대한 생산량, 이모티콘 등 비정형화된 구조도 소셜미디어를 아카이빙하기에 힘든 점들이다. 여기에 소셜미디어 자체의 태생적 한계로 인한 저작권, 개인정보 보호의 취약성, 정보소외계층 양산, 조작 가능성 등 많은 문제점을 지니고 있다. 하지만 소셜미디어 상에서는 때론 진본성과 무결성, 신뢰성 등을 갖추지 못한 허위 기록이 더욱 가치를 지닐 수도 있다. 예를 들어 SNS를 통해 전파된 광우병 괴담 등 유언비어들은 그것이 발생·유포된 당시의 시대적 상황과 배경을 설명하는 중요한 기록이 될 수 있다. 정치적·사회적·경제적 입장 차가 첨예한 사안일수록 더욱 그렇다. 즉 기록 그 자체를 보는 것이 아니라 사회의 반영이라는 의미에서 소셜미디어의 전체적 맥락을 살펴본다면 이는 중요한 콘텐츠가 될 수 있기 때문이다. 이러한 콘텐츠는 주제별로 선별적 수집을 통해 아카이브를 구성해야 할 것이다. 다른 예로 여성의 권익 보호를 주 업무로 삼고있는 여성가족부의 페이스북에 달리는 공격적이고 마초적인 게시 글과 댓글들을 들 수 있다. 이 게시 글과 댓글들은 대부분 익명으로 쓰여 누가 썼는지도 불분명하고 여성가족부에 대한 욕설과 조롱, 성희롱 등이 다수를 차지한다. 이들 댓글은 당연히 기록의 형식을 갖추지 못한 것들이지만 여성의 지위와 권리에 대한 우리 사회 인식의 한 단면을 보여주는 서글프지만 중요한 콘텐츠라고 볼 수 있다. 여성가족부의 페이스북 자체가 곧 한국 여성 현실에 관한 주제 아카이브라 할 수 있다. 이밖에도 특정 지역, 세대, 동성애, 노동자 등이 중심이 된 커뮤니티 형태의 소셜미디어라면 그 자체가 해당 주제의 중요한 아카이브라 할 수 있다. 이러한 사례는 소셜미디어 곳곳에서 찾아볼 수 있다.

2. 소셜미디어의 실재와 콘텐츠 활용

1) 유튜브

유튜브의 역사는 2005년 2월 실리콘밸리의 차고에서 시작한다. 도메인명을 등록하고 작업을 시작한지 두 달 뒤인 4월 최초로 동영상[1]을 업로드 했다. 그해 12월에 공식 오픈했는데 당시 하루 800만개의 동영상이 조회됐다. 2006년 7월에는 일일 조회 수 1억 회, 신규 업로드 동영상이 65,000개를 돌파한다. 이런 유튜브의 성장은 일련의 문제점을 야기했다. 서비스를 지속하기 위해 회사는 계속해서 더 많은 컴퓨터 장비와 광대역 인터넷 연결방식을 구비해야 했기 때문이다. 또한 수많은 미디어 회사들이 유튜브에 업로드되는 동영상의 일부가 저작권을 침해한다는 사실을 지적하면서 유튜브는 잠재적인 소송 가능성으로 인해 많은 재원을 확보해야 했다. 유튜브는 웹사이트를 상업화하거나 비용 증가를 억제해야 하는 제한된 성공 때문에 자신을 인수할 업체를 찾기 시작했다. 2005년 '구글비디오'라는 동영상 서비스를 개시했으나 검색 수를 높이는 실패했던 구글은 유튜브의 가능성을 알아보고 2006년 10월 유튜브를 인수한다. 2007년 6월 서비스 국가를 9개국으로까지 늘렸으며, 2009년 6월에는 소셜네트워크 및 웹메일에 유튜브를 자동 공유하기 시작했다. 같은 해 10월 일일 조회 수 10억 회를 돌파했으며, 다음해 5월에는 일일 조회 수 20억 회를 넘어섰다. 이제 유튜브는 인터넷뿐만 아니라 영상과 음악업계, TV방송국과 같은 매스미디어에도 큰 영향을 미치고 있다.

가) 유튜브의 일반 현황

유튜브는 무료 동영상 공유 사이트로, 사용자가 영상클립을 업로드하거나, 보거나, 공유하는 사이트다. 페이팔 직원이었던 채드 헐리(Chad Meredith Hurley), 스티브 첸

1) 유튜브 최초의 동영상은 유튜브의 공동창업자인 자웨드 카림이 업로드한 'Me at the zoo'다. 2005년 4월 23일에 올려진 이 영상은 동물원에서 코끼리를 소개하는 18초짜리 영상으로 유튜브의 성격을 잘보여준다. 이 영상은 2018년 12월 현재 58백만번 이상 조회됐다. https://www.youtube.com/watch?v=jNQXAC9IVRw&feature=youtu.be

(Steve Shih Chen), 자웨드 카림(Jawed Karim)이 공동으로 창립하였다. 동영상 콘텐츠의 대부분은 영화와 TV클립, 뮤직비디오며, 아마추어들이 제작한 것도 있다. 유튜브가 'SNS 관련 비디오 사이트 분야의 압도적 승자'임을 인정한 구글은 2006년 10월 주식 교환을 통해 16억 5,000만 달러(약 1조 5,800억 원)에 유튜브를 인수했다. 그 후 구글은 2007년 6월 19일 프랑스 파리에서 열린 '구글 프레스데이 2007' 행사에서 국가별 현지화 서비스를 시작한다고 발표했으며, 네덜란드, 브라질, 프랑스, 폴란드, 아일랜드, 이탈리아, 일본, 스페인, 영국 사용자를 위한 페이지를 공개했다. 현재 91개 국가에서 80개 언어로 서비스되며, 한국어 서비스는 2008년 1월 23일 시작했다. 매월 19억 명 이상의 사용자가 유튜브를 방문해 매일 수십억 시간 이상 분량의 동영상을 시청한다. 2011년에 이미 1조 이상의 조회 수를 기록했는데 이는 전 세계 모든 사람이 140번 정도 조회한 수치와 같다. 유튜브 시청시간의 70% 이상이 모바일에서 이뤄지고 있으며, 휴대기기 트래픽은 2011년에 3배로 증가했다. 여타 소셜미디어와의 교류도 활발한데 매일 엄청난 분량의 유튜브 동영상이 페이스북에서 시청되고 있으며, 매분 수천개 이상의 유튜브 동영상이 트위터에서 공유된다.

<표 4> 전 세계 유튜브 조회수 상위채널

순위	채널	비디오 뷰	구독자	업로드 영상	콘텐츠/국적
1	T-Series	53,556,620,215	70,721,993	12,839	음악/인도
2	WWE	28,289,797,334	36,621,970	38,089	스포츠/미국
3	Ryan ToysReview	25,664,635,550	17,122,167	1,208	엔터테인먼트/미국
4	netd müzik	25,529,762,838	12,181,201	8,946	음악/터키
5	SET India	24,703,077,201	35,788,109	27,150	쇼/인도
6	Canal KondZila	21,068,918,174	42,974,584	892	음악/브라질
7	PewDiePie	19,213,383,895	70,914,952	3,660	코미디/스웨덴
8	ABC-CBN Entertainment	19,204,318,399	13,967,141	106,937	엔터테인먼트/필리핀
9	Movieclips	18,577,750,574	19,757,186	30,818	영화/미국
10	JustinBieberVEVO	18,064,043,734	34,083,412	123	음악/캐나다
11	Get Movies	17,928,038,855	21,056,826	2,796	쇼/러시아

순위	채널	비디오 뷰	구독자	업로드 영상	콘텐츠/국적
12	Little Baby Bum	17,906,267,169	16,912,251	738	교육/글로벌
13	El Reino Infantil	17,490,573,319	17,250,788	612	음악/아르헨티나
14	Маша и Медведь	17,187,727,095	17,772,168	583	영화/러시아
15	KatyPerryVEVO	16,552,635,340	26,573,988	125	음악/미국
16	ChuChu TV Nursery Rhymes & kids songs	15,896,194,871	20,872,285	269	교육/글로벌
17	TaylorSwiftVEVO	15,808,618,964	27,971,391	86	음악/미국
18	WorkpointOfficial	15,422,123,955	19,333,201	27,140	엔터테인먼트/태국
19	Ed Sheeran	15,209,618,118	35,479,489	122	음악/영국
20	shakiraVEVO	15,057,035,661	19,593,591	144	음악/콜롬비아
21	BuzzFeedVideo	14,362,402,417	17,879,698	5,641	피플/글로벌
22	FunToys Collector Disney Toys Review	14,319,112,633	10,993,520	2,516	언테테인먼트/브라질
23	Zee TV	14,314,895,413	21,365,265	56 990	엔터테인먼트/인도
24	Cocomelon - Nursery Rhymes	14,160,788,474	27,020,954	386	키즈/글로벌
25	TheEllenShow	14,139,125,672	29,328,203	9,472	엔터테인먼트/미국
26	GMM GRAMMY OFFICIAL	14,079,744,184	14,133,289	6,059	음악/태국
27	DanTDM	13,884,543,112	20621,123	2,963	게임/영국
28	Spinnin' Records	13,751,922,317	23,716,676	8,600	엔터테인먼트/ 네덜란드
29	RihannaVEVO	13,349,955,605	26,465,446	106	음악/바베이도스
30	Zee Music Company	13,064,879,973	26,972,390	3,599	음악/인도

출처: http://socialblade.com/youtube/top/100/mostviewed, 2018년 11월 20일 기준.

전 세계 유튜브 조회수 1위 채널은 'T-Series'라는 인도 기획사로 구독자는 700만명 이상이며, 530억 뷰 이상을 기록하고 있다. 미국 프로레슬링인 'WWE', 캘리포니아에 거주하는 9살 소년이 주인공인 장난감소개 프로그램 'Ryan ToysReview' 등의 채널이 뒤를 잇고 있다. 저스틴 비버, 케이티 페리, 테일러 스위프트, 리한나 등 인기 가수가 상위권에 랭크돼 있는데, 유튜브의 조회수, 구독자 수는 곧 당대의 가장 인기있는 가수나 노래를 확인할 수 있는 척도이다. 유튜브 조회수가 높은 대부분의 콘텐츠가 게임, 음악, 영화, 스포츠 등 엔터테인먼트 관련된 것임을 확인할 수 있다. 이는 한국에서도 마찬가지다. 한국 유튜브에서는 <표 5>와 같이 SM, JYP 등 기획사와 싸이, 빅뱅 등 가수와 KBS, MBC 등 방송국이 높은 순위를 차지했다. 이는 K-POP 등 한류에 따른 한국 가수들과 드라마의 인기에 힘입은 것이다. 유튜브에서는 기업이나 인기인뿐 아니라 평범한 개인이 스타가 되는 일도 종종 벌어지는데, 30위에 오른 기타리스트 정성하(Sungha Jung)가 그런 경우다. 이밖에 눈에 띄는 점은 1, 24, 26위에 올라와있는 토이푸딩, 캐리TV, 또봇TV 채널이다. 장난감 언방식(Unboxing), 즉 포장을 뜯으며 장난감을 디테일하게 보여주는 게 주 콘텐츠인 이들 채널은 키즈 콘텐츠의 급성장을 보여준다. 전 세계 유튜브 순위의 3위, 24위에 랭크돼 있는 Ryan ToysReview, FunToys Collector 역시 같은 성격의 채널이며, 12, 13, 14위의 Little Baby Bum, El Reino Infantil, Маша и Медведь도 아이를 위한(또는 부모의 자유를 위한) 동영상 채널인 것을 보면, 이러한 경향이 전 세계적으로 공통된 현상임을 알 수 있다.

<표 5> 한국 유튜브 조회수 상위채널

순위	채널	비디오 뷰	구독자	업로드 영상	콘텐츠/가입일
1	토이푸딩	12,560,971,797	20,272,868	2,321	토이/2014
2	SM타운	12,403,591,271	16,704,260	3,456	음악/2006
3	1theK	11,325,914,589	13,977,492	13,715	음악/2011
4	officialpsy	6,994,397,938	12,394,729	93	음악/2010
5	KBS World TV	5,615,734,446	7,990,549	33,250	방송/2006
6	MBCentertainmaent	5,511,809,969	4,494,838	60,087	방송/2009
7	jypentertainment	5,252,964,839	10,496,982	850	음악/2008
8	BIGBANG	4,908,550,678	10,393,580	769	음악/2005
9	Mnet K-POP	4,759,192,096	8,660,258	13,308	음악/2006
10	Stone Music Enterainment	4,086,746,529	5,567,026	5,002	음악/2011
11	MBCPOP	4,069,923,084	5,412,945	31,983	음악/2011

순위	채널	비디오 뷰	구독자	업로드 영상	콘텐츠/가입일
12	ibighit	3,987,782,250	18,723,688	280	음악/2008
13	BLACKPINK	3,552,035,741	14,248,753	192	음악/2016
14	Mnet Official	3,385,645,097	4,755,359	11,200	음악/2013
15	DramaFever	3,320,186,738	4,282,588	0	방송/2007
16	JTBC Entertainment	3,291,404,295	2,782,265	45,309	방송/2012
17	1MILLION Dance Studio	2,886,921,115	12,420,550	1,301	댄스/2005
18	KBSEntertain	2,717,800,455	2,723,614	73,732	방송/2011
19	EBS Kids	2,712,733,518	1,819,602	19,340	교육/2011
20	도티 TV	2,210,841,348	2,430,121	3,102	게임/2012
21	SBSNOW	2,195,868,148	2,064,226	14,504	방송/2011
22	BANGTANTV	1,891,192,059	13,065,292	891	음악/2016
23	핑크퐁	1,862,308,688	2,779,915	1,149	교육/2014
24	캐리TV	1,853,996,974	1,926,100	1,564	교육/2014
25	허팝Heopop	1,767,283,922	2,391,103	1,280	쇼/2014
26	또봇 TV	1,767,055,493	1,383,482	1,117	유아/2012
27	starship TV	1,651,549,103	3,253,034	1,134	음악/2010
28	SBS Drama	1,647,305,451	1,553,583	336,245	드라마/2011
29	DramaKBS	1,581,344,377	1,339,896	88,922	방송/2011
30	Sungha Jung	1,577,631,765	5,378,932	1,085	악기연주/2006

출처: www.socialbakers.com, 2018년 11월 20일 기준

나) 유튜브의 특징

유튜브의 튜브(Tube)는 영어로 브라운관을 의미한다. 캐치프레이즈인 "당신을 방송하세요(Broadcast Yourself)"는 그 성격을 직관적으로 말해주고 있다. 인터넷을 통해 사용자가 자신의 동영상을 자유롭게 공개하고, 이를 누구나 열람, 공유할 수 있는 서비스이다. 이용은 무료이고 동영상을 업로드하기 위해서는 회원가입이 필요하지만 단지 동영상을 검색하고 보는 것이라면 가입도 필요없다. 회원가입을 하면 SNS처럼 동영상을 공유하거나 회원 간에 메시지를 주고받는 등의 이용이 가능하며, 동영상을 별 다

섯 개 기준으로 평가하거나 댓글을 달 수도 있다. 동영상 검색은 관련 키워드를 검색창에 입력하면 검색 조건에 해당하는 영상의 리스트가 화면에 표시된다. 유튜브로 인해 동영상 공유는 인터넷 문화의 중요한 부분으로 자리 잡았고, 기존의 사진과 텍스트를 넘어선 영상의 시대로 접어들었다. 유튜브 한 곳의 영상은 공유와 소스코드를 이용해 전 세계로 뿌려질 수 있다. 이러한 힘을 바탕으로 많은 기업에서 유튜브를 마케팅 도구로 사용하고 있다. 유튜브는 타임지에 의해 2006년 최고의 발명품으로 선정되기도 했다. 타임지는 유튜브 안에는 엔터테인먼트, 고민상담, 교육, 충격 등이 있으며 유튜브로 인해 세상이 변해간다고 선정 이유를 밝혔다.

유튜브의 세부기능과 특징은 다음과 같다. 첫째, 대용량 동영상을 무료로 업로드해 공유할 수 있는 기능이다. 유튜브 창업 당시에도 이미 동영상 공유사이트는 존재하고 있었지만 대부분 유료였고, 용량도 제한이 많았다. 하지만 유튜브는 무료로 500메가바이트를 사용할 수 있었다. 둘째, 방대한 작품을 검색할 수 있게 하는 태그 기능이다. 동영상 파일을 업로드할 때 사용자가 주관적으로 태그를 입력해 콘텐츠를 분류하는 것이다. 이를 대중이라는 'Folk'와 분류학을 뜻하는 'Taxonomy'를 합성해 '폭소노미(Foxonomy)'라고 한다. 셋째, 유튜브에는 버튼 하나로 친구에게 동영상 주소를 공유할 수 있다. 화면에 표시되는 'share' 버튼을 누르면 친구의 메일로 동영상이 있는 URL을 보낼 수 있다. 좋아하는 작품을 보관해 두는 'My Favorite'과 'My Channel' 등을 통해 다양한 커뮤니케이션이 가능하며 'My Group'으로 그룹을 만들어 커뮤니티에 동영상을 공유하는 기능도 있다. 넷째, 자동으로 생성되는 URL과 임베디드 태그를 복사해 블로그나 웹사이트에 손쉽게 링크할 수 있다. 다섯째, 광고의 자제와 여섯째, 까다롭지 않은 저작권 보호 정책도 유튜브만의 강점이다. 유튜브 프리미엄을 통해 광고가 없는 유료서비스도 제공한다. 유튜브의 주요 기능과 용어는 아래와 같다.

1) 동영상 공유: 동영상을 공유하는 기능. 동영상의 링크를 포함하는 메일을 보낼 수 있으며 각종 SNS에 동영상을 게시할 수도 있다.
2) 프로필 페이지: 채널 페이지라고도 하며 사용자의 프로필 정보, 동영상, 즐겨찾기 등을 포함하는 페이지이다.
3) 평점: 동영상에 부여하는 점수. 별 5개에서 1개까지 줄 수 있다.

4) 포럼: 포럼은 공통된 관심사와 의견을 나누는 공간이다.

5) 퍼가기: 다른 웹페이지와 블로그 내에 YouTube 동영상을 복사하는 기능. 동영상 소유자가 퍼가기를 허용하는 경우에만 가능하다.

6) 태그: 동영상 검색을 돕기 위해 입력한 키워드이다.

7) 카테고리: 동영상 분류 항목으로 '인기유튜브', '인기상승 중인 크리에이터', '음악', '코미디', '게임', '영화/엔터테인먼트', '뷰티/패션', '스포츠', '기술', '요리/건강', 뉴스/정치'가 있다.

8) 동영상 응답: 동영상에 대한 응답으로 게시되는 동영상이다.

9) 댓글: 동영상 및 사용자에 대한 반응 댓글이다.

10) 감상 페이지: 동영상과 관련된 모든 정보를 찾을 수 있는 페이지다.

11) 초대: 친구를 추가할 수 있는 기능이다.

다) 지위 혁명 - '사이버 평판 유튜브'

2006년 일렉트로닉 기타로 캐논 변주곡을 연주한 동영상을 'funtwo'라는 아이디를 가진 누군가 유튜브에 올렸고, 많은 이가 이 비디오를 보기 위해 유튜브를 찾았다. 뉴욕타임스는 그 해 8월 27일, 연주에 대한 극찬과 함께 이 동영상에서 나오는 이가 23살 대한민국의 무명 기타리스트 임정현이라는 것을 알렸다. 'Web Guitar Wizard'라는 칭호와 함께 그는 천재 기타리스트이자 유튜브가 낳은 월드스타로 등극하였다. 그의 동영상은 1억 회에 가까운 높은 조회 수를 기록했고, 2008년 유튜브가 개최한 '유튜브 비디오-크러시(Videocracy) 이벤트' 오프닝 무대를 장식하기도 했다. 이 행사는 전 세계 유튜브 사용자들을 비롯하여, 유튜브 고객사, 광고주 및 콘텐츠 제휴사 관계자들이 참석하는 글로벌 행사다. 임정현씨가 전격 발탁된 이유는 그의 영상이 유튜브 사용자들로부터 뜨거운 반응을 받으면서 유튜브 사용자를 대변할 수 있는 인물로 뽑혔기 때문이다.

매튜 하딩(Mattew Harding)이라는 30대 중반 청년의 영상은 무려 5,100만 이상의 조회 수를 기록했다. 게임 회사를 다니던 그는 자신을 뒤돌아보기 위해 회사를 그만두고 세계여행을 떠난다. 가는 곳마다 막춤을 추고, 그 영상을 'Where the Hell is Matt?'이라는 제목으로 유튜브에 올리게 된다. 인도 뭄바이를 시작으로 대한민국의

DMZ, 숭례문을 비롯해 미국 시애틀을 끝으로 총 68개 도시에서 춤을 춘다. 그는 이 영상 덕분에 비자카드 CF를 찍게 되고, 유명세를 타게 된다. 이처럼 디지털 카메라와 유튜브를 통해 누구나 쉽게 유명해질 수 있는 환경이 됐다. 그래서 유튜브는 당신도 유명해질 수 있다는 '유 투(You Too)브'로 불린다.

유튜브는 동영상 공유라는 것만으로도 다른 소셜미디어와 다른 특별한 지위를 갖는다. 동영상 콘텐츠는 텍스트와 사진에 비해 더욱 큰 영향력을 지니기 때문이다. 1992년 미국 LA의 폭동을 가져온 건 로드니 킹 구타의 동영상이 결정적인 역할을 했다고 볼 수 있다. 26년이 지난 지금은 그런 감시의 눈이 엄청나게 늘어났고, 그 유통 채널도 많아졌다. 2003년 아프가니스탄에 파병된 미군 해병대가 탈레반 시신에 소변을 보는 동영상은 전 세계적으로 엄청난 파장을 가져왔다. 오바마를 지지하는 사회 유명인사들의 지지를 뮤직비디오에 담아 유튜브에 올린 'Yes, We Can' 클립은 400만 회 이상의 조회 수를 기록하며 오바마의 대선 승리에 결정적 기여를 했다. 이밖에도 우리 사회의 의미있는 많은 동영상들이 유튜브를 통해 열람, 유통되고 있으며, 이를 통해 우리들은 '기억의 공동체'를 이루고 살아간다. 그러므로 유튜브는 우리들을 동질화하는 매체로서 관리되어야만 하며, 유튜브에 올려져 많은 이들이 조회하는 동영상들은 우리의 소중한 콘텐츠로서 아카이빙할 필요가 있다.

2) 블로그

특정 업체에서 제공하는 특정 서비스인 다른 소셜미디어와 달리 블로그는 여러 업체에서 틀거리를 제공하는 형태라 그 시작을 찾기가 쉽지 않다. 1997년 4월 1일 유저랜드 소프트웨어(Userland Software)의 CEO 데이브 와이너(Dave Winer)가 선보인 스크립팅 뉴스(www.scripting.com)를 그 시작으로 보는 사람이 있는가 하면, 『블로그 핸드북(The Weblog Handbook)』의 저자인 레베카 블러드(Rebecca Blood)같은 사람은 1993년 6월 등장한 웹브라우저 모자이크의 'What's the New Page'를 사실상 블로그의 시초라고 주장한다. 심지어 아예 월드와이드웹 자체가 블로그의 원형이라고 주장하는 사람도 있다. 이런 여러 주장에도 불구하고 블로그를 처음 선보인 것은 데이브 와이너라는데 대체로 의견이 일치한다. 와이너는 자신의 웹사이트를 블로그라고 부르진 않았다. 존 바거(Jorn Barger)라는 사람이 1997년 12월 무렵 자신의 사이트(www.robot-wisdom.com)에 '웹로그(weblog)'란 이름을 붙여준 것이 오늘날 우리가 사용하는 블로그란 명칭의 시발점이 됐다. 웹로그라는 명칭이 등장한 지 얼마 뒤 피터 머홀츠(Peter Morholz)는 웹로그란 말 대신 우리가 블로그를 한다는 뜻으로 '위-블로그(wee-blog)'라는 말을 사용했다. 머홀츠가 위-블로그라는 말을 쓰기 시작한지 불과 수주 만에 '위'를 떼어내고 블로그라는 말로 통용되기 시작하면서 많은 이들에게 각인됐다.

초기 블로그에는 대부분 새글(What's new)과 차례표(Index) 페이지가 있었으며, 이때 차례표는 보통 가장 최신의 글이 위에서부터 게시되거나 순서대로 제목이 나열되는 형태였다. 이는 전자게시판 동호회의 것과 같다. 초기 블로그는 간단한 프로그래밍이나 HTML 편집만으로도 가능했으나, 시간이 지남에 따라 관리가 어려워졌다. 곧 워드프레스(Word press), 무버블 타입(Movable Type), 블로거(Blogger)나 라이브 저널(Live journal) 같은 블로그 소프트웨어들이 등장했다. 이후 기존 웹 서비스나 포털 서비스에서도 이런 블로그 기능이 추가돼 개인화한 블로그 서비스를 제공했다. 그 후 2003년 미-영 연합군의 바그다드 폭격에 대해 이라크인이 블로그(Salam Pax)를 통해 평화를 주장하면서 블로그는 대중화됐다.

대한민국에 처음으로 블로그가 소개된 것은 2001년 12월경으로 그 즈음 최초의 블로그 사용자들의 모임인 '웹로그인 코리아(www.wik.ne.kr)'가 생겼다. 2002년 8월 에이블클릭이 국내 최초의 상업용 블로그(www.blog.co.kr) 플랫폼을 갖추면서 토종 블로그 시대가 본격 개막됐으며, 이듬해 2월 또 다른 블로그 전문업체인 '블로그인(www.blogin.com)'이 등장하며 나름의 경쟁체제가 갖춰졌다. 그 후 네이버, 다음 등 포털이 블로그 서비스에 뛰어들면서 소위 '한국형 블로그' 시대가 열리기 시작했다. 다음에서는 '블로거 뉴스'라는 메타블로그 서비스를 제공하고, 포털 첫 화면에 신문 기사와 함께 개인 블로그 포스트를 노출시키면서 블로그에 대한 관심이 점점 높아졌다. 포털에 이어 주요 언론사들도 블로그 서비스에 눈을 돌렸다. 2003년 7월 전자신문이 일간지 중 최초로 블로그 서비스를 시작하였고 같은 해 10월 디지털타임스, 이듬해 3월과 8월 중앙일보와 조선일보가 각각 블로그를 도입했다. 2005년에 들어서면서 오마이뉴스, 연합뉴스, 한겨레 등의 언론사들이 블로그 대열에 동참했다. 이 같은 과정을 겪으며 대중화되고 발전해온 블로그는 초창기 개인의 일상을 기록하고 개인 사진을 공유하는 등 지인과의 인맥관리용으로 많이 활용됐다. 그러나 최근 전문가 급의 블로거들이 대거 유입되면서 심층적이고 수준 높은 콘텐츠들이 많이 생산되고 있다. 이제 블로그는 기존 미디어를 위협하는 전문적인 대안 미디어로까지 성장하고 있다.

가) 블로그의 일반 현황

블로그는 여러 사람이 쓸 수 있는 게시판과는 달리 한 사람 혹은 소수의 사람만이 글을 올릴 수 있다. 일반인들이 자신의 관심사에 따라 일기·칼럼·기사 등을 자유롭게 올릴 수 있을 뿐 아니라, 개인출판·개인방송·커뮤니티까지 다양한 형태를 취한다. 웹 게시판, 개인 홈페이지, 컴퓨터 기능이 혼합돼 있고, 소프트웨어를 무료 또는 싼 가격에 구입할 수 있으며, 홈페이지 제작 지식이 없어도 자신의 공간을 만들 수 있다는 장점이 있다. 블로그 페이지만 있으면, 누구나 텍스트 또는 그래픽 방식을 이용해 자신의 의견이나 이야기를 올릴 수 있고, 사진 등 자료도 올릴 수 있는 새로운 개념의 미디어이다. 2011년 7월 기준 전 세계에는 1억6,400만 개의 블로그가 존재한다. 블로거의 49%는 미국에, 29%는 유럽에, 12%는 아시아·태평양 지역에 살고 있다. 블로거 중 64%는 취미로 블로그를 운영하며, 21%만이 풀타임 블로거다. 블로거의 연령 분포를 살펴보면 25~34세가 30%로 가장 많고, 35~44세가 27%로 그 뒤를 쫓는다. 28%의 블로거들이 4~6년 동안 블로그를 운영했고, 6년 이상 블로그를 운영한 비율도 27%에 달한다. 11%의 블로거만이 블로깅을 주 수입원으로 삼고 있다. 32%의 블로거가 주당 1시간 미만의 블로그 활동을 하며 23%의 블로거는 일주일에 1~3시간을 블로그 활동에 사용한다. 55%의 블로거는 한 달에 블로그 업데이트를 4~12회 하며, 절반에 가까운 48%의 블로그에는 한 달에 1,000명 미만이 방문한다. 25%의 블로거는 모바일 기기를 통해 블로깅을 하며, 40%의 블로거가 워드프레스 블로그를 사용한다. 블로그는 개인적인 성격을 가지고 있지만 때에 따라서는 기존 대형 미디어에 못지않은 힘을 발휘할 수 있기 때문에 '1인 미디어'로 불린다.

나) 블로그의 특징

블로그는 대표적인 소셜미디어로 자신을 표현하고, 자신의 생각을 세상에 이야기하며, 정보를 공유하는 열린 서비스로 각광받고 있다. 또한 블로그는 다양한 계층의 사람과 자유로운 소통이 가능하며, 이를 통해 사회적 관계를 형성해 가면서 영향력을 확대하고 있다. 블로그의 세부 기능을 살펴보면 첫째, 일기처럼 날짜별로 구성돼 있어 일상에서 일어나는 일들을 손쉽게 기록할 수 있다. 둘째, 완벽한 자료 관리가 가능하다. 셋째, 독자적인 자료 보관이 가능하고, 저장된 파일을 이메일로 보낼 수 있다. 넷째, 일반 커뮤니티의 게시판과 달리 콘텐츠 중심으로 구성돼 있어 더 많은 커뮤니티 기능을 할 수 있다. 다섯째, 자신이 작성한 콘텐츠를 중심으로 한 동조자가 생겨 광범위한 커뮤니티를 형성할 수 있고, 남이 만든 블로그에 가입할 수도 있다. 여섯 번째, 채팅이 가능하며, 특히 채팅 내용들이 날짜별로 블로그 페이지에 기록된다. 일곱 번째, 웹 브라우저 상에서 실시간으로 콘텐츠의 내용을 볼 수 있다. 블로그는 이용자의 운영목적이나 활용방식의 변화에 따라 여러 단계의 진화를 거쳤다. 초기 블로그는 대부분 짧은 글들이었고, 블로거 자신의 일상을 기록하는 내용이 많았다. 하지만 태생이 개방된 구조이며, 퍼블릭한 공간으로 만들어진 블로그에 전문 블로거들이 가세하면서 심층적이고 수준 있는 기록들이 많이 생산되고 있다. 다른 소셜미디어의 경우 메시지를 작성하는 데 글자 수나 파일 형식 등 많은 제한이 있지만 블로그는 양이나 형식 어떠한 것에도 제한을 받지 않고 깊은 수준의 논의를 펼쳐갈 수 있다. 또한 관계형성을 중시하는 SNS에 비해 정보형성에 그 목적을 두고 있다고 볼 수 있다. 블로그의 주요 기능과 용어는 아래와 같다.

1) 블로거(blogger): 블로그를 만들어 포스트를 올리고 운영하는 사람을 의미한다.
2) 블로깅(blogging): 블로그를 통한 모든 활동을 뜻한다.
3) 포스팅(posting): 블로그에 글을 올리는 것을 의미한다.
4) 메타블로그(meta blog): 개별 블로거가 운영하는 블로그를 모아놓은 블로그를 말한다.
5) RSS(Really Simple Syndication): 블로그에 쓴 글을 배급하는 기능을 뜻한다.
6) 트랙백(trackback): 다른 사람 블로그에 올라온 포스트 하단에 등록된 댓글과 달리 자신의 블로그에 댓글을 등록하는 것을 의미한다.
7) 블로그스피어(blogosphere): 블로거들의 세계를 말한다.

다) 미디어 혁명 - '대안미디어 블로그'

블로그가 처음에 등장했을 때만해도 블로그는 단어가 의미하는 대로 주로 개인적인 기록이 주를 이루었다. 말 그대로 웹(web)이 올리는 개인적인 기록(log)이었던 것이다. 하지만 블로그는 9.11 테러 등 대형 사건들을 거치면서 자연스럽게 대안 미디어(alternative media)로서의 기능도 조금씩 담당하기 시작했다. 특히 지난 2004년 미국 대통령 선거를 비롯해, 그해 연말 동남아 지역에서 발생한 쓰나미, 그리고 2005년 7월 런던 한복판에서 발생한 폭탄 테러 사건 등을 거치면서 블로그는 대안 매체로서 믿음직한 역할을 해냈다. 또 미국 뉴올리언스를 강타한 허리케인 카트리나 재난 당시 각종 블로그들은 CNN을 비롯한 주류 미디어들을 압도하면서 경쟁력을 과시했다. 방송·신문 등 기존 매체들이 건물 침수와 직원 대피 등으로 제 역할을 하지 못하고 있는 동안, 블로그는 피해 상황과 구조 활동, 실종자 소식 등에 관한 실시간 정보를 교환하는 소식통이 되었다. 뉴올리언스의 인터넷 도메인 호스팅 업체 사원이었던 마이클 바넷(Michael Barnett)은 카트리나 상륙 직후 혼란스런 모습을 자신의 블로그에 기록해 화제가 됐다. 약 1주일 전 허리케인에 휩쓸리기 직전부터 식료품·물·카메라와 권총을 가지고 직장동료들과 회사빌딩에서 생활했던 그는 자신의 블로그 명칭을 'The Survival of New Orleans Blog'로 변경하고 피해 상황을 생생한 사진으로 올리고, 캠코더를 설치해 침수된 도시에 약탈·발포·소동의 모습을 직접 촬영해 올리기도 했다. 또 다른 개인 블로그 '인터딕터'는 재해 지역인 뉴올리언스의 약탈 상황을 동영상 중계하면서 뉴스전문 케이블방송 CNN과 경쟁했다. "가게에서 신발을 상자째 들고 가고, 현금인출기를 터는 것을 그냥 보고 있을 수 없었다"는 운영자는 시내 교차로 인근 건물 위층에 웹캠을 설치한 후 참상을 고스란히 전했다. '케이의 허리케인 카트리나 블로그'를 만든 루이지애나주립대학의 케이 트래멀 교수는 전기가 끊긴 후 차량 배터리로 휴대전화를 충전해 글을 올리기도 했다. 2004년 말 동남아시아 일대를 강타했던 쓰나미 재난 때에도 '쓰나미 헬프(tsunamihelp.blogspot.com)'를 비롯한 각종 블로그들은 재난 장면을 담은 사진과 동영상을 통해 피해상황을 실시간으로 생생하게 전해줬다. 2005년 7월 런던에서 발생한 지하철 테러사건에도 이름 없는 블로거들이 휴대폰 카메라로 직접 찍은 동영상과 현장 사진, 목격담을 자신들이 운영하는 블로그에 올려놓으며 사건이 전파됐다. 블로그의 힘은 이런 사건「사고의 현장에서만 발휘되는 것은 아니다. 2004년 타임지의 올해의 블로그로 선정된 '파워라인닷컴(www.powerlineblog.com)'은 CBS '60분'의 부시 대통령 군복무 관련 보도의 오류를 밝혀내기도 했다. 블로거들의 등쌀에 못 이겨 오보 당시 진행을 맡았던 간판 앵커인 댄 래더(Dan Rather)는 사임을 해야 했다. 정치 블로거인 개럿 그래프(Garrett M. Graff)는 백악관의 출입 기자 명단에 이름을 올리는가 하면, 대통령 선거에서 민주, 공화 양당은 전당대회에 주요 정치 블로거를 초청해 미디어에 준하는 대우를 해주었다.

미국만큼은 아니지만 우리나라의 블로거들도 사회적인 이슈를 다루면서 1인 미디어의 역할을 톡톡히 해내고 있다. 국방부가 2010년 파워 블로거들을 대상으로 천안함 조사결과를 설명하는 간담회를 가졌던 것도 블로그의 커진 위상을 확인할 수 있는 사례이다. 지금 당장 블로그가 주류 언론을 대체할 정도의 파괴력을 보일 수는 없지만 기존 저널리즘 관행에 신선한 충격을 주고 있는 것은 사실이며, 블로그의 등장은 지금까지의 일방적인 소통방식에 혁명적인 변화를 가져왔다. 이러한 블로그의 영향력 증대는 이를 기록으로 보고, 관리해야 할 당위성을 만들어 낸다. 블로그스피어에서는 일부 전문가만이 아닌 수백만 세계인들이 직접 자신의 의견을 개진한다. 블로그는 집단 지성 등 대중의 지혜가 활용되는 현장으로, 여기에는 사회에 큰 충격을 주는 사건의 시발점이 되는 기록은 물론 우리 시대를 설명하는 또 다른 목소리로서의 기록, 권력 관계에서 소외된 이들의 기록, 평범한 이들의 특별할 수 있는 기록이 존재한다. 이들 블로그 중에는 아카이빙할 가치를 지닌 블로그들도 많이 존재하므로 우리는 이러한 콘텐츠에 관심을 가져야 한다.

3) 트위터

트위터는 2005년 5월 공동창업자인 잭 도시(Jack Dorsey)의 아이디어에서 비롯됐다. 미국에서 전화할 때 가장 많이 사용하는 말인 "What are you doing?"에서 영감을 얻은 트위터는 휴대폰 문자서비스인 SMS를 함께 사용하기 위해 고안됐다. 미국 샌프란시스코 지역 벤처기업인 오데오(Odeo, Inc.)의 에반 윌리엄스(Evan Williams)와 노아 글래스(Noah Glass)가 고안한 연구 개발 프로젝트에서 출발해, 2007년 4월 오데오에서 분리, 트위터(Twitter, Inc.)라는 이름으로 자체 회사를 갖게 됐다. 트위터의 창업주는 잭 도시, 비즈 스톤(Biz Stone), 에반 윌리엄스, 노아 글래스로 이들은 트위터를 루비 온 레일즈(Ruby on Rails)를 사용해 개발했다. 2006년 3월 서비스를 시작했고, 공식 오픈은 2006년 7월 13일에 이뤄졌다. 2007년에는 사우스 바이 사우스웨스트 페스티발 웹 상(South by Southwest Festival's Web Award) 블로그 부문을 수상했다.

<표 6> 전 세계 트위터 팔로워 순위

순위	인물	직업	팔로워	팔로잉	트윗
1	케이티 페리	가수	106,884,920	216	9,317
2	저스틴 비버	가수	104,503,946	302,215	30,525
3	버락 오마바	정치인	103,180,563	617,868	15,549
4	리한나	가수	88,237,355	1,097	10,206
5	테일러 스위프트	가수	83,164,853	0	99
6	레이디 가가	가수	77,086,908	126,031	8,888
7	엘렌 드제너러스	코미디언	76,538,365	35,232	17,937
8	크리스티아노 호날두	축구선수	75,429,705	101	3,301
9	유튜브	유튜브	71,024,002	1,018	22,994
10	저스틴 팀버레이크	가수	64,547,305	288	4,050

출처: www.socialbakers.com/twitter/, 2018년 11월 20일 기준, 단위: 명, 개.

<표 6>과 같이 2018년 11월 현재 오바마 미국 대통령의 팔로워 수는 1억여 명으로 전체 트위터 유저 중 3위에 해당한다. 2008년부터 미국에 불어 닥친 트위터 열풍으로 존 에드워드, 힐러리 클린턴, 레이디 가가, 패리스 힐튼, 샤킬 오닐 등 유명한 정치인과 연예인들이 트위터에 가입해 자신들의 이야기를 하고 있다. 오바마보다 상위에는 케이티 페리(106,884,920명), 저스틴 비버(104,503,946명) 등 모두 가수가 차지했다. 도날드 트럼프 미국대통령 역시 당선 전부터 자신의 트위터 계정(@realDonaldTrump. 16위)을 통해 소통해왔으며, 정책 등에 대한 이야기를 쏟아내고 있다.

<표 7>과 같이 한국에서 가장 많은 팔로워 수를 가진 사람은 최근 전세계적으로 인기를 끌고 있는 아이돌 그룹 방탄소년단(17,007,689명)과 방탄소년단의 공식계정인 BTS_offcial(12,853,689명)이 1, 2위를 차지했다. 지드래곤(8,963,212명)과 슈퍼주니어의

최시원(6,512,879명), 예성(5,101,384명) 이동해(5,078,463명)를 비롯해 갓세븐(5,778,641명), 산다라박(5,183,824명) 등 아이돌 가수들이 높은 순위를 차지하고 있다. 이들은 팬들과 직접 소통하며, 새로운 팬덤을 형성하고 있다. 연예인들이 청소년들에게 미치는 영향력을 고려할 때 이 같은 현상도 주목해 볼만하다. 한편 연예인을 제외한 트위터 순위에서는 이외수(2,248,683명, 16위), 문재인(1,836,514명, 17위), 강풀(1,423,533명, 26위), 노회찬(1,183,272명, 36위), 조국(1,158,760명, 38위), 공지영(897,728명, 44위) 등이 높은 순위를 차지하고 있다. 트위터 상에서는 작가, 정치인, 교수, 만화가 등 다양한 직업의, 다양한 목소리를 가진 이들이 많은 팔로워를 가지며 영향력을 미치고 있다. 이들은 기존 매스미디어 못지않은 영향력을 자신들의 팔로워들에게 끼치는 것은 물론 이들의 한마디 한마디는 매스미디어의 기사거리가 돼 주목의 대상이 되고 있다. 이러한 파워 트위터리안의 등장은 기존 오프라인에서의 역학 관계와 많은 차이를 보이며 커뮤니케이션의 방식과 내용에 있어 또 다른 가능성을 제시하고 있다.

<표 7> 한국 트위터 팔로워 순위

순위	인물	직업	팔로워	팔로잉	트윗
1	방탄소년단	가수	17,007,689	144	11,265
2	BTS_offcial	가수	12,853,689	19	7,396
3	지드래곤	가수	8,963,212	11	4,818
4	빅히트엔터테인먼트	기획사	8,243,134	18	5,033
5	에스엠타운	기획사	6,968,339	44	5,492
6	최시원	가수	6,512,879	52	5,807
7	갓세븐	가수	5,778,641	41	7,725
8	산다라박	가수	5,183,824	188	6,646
9	예성	가수	5,101,384	10	2,041
10	이동해	가수	5,078,463	107	2,161

출처: www.socialbakers.com/, 2018년 11월 20일 기준. 단위: 명, 개

<표 8> 한국 트위터 팔로워 순위(연예인 제외)

순위/전체순위	인물	직업	팔로워	트윗
1/16	이외수	작가	2,248,683	19,275
2/17	문재인	정치인	1,836,514	2,889
3/26	강풀	만화가	1,423,533	33,231
4/36	노회찬	정치인	1,183,272	17,190
5/38	조국	교수	1,158,760	15,423
6/44	공지영	작가	897,728	74,263
7/46	표창원	정치인	854,563	43,070
8/48	심상정	정치인	843,680	7,799
9/62	유시민	작가	707,820	1,203
10/65	김연아	전 운동선수	660,832	110

출처: http://koreantweeters.com/dir/list/12699/1/follower 2018년 12월 12일 기준. 단위: 명, 개

가) 트위터의 일반현황

트위터는 자신이 찾는 관심 분야의 새로운 소식, 아이디어, 의견을 접할 수 있는 실시간 정보 네트워크로 흔히 마이크로 블로그 서비스로 분류된다. 트위터 메시지인 트윗(tweet)이란 말은 작은 새가 지저귀는 소리를 나타내는 단어다. 서비스 시작 5년 만인 2011년 상반기 트위터 사용자 수가 2억 명을 돌파했다. 서비스 초기 1년 반 동안 가입한 회원 수 이상으로 매일 가입자가 늘고 있다. 트위터가 탄생한 첫날 총 224개의 트윗이 올라갔으며 지금 이 순간에도 초당 수천개의 트윗이 전 세계 트위터 사용자들에 의해 쓰이고 있다. 2016년 기준 하루에 약 2억 개의 트윗이 사용자들의 타임라인에 작성되고 있다고 한다. 2억 개의 트윗은 전 세계가 1,225페이지 분량의 톨스토이 소설『전쟁과 평화』를 매일 8,163권을 쓰는 셈이며, 이 책을 탑으로 쌓으면 448미터가 돼 전 세계에서 두 번째로 높은 타이페이 101빌딩과 비슷한 높이가 된다. 2016년 6월 기준으로 한달 트위터 이용자는 3억1,300만명이며, 모바일 이용자가 82%를 차지한다. 트위터는 40개 이상의 언어로 서비스되며, 계정의 79%가 미국 외의 지역이다. 전 세계 35개 이상의 지사를 두고 3,860명의 직원이 근무하고 있다. 직원 중 40%가 기술직이다. 공식 한국어 서비스는 2011년 1월 18일 시작하였으며 한국인 트위터 계정 수는

2010년 12만 명으로 시작했다. 스마트폰의 보급이 늘어남에 따라 2010년 말 200만 명을 돌파했으며, 2011년 2월에는 260만 계정이 등록했다.

나) 트위터의 특징

트윗이란 트위터에서 메시지 한 편에 해당하는 단위로 140자를 넘을 수 없다. 미국의 휴대폰문자서비스(SMS)는 160자로 한정되어 있는데, 나머지 20자는 사용자 정보를 입력할 공간으로 사용되는 셈이다. 트위터는 140자 이내에 담아내는 블로그라 하여 '마이크로 블로그' 또는 '미니 블로그'라고 불린다. 전송된 트윗은 사용자의 프로필 페이지에 표시되고 또한 다른 사용자들에게도 전달된다. 전송 방법으로는 그 외에도 RSS(수신전용), 전용 클라이언트인 트윗덱(TweetDeck), 트위티(Tweetie), 트위테리픽(Twitterrific), 에코폰(Echofon) 등 다양한 애플리케이션이 사용된다. 트위터는 이 같은 오픈 API를 통해 자신들의 기술을 외부에 공개해 '서드 파티(Third Party)' 형식으로 유저를 끌어 모으고 있다. 트윗 업데이트는 사용자의 프로필 페이지에 나타나고, 그 사용자를 팔로우하는 다른 사용자에게 즉시 전달된다. 트윗을 보내는 사용자는 초기 설정만 바꾸면 자신의 친구 중 누구에게 트윗을 보낼 것인지 제어할 수 있다. 트위터 리스트는 한 사람당 20개의 리스트를 만들 수 있으며, 하나의 리스트에 500명을 넣을 수 있다.

트위터사는 트위터를 SNS가 아닌 '실시간 정보네트워크(Real-Time Information Network)'라고 정의하고 있다. 이는 트위터가 페이스북과 달리 관계보다는 현재의 정보와 그것의 소통을 좀 더 중시한다고 분석된다. 최근 조사결과에 의하면 정보 전달력에 있어서 트위터가 페이스북보다 6.6배 정도 빠르다는 것을 알 수 있는데, 이는 트위터가 정보 전달수단으로서 더 뛰어나다는 것을 입증하는 것이라 볼 수 있다. 장문의 진지한 글을 쓰는 데 좋은 블로그와 달리, 트위터는 간단한 글을 손쉽게 쓸 수 있는 단문 전용 사이트이기 때문에, 이동통신기기를 이용한 글 등록도 편리하다. 웹 보다 모바일에 더욱 최적화 된 서비스라 할 수 있다. 실제 트위터 이용자 중 웹을 통해 트위터를 이용하는 사람은 20%에 불과하고 나머지 대다수 사용자들이 스마트폰을 위시한 모바일 서비스를 통해 트위터를 이용하고 있다. 또한 언론을 통해서만 전달되던 연예인이나, 정치인, 기업인들의 발언, 공지들도 여과없이 빠르게 들을 수 있다는 점에서 기존 인터넷보다도 한층 발전된 소통을 보여준다. 이런 소통은 기존 생활정보나 개인의 생각을 넘어 선거나 사회 문제 등에도 영향력을 미치고 있다. 트위터에서 사용하는 기능과 용어는 다음과 같다.

1) 트윗(Tweet): 트위터에서 이야기하는 것을 말한다.
2) 팔로우(Follow)/팔로잉(Following): 내가 관심 있어 하는 사람의 트위터를 추가하는 친구 추가 기능을 의미한다.
3) 팔로워(Follower): 팔로잉의 반대 개념, 나의 트위터를 팔로잉 하는 사람을 팔로워라 부른다.
4) 멘션(Mention): 상대방의 트위터에 글을 남기는 것으로 댓글과 유사한 기능이다.
5) 맞팔로우: 상대방과 서로 팔로잉 하는 경우를 의미한다.
6) 언팔로우(Unfollow): 더 이상 상대방을 팔로우 하지 않는 것으로 친구 삭제 기능이다.
7) 리트윗(Retweet): 트위터에서 제공하는 일종의 전달하기, 추천하기의 기능. 타임라인을 통해 어떤 유용한 정보나 공유하고 싶은 내용을 봤을 때 자신의 팔로워들에게 그 내용을 추천, 전달하는 기능. 자신에 글이 누군가에 의해 리트윗이 되면 자신의 글이라 할지라도 삭제할 수 없다.
8) 해쉬태그(hashtags): 특정 주제나 관심사를 키워드로 만들고 키워드 앞에 #넣어 사용하는 일종의 검색어

다) 정치 혁명 - '아랍의 봄, 트위터'

트위터를 통한 정보의 유포는 순식간에 많은 이들에게 대량으로 이뤄진다. 다른 소셜미디어도 신속하고 폭넓게 소통하는 경향이 있지만, 그 속도와 파급 범위 등에서 단문 텍스트 위주의 트위터를 따라가기는 힘들다. 이러한 속성 때문에 민주화를 열망한 이슬람 민중에게 트위터는 최첨단 저항무기였다. 세계사의 한 획을 그은 이슬람 민주혁명 뒤에는 모바일과 소셜미디어가 자리 잡고 있다. 이에 일부에서는 튀니지 혁명을 '트위터 혁명', 이집트 혁명을 'SNS 혁명'이라고 부르고 있다. 둘을 묶어 '모바일 혁명'

으로 지칭하기도 한다. 트위터 혁명은 2010년 12월 17일에서 2011년 1월 14일까지 28일간의 시민항쟁으로 24년을 집권한 진 엘아비딘 벤 알리(Zine El-Abidine Ben Ali) 독재정권을 무너뜨린 튀니지의 혁명을 말한다. 혁명의 시발은 2010년 12월 17일 북아프리카 튀니지 중부의 소도시 시디부지드에서 발생한 26세의 대졸 노점상 청년 무함마드 부아지지의 분신이었다. 실업의 가혹한 현실과 정권의 폭압성에 좌절해 행한 그의 분신이 트위터 등을 통해 알려지면서 4주 만에 24년의 장기독재체제를 무너뜨렸다. 튀니지 국화인 재스민을 따 '재스민 혁명'이라고도 불리는 이 혁명 당시 현지로부터의 정보가 절대적으로 부족한 상황에서 트위터는 현지와 해외 지지자를 연결하는 가교 역할을 훌륭히 수행했다. CNN마저 트위터를 비롯한 SNS 게시글을 적극 활용했다. 이런 점 때문에 "튀니지 독재정권 붕괴과정은 방송되지 않았고, 단지 트윗되었다"는 말이 등장하기도 했다.

튀니지 혁명 2주 뒤 이집트에서는 이보다 진화해 트위터나 페이스북과 같은 소셜미디어의 힘이 30년 무바라크의 독재를 무너뜨렸다며 'SNS 혁명'이란 새 이름을 얻었다. 이집트에서는 와엘 고님(Wael Ghonim)이라는 청년의 '분노의 날' 시위 촉구 트위터 메시지가 혁명의 1차적인 도화선이 됐다. 1월 25일 집회를 열자는 그의 제안에 8만 9,000여명이 SNS를 통해 참여의사를 밝혔다. 트위터를 통해 해쉬태그 '#Jan25', '#Egypt'로 전 세계적인 '트윗 시위'를 진행했다. 페이스북을 통해 집회장소를 정했고, 경찰 감시를 피하는 방법을 서로 알려줬다. SNS는 공권력에 대한 두려움을 줄여주고, 집회에 참가할 용기를 줬다. 이집트 무라바크 대통령의 퇴진에도 페이스북이 큰 역할을 했다. 경찰의 마약거래 동영상을 인터넷에 올렸다가 고문을 당하고 숨진 칼레드 사이드의 소식이 알려지자 이집트 SNS는 들끓었다. 정부는 전기를 끊고, 전화와 인터넷을 통제해 이집트인들과 세계를 분리시키려 했다. 하지만 1분에 수백 개씩 쏟아지는 페이스북 게시 글, 유튜브 영상과 트위터 메시지를 모두 막을 수는 없었다. 철옹성 같았던 무라바크 30년 통치체제 역시 2011년 1월 25일부터 2월 11일까지 시위 18일 만에 SNS의 힘에 떠밀려 무너졌다. 이에 와엘 고님은 "이집트여, 돌아온 걸 환영한다 #1월 25일(Welcome back, Egypt #Jan25)"이라는 트윗을 시위 종료 직후 올렸고, 이는 영국의 데일리메일이 2011년 1~11월까지 전송된 900억 개의 트윗 중 최고의 트윗으로 선정하기도 했다. 이 과정에서 트위터를 비롯한 SNS는 민주주의의 무능력과 위기를 경험하고 있는 많은 국가들에서 시민성 발현의 효과적인 도구가 됐다. 제도권 매체들이 침묵하는 동안 이들은 새로운 대중매체로 부상했다. 시위 현장과 시민들의 소망을 담은 수십 장의 사진과 글, 동영상들은 소셜미디어를 통해 퍼져나갔다. 거리 시위에 나갔다가 무장경찰의 총에 맞아 처참하게 피를 흘린 채 사망한 시민의 사진은 억눌린 민심을 폭발시킨 중요한 기록이고, 이는 소셜미디어 상에 떠돌며 존재하고 있다.

4) 페이스북

페이스북은 2004년 2월 4일 당시 하버드 대학생이었던 마크 주커버그(Mark Zuckerberg)에 의해 시작됐다. 그는 대학 2학년 때인 2003년 10월 28일 학교 기숙사를 해킹해 여학생들의 외모를 비교하는 웹사이트 '페이스매시(Facemash)'를 만들었다. 그의 당돌한 장난은 하루 만에 학교에 발각됐지만 그 사이 5,000명이 몰려들면서 주커버그를 학교의 유명인으로 만들었다. 이 사건으로 그는 페이스북 탄생에 큰 역할을 하는 윙클보스(Winklevoss) 형제를 만난다. 윙클보스 형제는 하버드대 학생들의 데이트 사이트인 '하버드 커넥션'을 만들자고 제의한다. 주커버그는 이를 바탕으로 같은 대학 친구인 더스틴 모스코비츠(Dustin Moskovitz), 크리스 휴즈(Chris Hughes)와 함께 기숙사 방에서 하버드생들이 자신의 사생활을 웹상에 올리고 공유하는 사이트인 '더페이스북(TheFaceBook)'을 만들어 2004년 2월 4일 서비스한다. 그해 6월에는 주커버그는 하버드 대학에 휴학계를 내고 캘리포니아 주의 팰러앨토로 회사를 옮겼다. 그 과정에서 인터넷 결제프로그램 '페이팔' 공동 창립자 피터 티엘(Peter Thiel)로부터 첫 투자를 받았고, 무료 음악파일 공유프로그램 '냅스터'의 창시자 숀 패닝 (Shawn Fanning)이 합류하기도 했다. 패닝의 조언으로 The를 빼고 지금의 이름 '페이스북'으로 자리 잡게 되었다. 처음에는 하버드 대학의 학생들만 이용할 수 있던 서비스는 3월 스탠퍼드, 컬럼비아, 예일 대학까지 확대됐으며, 그 이후 아이비리그 대학들, 뉴욕대학, MIT, 미국과 캐나다의 대부분 대학으로, 2005년 9월에는 고등학교로까지 영역이 확대됐다. 2005년 말 2,000개 이상의 대학과 25,000개 이상의 고등학교에 네트워크가 생성됐다. 그 이후로는 몇몇 기업으로까지 회원 영역을 넓혔으며, 2006년 9월에는 13세 이상의 이메일 주소를 가진 사용자라면 누구나 가입할 수 있게 됐다. 또한 페이스북은 2006년 야후로부터 10억 달러(약 12조원)에 인수 제안을 받았으나, 이를 거부하기도 했다.

가) 페이스북의 일반 현황

페이스북은 세계 최대의 소셜미디어다. 2016년 6월 말 기준으로 11억 3,000만명이 매일 페이스북에 접속하고 있으며, 17억 1,000만명이 한 달에 한번 이상 페이스북에 로그인하고 있다. 국가로 친다면 중국, 인도에 맞먹는 엄청난 숫자다. 이용자의 90% 정도가 모바일로 접속하고 있으며, 접속의 84.5%가 미국과 캐나다를 제외한 지역에서 이뤄진다. 페이스북은 70개 이상의 언어로 서비스되며 직원은 14,495여명이다. "보다 개방되고 연결된 세상을 만들기 위해 사람들을 돕는 것(Facebook's mission is to give people the power to share and make the world more open and connected)"을 사명으로 하며 2015년 3분기 기준으로 매출액은 45억 달러, 순이익은 8억 9,600만 달러였다. 2012년 2월 1일 주식공개(IPO)를 신청했고, 공모가가 38달러로 결정돼 같은 해 5월 18일 184억 달러를 조달했다.

나) 페이스북의 특징

페이스북은 인맥관리에 특화된 SNS라 하겠다. 인맥을 맺기 위해 상호 동의를 얻어야 하지만 일단 관계를 맺고 나면 상대방의 게시물과 상대방의 네트워크 내에 있는 다른 사람들의 게시물을 마음대로 볼 수 있다. 즉 중간에 연결하는 사람이 있다면, 두 사람 간에는 상호 동의를 얻지 않아도 서로 콘텐츠를 볼 수 있다. '친구찾기' 기능에는 '알만한 친구(People you may know)'라고 추천 친구를 제시하고 이를 쉽게 친구로 추가할 수 있다. 때문에 페이스북을 '부분개방형' 소셜미디어로 구분하기도 한다. 친구들의 소식을 알기 위해 일일이 이웃의 미니홈피를 찾아 방문해야 했던 싸이월드와 달리 초기화면(뉴스피드, 타임라인)에서 친구들의 소식을 한 번에 훑어 볼 수 있는 점도 페이스북의 특화된 서비스다. 싸이월드가 개인만의 공간이었다면 페이스북은 자신의 네트워크, 즉 다른 사람들과 함께 만들어가는 공동체의 공간으로 전환됐음을 의미한다. 또한 학력, 출신 학교, 출신 지역, 직장 등의 일반적인 정보와 위치정보, 행동패턴 등 넓은 의미의 프로파일을 구성해 실질적인 인맥을 구축할 수 있도록 도와준다. 그 때문에 단순한 친교나 놀이에 비중을 뒀던 이전의 소셜미디어 보다 상업적 이용 가능성이 커, 많은 기업들이 페이스북 계정을 운용하고 있다. <표 8>에서 보듯 팬이 많은 국내 페이스북 계정 순위에 하이마트, 지마켓이 각각 2위와 6위를 기록하고 있다. 한국의 경우 해외 한류 팬들의 영향으로 배우와 아이돌 가수들이 많은 팬을 보유하고 있다. 중국에서 많은 팬을 확보하고 있는 배우 이민호가 1위를 차지하고 있으며, 싸이, 빅뱅, 2NE1, 슈퍼주니어, 방탄소년단, 엑스오 등의 아이돌 그룹과 가수가 많은 페이스북 팬을 확보하고 있다. 전세계적으로는 <표9>와 같이 호날두, 레알 마드리드, FC바르셀로나, 메시와 같은 축구선수와 축구팀, 샤키라, 에미넴같은 가수, 빈 디젤, 미스터 빈과 같은 배우가 많은 팬을 보유하고 있다. 페이스북에는 '좋아요'라는 독특한 기능이 있는데, 토탈팬 수뿐만 아니라 '좋아요' 개수를 통해서도 인기와 영향력을 확인할 수 있다. 전세계 '좋아요' 순위(<표 10>)를 살펴보면 페이스북, 삼성, 코카콜라, 유튜브, 맥도날드 등의 기업이 높은 순위를 차지하고 있으며, 토탈 팬수가 많은 계정이 '좋아요' 수에서도 상위권에 위치해 있다.

<표 8> 페이스북 계정 순위(국내)

순위	계정	토탈 팬	비고
1	이민호	17,380,771	배우
2	하이마트	12,117,051	기업
3	PSY	10,999,111	가수
4	BIGBANG	10,838,748	가수
5	2NE1	9,151,190	가수
6	Gmarket Global	8,126,458	기업
7	슈퍼주니어	7,890,630	가수
8	BTS	7,665,430	가수
9	EXO	7,665,128	가수
10	Koreaboo	7,399,530	한류

출처: www.socialbakers.com, 2018년 11월 20일 기준, 단위: 명.

<표 9> 페이스북 계정 순위(전 세계)

	계정	국적	토탈 팬	비고
1	Cristiano Ronaldo	포루투갈	122,620,512	축구선수
2	Real Madrid C.F.	스페인	109,506,312	축구팀
3	FC Barcelona	스페인	102,705,212	축구팀
4	Shakira	콜롬비아	102,017,417	가수
5	Vin Diesel	미국	98,860,742	배우
6	Tasty	글로벌	95,536,523	음식 관련
7	Leo Messi	아르헨티나	89,930,998	축구선수
8	Eminem	미국	88,228,077	가수, 배우
9	YouTube	글로벌	83,447,262	사이트
10	Mr. Bean	글로벌	80,709,463	배우

출처 : www.socialbakers.com, 2018년 11월 20일 기준, 단위: 명.

<표 10> 전세계 페이스북 좋아요 순위

순위	계정	좋아요	talking about	비고
1	Facebook	213,603,896	194,554	기업
2	Samsung	159,760,883	113,329	기업
2	Cristiano Ronaldo	122,544,226	1,004,444	축구선수
3	Real Madrid C.F.	109,467,295	626,419	축구팀
4	Coca-Cola	107,551,471	275	기업
5	Shakira	101,910,228	66,088	가수
5	Tasty	95,811,627	4,064,741	음식 관련
6	Leo Messi	89,904,550	841,657	축구선수
7	Eminem	88,145,177	91,091	가수
8	YouTube	83,461,564	298,459	기업
9	McDonald's	78,900,733	45,117	기업
10	Justin Bieber	77,615,166	65,061	가수

출처 : https://socialblade.com/, 2018년 12월 12일 기준, 단위: 개.

페이스북의 기본 기능과 용어를 소개하면 다음과 같다.

1) 담벼락: 자신 및 친구의 이야기, 사진, 영상을 업로드해 정보를 공유할 수 있는 게시판이다.
2) 좋아요: 일종의 공감표시로 해당 콘텐츠나 이용자에게 '좋아요'를 하게 되면 해당 콘텐츠의 글이나 사진 정보를 받아볼 수 있게 된다.
3) 메시지: 1:1 메시지를 주고받으며 타인에게 공개되지 않는다.
4) 그룹: 자신의 그룹을 만들거나 가입할 수 있다. 카페와 같은 커뮤니티라 할 수 있다.
5) 이벤트: 친구들의 생일, 이벤트를 알려주는 기능을 한다.
6) 뉴스피드: 친구들의 소식을 모아 나에게 보여주는 기능을 한다.
7) 애플리케이션: 게임, 유틸리티 등의 애플리케이션을 설치해 사용한다.
8) 프로필: 나만의 개인 공간으로 내가 쓴 글과 정보 및 내 친구 목록을 볼 수 있다.
9) 페이지: 자신의 브랜드나 상품, 관심사를 많은 사람들에게 알리는 기능으로 친구가 되기 위해서는 친구신청하고 승인하는 과정이 필요한데 반해, 페이지의 경우에는 '좋아요' 버튼을 눌러 해당 페이지의 팬이 될 수 있다.

다) 마케팅 혁명 - '코카콜라 페이스북'

브랜드 컨설팅 전문회사인 '인터브랜드'는 해마다 전 세계 수백 개 브랜드의 자산 가치를 평가하여 100개의 베스트 브랜드를 발표한다. 여기에서 매년 상위권을 차지하는 코카콜라는 소셜미디어 마케팅도 활발히 진행한다. 현재 1억 명 이상의 팬을 가진 코카콜라 페이스북은 브랜드 페이스북 페이지 중에서는 29위를 차지하고 있다. 지금은 예전만 못하지만 팬 수 330만 명으로 전세계 페이스북 페이지 중 2위를 기록하기도 했다. 당시 코카콜라 페이스북 페이지는 코카콜라가 만들지도 관리하지도 않았다. 코카콜라를 좋아하는 더스티(Dusty Sorg)와 마이클(Michael Jedrzejewski)이라는 소비자가 자발적으로 만든 페이지였다. 소비자가 기업을 대신해 제품을 홍보해준다니 기업의 일방적인 홍보와 광고로 진행되던 기존 마케팅 관행의 혁명적인 변화라 하겠다. 이를 'CGM(Consumer Generated Media)'이라고 하는데 소셜미디어가 만들어낸 새로운 현상이다. 웹 2.0시대에 접어들면서 기업의 마케팅 메시지를 일방적으로 받아들이던 소비자는 적극적으로 자신이 경험과 의견을 웹에 공유하기 시작했다. 제품을 사용하는 장면을 동영상이나 사진과 같은 UCC로 제작하고 사용 후기를 작성하여 포털 사이트나 소셜미디어를 통해 배포하고 있다. 이제 기업들은 마케팅 대상이 아니라 주체로 등장한 디지털 소비자를 두려움 섞인 시선으로 바라보게 됐다. 소셜미디어를 통한 소비자들의 목소리가 무시할 수 없을 만큼 커졌기 때문이다.

2008년 코카콜라 홍보팀은 한통의 전화를 받았다. 당시 코카콜라 페이스북 팬 페이지는 오바마 대통령 다음으로 많은 팬을 확보하고 있었는데 그 팬 페이지를 관리하고 있는 담당자가 누구냐는 페이스북의 문의전화였다. 당황스럽게도 이때 코카콜라 측에서는 담당자는 물론이고 페이스북에 팬 페이지가 운용되고 있다는 사실조차 몰랐다. 보통 기업의 경우, 이러한 사실을 접했을 때 페이스북 팬 페이지를 인수하거나 법정소송 등을 생각하겠지만 코카콜라는 내부회의를 거쳐 공식 팬 페이지를 따로 개설하는 대신 코카콜라를 열렬히 사랑하는 팬이 만든 소셜미디어 채널을 전격 지원하기로 결정했다. 이로써 '팬의, 팬에 의한, 팬을 위한' 코카콜라 팬 페이지가 공식 탄생했다. 또한 코카콜라는 그 과정을 동영상으로 만들어서 마케팅에 활용하고 있다. 코카콜라 팬 페이지에는 코카콜라에 대한 악성 글이 게재되기도 하지만 대부분의 이용자들은 서로의 느낌을 공유하고 자유롭게 의견을 주고받으며 다양한 즐거움을 느낀다. 또 코카콜라의 페이스북 팬 페이지에서는 활용성이 다양한 애플리케이션들이 많이 제공되고 전 세계에서 진행되고 있는 '해피니스 팩토리'의 마케팅 프로모션 동영상들도 접할 수 있다. 이는 코카콜라의 팬 페이지를 코카콜라 홍보를 위한 공간이 아닌, 하나의 문화적인 아이콘으로 인식하게 하는 결과를 만들어 낸다. 코카콜라의 성공 이후 많은 기업들이 페이스북을 마케팅 툴로 사용하고 있으며, 다양한 콘텐츠를 유통시키는 등 고객과의 소통의 창구로 활용하고 있다.

참고문헌

Boyd, D. M., Ellison, N. B.,"Social Network Site: Definition, History, and Scholarship", Journal of Computer Mediated Communication Vol. 14, 2007.

송주형, 「기록관리 대상으로서 SNS 연구」, 『기록학연구』 39, 한국기록학회, 2014

송주형, 「기록관리 대상으로서 SNS 연구-페이스북, 트위터, 블로그, 유튜브를 중심으로」, 『한국외국어대학교 정보기록학과 석사논문』, 2012.

간다 도시아키, 『유튜브 혁명, UCC의 미래』, 서금석 옮김, 2000.

구창환 외, 『페이스북, 무엇이고 어떻게 활용할 것인가』, 더숲, 2010.

글렌 크리버 외, 『디지털을 읽는 10가지 키워드』, 나보라 옮김, 이음, 2011.

박한우 편저, 『인터넷소셜미디어 개론:이론과 사례』, 영남대학교 출판부, 2011.

김현 외, 『소통혁명』, 황금사자, 2010.

니얼 쿡, 『엔터프라이즈 2.0』, 곽원철 옮김, 시간과 공간사, 2009.

다니엘 솔로브, 『인터넷세상과 평판의 미래』, 이승훈 옮김, 비즈니스맵, 2008.

데이비드 와인버거 외, 『웹 강령 95』, 황진우 옮김, 세종서적, 2000.

매튜 프레이저 외, 『소셜 네트워크 e혁명』, 최경은 옮김, 행간, 2010.

소셜미디어연구포럼, 『소셜미디어의 이해』, 미래인, 2014.

송인혁 외, 『모두가 광장에 모이다: 소셜 social이 바꾸는 멋진 세상』, 아이앤유, 2010.

앤드류 킨, 『인터넷 원숭이들의 세상』, 박행웅 옮김, 한울, 2010.

에릭 퀄먼, 『소셜노믹스』, inmD 옮김, 에이콘, 2009.

윤상진, 『소셜 웹 사용설명서』, 21세기 북스, 2010.

이창현, 『트위터는 넓게, 페이스북은 깊게, 블로그는 소신있게』, 가메출판사, 2011.

장종욱, 『SNS와 스마트 세상 이해』, 한산, 2011.

조시 버노프 외, 『수직에서 수평으로(SNS 경영혁명)』, 안시열 외 옮김, 지식노마드, 2010.

찰스 리드비터, 『집단지성이란 무엇인가』, 이순희 옮김, 21세기 북스. 2009.

클레이 서키, 『끌리고 쏠리고 들끓다』, 송연석 옮김, 갤리온, 2008.

한상기, 소셜미디어 특강, 에이콘, 2014.
네이버지식백과사전: terms.naver.com/
매일경제 경제용어사전: dic.mk.co.kr/cp/pop/desc.php/
소셜미디어 빌딩 블럭: nform.com/publications/social-software-building-block/
소셜베이커스: www.socialbakers.com/
오라일리 미디어 공식홈페이지: www.oreillynet.com/lpt/a/6228/
유튜브: www.youtube.com/
위키피디아: ko.wikipedia.org/
이마케터: www.eMarketer.com/
인터브랜드: www.interbrand.com/ko/Default.aspx/
정보통신용어사전: word.tta.or.kr/terms/terms.jsp/
컴스코어닷컴: comscore.com/
코리안 트위터: koreantweeters.com/ktwitter/top/0/1/score/
클루트레인 선언: www.cluetrain.com/
트위터: www.twitter.com /
페이스북: www.facebook.co.kr/

3-4. 방송 아카이브와 데이터 저널리즘

양성호

1. 영상의 역사와 변천

1) 영상기록의 기원

가) 최초의 기록

인류가 남긴 시각적 표현의 기록은 약 6만 년 전에 그려진 것으로 추정되는 호주 Arnhem의 암벽화, B.C 13,000~15,000년 사이에 그려진 것으로 추정되는 프랑스 Dordogne 지역의 Lascaux 동굴에서 발견된 벽화, 그리고 우리나라 울산의 반구대 암각화 등 흔적을 여러 곳에서 확인 할 수 있다.[1][2] 이 벽화가 기록인지, 예술적 회화인지 아니면 제의적 표현인지는 알 길이 없지만 중요한 점은, 이 표현물들은 이미 수만, 수천 년이 지났음에도 현대인이 그림 속의 내용을 상당 부분 이해할 수 있다는 점이다.

사물의 형태를 자세하게 묘사하는 표현으로부터 파생된 문자의 세계도 열렸다. 예를 들어 수메르의 설형문자, 이집트의 상형문자, 중국의 갑골문자[3] 등을 예로 들 수 있다. 형태소적인 표현은 추상화되고 기호화의 과정을 거쳐 문자로 변화했고, 문법적

1) ENCYCLOPEDIA OF ART EDUCATION, http://www.visual-Arts-Cork.com, 2008
2) Bailey, Douglass. Prehistoric Figurines: Representation and Corporeality in the Neolithic. Routledge Publishers. 2005
3) 김태만, 김창경, 박노종, 안승웅. , 쉽게 이해하는 중국문화, 다락원, 2011.

인 체계를 갖추며 기록 언어로서의 기능을 갖추게 된다.[4]

<그림 1> 갑골문과 한자

필사에 의해 기록되던 기록물은 서양에서 1440년 구텐베르그의 금속활자, 동양에서는 그보다 앞선 1377년에 직지심체요결 같은[5] 금속 인쇄술 발명으로 양적인 복제가 이뤄졌으며, 이로 인해 문자해독 인구가 급격히 늘어나면서 출판물의 확장이 사회적 변화를 이끌었고, 이는 나중에 신문이라는 인쇄 대중매체의 등장을 이끈다. 이와 함께 전통적인 방식의 기록물 역시 계속 생산되었다.[6]

나) 사진기술의 등장

유럽에서는 화학기술을 바탕으로 프랑스인 Joseph Nicéphore Niépce의 감광술(1826년), Louis Daguerre의 은판사진술(Daguerrotype, 1839)이 발명되었다. Daguerre의 사진은 여러 장의 사진으로 현상할 수 없는 유일본이며 원시적인 사진이었으나, 이것은 인류의 기록 문화와 예술 분야에 큰 전환점을 가져오게 된다. 1839년, 다게르의 사진술이 프랑스과학원에 공식 발표되자. 화가인 Paul Delaroches는 "오늘부터 회화는 죽었다"고 선언할 정도로 파장이 컸다.[7] 이후 습판사진술, 건판사진술이 발명되고, 1888년 무렵 Eastman Kodak이 셀룰로이드 필름과 휴대용 사진기를 발명하게 되면

4) Paul Martin Lester저 금동호, 김성민 역, 비주얼커뮤니케이션-메시지가 있는 이미지, 나남출판,1996.
5) 조선시대에 세계 최초의 금속활자로 발간한 직지심체요결(1377)은 유네스코세계문화유산에 등재.
6) Walter Benjamin저 최성만 역, 기술복제시대의 예술작품-사진의 작은 역사 외, 도서출판 길, 2008
7) "Delaroche, Hippolyte". Encyclopædia Britannica. 7 (11th ed.). Cambridge University Press.

<그림 2> Joseph Nicéphore Niépce, View from the Window at Gras (1826)

<그림 3> Louis Daguerre, Paris 최초의 은판 사진(1839)

서 바야흐로 동일한 원본의 대량생산이 가능한 사진의 시대, 기술복제의 시대로 들어서게 된다.[8] 이런 현상을 가리켜 Walter Benjamin은 유일한 진품(original)의 시대가 가고 기술복제의 시대가 열렸다는 분석과 함께 정치문화적인 변혁의 아이콘으로 해석했다.[9]

다) 영화의 등장

사진같은 정지된 화상을 움직이는 화상으로 변화시키는 기술적 발전의 열매인 영화는 새로운 미디어로, 새로운 가치를 지닌 언어로 태어나게 된다. 움직이는 사진 (Motion Picture)은 Eadweard Muybridge가 달리는 말을 연속 사진으로 촬영하여 원판을 회전시켜 투영하는 것으로 사진 속의 사물이 움직이는 것을 보여 주었다.[10] 환등기라고 불리웠고, 요즘 움직이는 사진인 .gif와 비슷하다.

프랑스의 Lumière형제가 촬영기 겸 영사기 (Cinématographe Lumière)를 발명하였고, 1895년 첫 상업적 상영을 하였다. 이것은 영화라는 언어를 새로운 문화적, 경제적, 정

---

8) Wade, John . A Short History of the Camera. Watford: Fountain Press,1979

9) Walter Benjamin저 최성만 역, Ibid.(역자인 최성만은 해제를 통해 현대 매체미학의 선구자인 발터 벤야민은 사진을 통해 기술복제가 나타남으로서 전통적인 Aura의 붕괴에 대한 테제를 끌어들여 예술사 전체로 확장 시킨다고 해석했고, 기술복제의 시대에는 영화가 복제가능성과 복제의 기술에 바탕을 둔 예술로서, 정치적 이데올로기적인 문화로서 현대의 IT에 기반을 둔 기술복제 시대의 등장을 예측하였다. 발터 벤야민의 이 연구와 Jean Baudrillard(장 보드리야르)의 Simulacre et Simulation을 비교, 연결해 보는 것도 필요하다)

10) 에드워드 머이브리지가 얻은 연속 사진을 원판 위에서 돌려서 얻은 움직이는 사진 (Motion Picture)과 초기 움직이는 사진의 작품들을 참고할 수 있음 : Birth of Motion Cinema <https://www.youtube.com/watch?v=R0jm6j3s_uE>

치적인 변화를 주도하는 매개체로 작동하게 하였으며, 금세 전 세계로 확산되었다.[11)]

미국의 Edison 역시 1893년에 Black Maria 라는 촬영 스튜디오와 Kinetoscope라는 1인용 영사기(구멍을 통해 들여다보는 장치)를 발명했다.[12)] 이후 물리적인 저장형태를 지닌 영화는 흑백 무성→흑백 유성→칼라 영화로 발전했고, 입체영화도 나타났으며 소형 8mm 필름 촬영기, 영사기 등이 1970년대까지 보급되었다.

2) 새로운 영상 기술의 등장

가) 영화와 전파 기술의 결합 –TV, Video Tape

1837년 미국의 Morse가 전신기를 발명한 이래 유·무선의 원거리 통신이 발전되었다. Bell의 전화기 발명(1876년), 마르코니 무선통신 발명(1895년), 1920년 미국에서 최초로 라디오방송 시작, 1924년 영국의 존 로지 베어드 TV발명, 1929년 영국BBC 최초로 TV 방송 시작으로 이어졌다. 에디슨의 축음기를 비롯한 녹음장치가 발명되어 소리를 물리적 매체에 영구적으로 담을 수 있게 되었으며, 이 기술은 자기성분의 테이프에 소리나 영상을 기록하는 방식으로 발전되었고 (1951년 Ampex사) 영화나 TV와 결합하여 더욱 생생하게 영상과 소리를 저장할 수 있게 되었는데, 바로 영상과 소리를 자기테이프 저장하는 매체의 효시이다. 1970년대 후반에 가정용 콤팩트 비디오 저장매체인 VHS와 Beta 자기테이프 카셋트가 시장에 등장했다.[13)]

나) 디지털 비디오 시대의 개막[14)]

반도체 기술의 발전으로 비디오 기기에도 디지털 시대가 열리게 되는데 소니는 1986년에 D-1이라는 완전 디지털 캠코더를 개발했다. 1993년에 Ampex는 영상 압축형의 디지털 영상 장치를 내놓았는데, 압축 저장되는 디지털 영상 저장 기술은 디지털 시대에 영상의 저장과 유통, 활용 등에 매우 중요한 변곡점이 된다. 디지털영상의 특징은 IT기술과의 결합이라고 할 수 있다. 새로운 영상 미디어가 널리 확산되는 계기

11) Lumiere의 초기 영화 작품들을 볼 수 있는 곳 https://www.youtube.com/watch?v=JGugm8Dzmuc
12) 에디슨의 초기 영화는 이곳에서 볼 수 있음. https://www.youtube.com/watch?v=WmZ4VPmhAkw
13) 당시 VHS(Vertical Helical Scan)의 해상도는 320X240으로, 2세대 휴대폰 화질의 수준.
14) 캠코더의 출현 https://en.wikipedia.org/wiki/Camcorder

는 올림픽 경기 중계 같은 대규모 스포츠 이벤트에서 나타난다. 1964년 도쿄올림픽은 칼라TV를, 1992년 바르셀로나 올림픽은 최초로 디지털 촬영장치가 선보였다. 2002년 한-일 공동 월드컵 축구는 표준해상도 디지털 방송(SD방식) 이었으며 2006년 독일 월드컵축구는 고화질 디지털 방송(HD방식)을 표준으로 중계 하였다.[15] 2018년 평창 동계올림픽은 UHD라는 초고화질 디지털 방송으로 중계되었다.[16] 디지털 영상의 시대에 필연적으로 등장하는 것은 디지털 정보기록 매체이다. 디지털은 영상을 포함한 모든 정보가 0과 1이라는 부호형태로 저장되는데, 여기에 사용된 저장매체는 디지털 비디오테이프, 플로피 디스크, CD-DVD-(Double HD)-Blue ray같은 광학적(optical) 저장매체, 그리고 HDD나 Zip Drive 같은 디스크 메모리에 이어 USB나 SSD같은 비휘발성 메모리칩으로 변화해오고 있다. 디지털영상의 선명도(Definition)가 계속 높아짐에 따라 필연적으로 영상을 구성하는 데이터의 크기가 커지게 되고, 저장 용량과 데이터의 전송을 위한 네트워크의 속도(Bit rate)가 빨라짐에 따라 전송 수단 역시, 구리선→ 광케이블→ 초고속 무선 통신으로 변화하게 되면서 비용과 속도의 문제가 발생하는데, 최근에는 디지털 영상기기의 저장장치는 메모리방식 (플래시 메모리, SD카드 등)으로 굳어지고 있고, 무선통신을 이용한 클라우드 저장도 활성화되고 있다. 대규모 스토리지처럼 모든 데이터를 한데 모아서 저장하는 방식으로 기존에 사용하는 HDD Raid storage, Digital Tape Storage 외에도 최근 첨단 기술로서 DNA저장장치[17]와 원자단위 메모리[18] 등의 가능성이 발표되었다.

다) 통신의 시대 - 무선통신, 유선통신, 인터넷, 스마트폰

이미 아날로그 시대에도 무선, 유선통신 기술을 이용하여 영상을 전송하는 방식(VHF, UHF, AM, FM, Cable망 등)은 널리 사용되었다. 디지털 시대에도 무선, 유선의 전송방식은 사용되지만, 광케이블처럼 대용량의 데이터 전송이 가능한 전달 수단이나

15) 월드컵 축구 중계 주관사이트 HBS(Host Broadcasting Service) http://www.hbs.tv/missions
16) IOC의 올림픽 방송 주관 기관인 OBS(Olympic Broadcasting Service) https://www.obs.tv
17) DNA저장 기술 : Goldman, N.; Bertone, P.; Chen, S.; Dessimoz, C.; Leproust, E. M.; Sipos, B.; Birney, E. (2013). "Towards practical, high-capacity, low-maintenance information storage in synthesized DNA". Nature vol. 494, 2013. (https://en.wikipedia.org/wiki/DNA_digital_data_storage)
18) Atomic Scale Data Storage, Otte & Co., Kavli Institute of Nanotrchnology, Univ of Delft, Nature Nanotechnology, July 2016. (http://www.nature.com/nnano/journal/vaop/ncurrent/full/nnano.2016.131.html)

디지털 영상시대로 진입하게 되면서 저장장치에 관한 기술과 함께 필요한 것은 디지털 데이터의 유통채널, 즉 저장장치와 단말 컴퓨터를 연결하는 방법이다. 기존의 인터넷 선을 통한 전송의 방식으로는 ethernet이라는 규약의 통신 기술표준으로, 속도는 모뎀을 사용하던 저속도부터 10-100Mbps, 요즘은 Gigabit이라는 초고속 인터넷망으로 발전했다.

디지털 데이터를 전송하는 무선 통신은 1세대(1G)인 아날로그, 2세대(2G) CDMA, 3세대(3G) WCDMA(HSDPA), 그리고 지금은 4세대인 LTE와 LTE를 세 개 묶은 LTE Advanced (3-band LTE)를 상용화하고 있다. 5세대 이동통신은 체감속도 1Gbps로 평창동계올림픽에 선보이기 위해 상용화에 박차를 가하고 있다. 이 속도면 이론적으로는 Full HD의 4배나 되는 데이터량인 UHD급 동영상을 실시간으로 업로드 할 수 있는 속도이다. 이처럼 휴대폰에 무선 통신이 가능해지고 전화통신과 함께 컴퓨터처럼 데이터 통신이 가능해짐으로서 스마트폰이라는 별칭을 얻게 되었다.

3) 디지털 영상과 정보

가) 미디어의 변천과 영상의 크기 변화

데이터의 크기는 텍스트 < 음향데이터 < 사진(그래픽 포함) 데이터 < 동영상 데이터 순서이다. full HD 동영상은 가로 1920, 세로 1080 줄의 점으로 이뤄진 크기의 사진 24장 또는 30장으로 1초의 동영상을 형성한다. 이 동영상 1초의 파일크기는 카메라 기종에 따라 15~100Mbps의 크기를 가진다.(영상 압축비와 화질차이)

UHD(Ultra High Definition =초고화질) 방송은 가로 3840, 세로 2160의 화소로 구성되니까 HD의 4배의 파일 크기를 가진다. 디지털영상의 가장 고화질은 극장용 디지털 영화(지금은 극장용 영화를 거의 디지털로 촬영, 편집하고, 초고속 전용망을 통해 디지털 영상으로 극장상영)이다.

- Full HDTV : 1920×1080→2K (현재의 HDTV해상도)
- Quad Full HDTV : 3840×2160→4K (현재의 UHD TV해상도)
- 디지털시네마 : 4096×2160→4K (극장용 디지털 영화)

• 수퍼 하이비전 : 7680×4320→8K (극장용 디지털 영화)

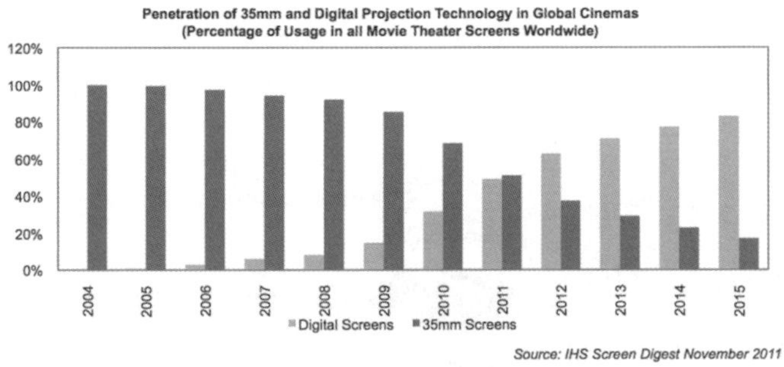

<그림 4> 전 세계 극장에서의 필름영화 상영 대비 디지털영화 상영 비율

<그림 5> Digital Pixel

필름으로 촬영한 영상은 아주 작은 점으로 이뤄진 점묘화 같은 화소(Pixel)로 구성된다. 16mm 필름의 경우는 약 3K (3 Mega Pixels), 35mm필름은 약 6K (6 Mega Pixels)인데, 이 화소수를 감안하면 디지털 영상의 화소 수, 즉 해상도를 비교하는데 참고가 된다.

나) 디지털 영상을 얻는 장치

• 사진 겸용 카메라 : DSLR (Digital Single Lens Reflect)카메라, 간단한 디지털카메라 등.
• 방송전문용 동영상카메라(6mm디지털, ENG, 중계용 카메라, 초고속 카메라 등)
• 영화 촬영용 전문 디지털 카메라(초고화질)
• 기타 : CCTV용 디지털 카메라, Web Cam, 스마트폰 카메라, 블랙박스 카메라, 적외선 카메라, 파노라마 카메라 같은 특수 카메라, 초소형 스파이 캠, 전자 현미경, 내시경 카메라 등 의학용 카메라, 인공위성 카메라 등.
• 비 광학적 카메라 : MRI, CT, 우주전파 망원경 등 빛과 렌즈를 사용하지 않는 영상 촬영 장치.

다) 디지털 기록의 수명

기록물의 중요성에는 기록물이 존속하는 기간의 여부도 중요한 요소이다. 공통적인 점은, 천연 재료에 기록된 것일수록 오래 보존이 가능하며, 디지털 같은 전기전자적 저장매체는 주변 환경에 따라 보존 기간이 비교적 짧은 점을 발견할 수 있다. 기록의 수명과 함께 전기전자적 기록매체(저장매체)는 해독(reading)의 문제도 중요하며 저장 수명은 기술 발전에 따라 연장되거나 항구적으로 보관하기 위한 기술도 개발한다.

최근 스위스 연방공과대학 연구팀은 오래된 화석에서 손상되지 않은 DNA를 추출하는 데서 착안하여 DNA에 정보를 기록하고, 그 안에 해독할 때의 에러를 수정하는 코드도 삽입한 기술을 개발하여 시연을 통해 가능성을 열었다.[19]

네덜란드의 Delft공과대학 연구팀은 단위면적 당 하드디스크 500배의 저장용량을 지닌, 즉 1만분의 1 제곱mm에 1Kb를 저장하는 원자스토리지 기술을 발표했다.[20] 이론상으로는 우표 크기의 저장장치에 전 세계의 서적을 모두 저장 할 수 있다고 한다.

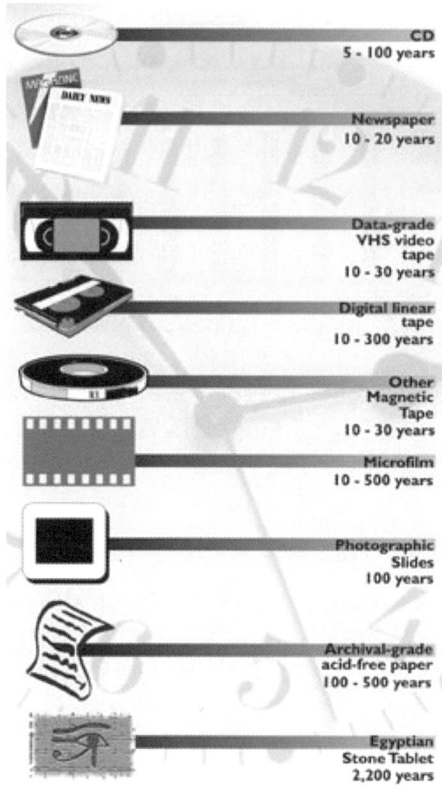

<그림 6> 저장매체의 수명
출처: M.W. Gilbert,, University of Massachusetts Amherst Campus, Office of Information Technologies, 2003

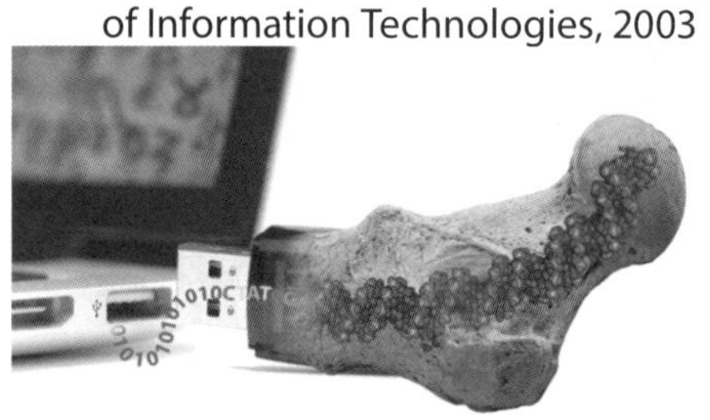

<그림 7> DNA 저장개념의 컨셉트 이미지

19) Grass, R. N.; Heckel, R.; Puddu, M.; Paunescu, D.; Stark, W. J. “Robust Chemical Preservation of Digital Information on DNA in Silica with Error-Correcting Codes”. Angewandte Chemie International Edition 54, 2015

20) Nature Technology(http://www.nature.com/nnano/journal/vaop/ncurrent/full/nnano.2016.131.html) 2016.6. 델프트공과대학교 홈페이지 http://www.tudelft.nl/nl/actueel/laatste-nieuws/artikel/detail/kleinste-harddisk-ooit-schrijft-informatie-atoom-voor-atoom/
이 기술에 관한 소개 중 “지구 상의 모든 서적, 즉 텍스트”를 우표 크기에 저장한다는 말에 유의 할 것. 사진, 그래픽 동영상 같은 시청각적 데이터 크기는 텍스트의 데이터보다 엄청난 용량을 지니고 있다.

라) 저장용량, 저장비용

과거 필름(사진, 영화)으로 저장하던 시대에는 필름의 부피가 커서 보관 시설에 큰 비용이 많이 들었다. 또 필름의 특성 상 화학적 반응에 의해 부식되기도 하였다. 이에 따라 인류가 만들었던 많은 영상, 사진 기록물들이 사라지는 원인이 되었다. 영화의 경우 필름을 한 벌 복사하는데(print) 약 200여 만 원 이상이 들어가기 때문에 사진이나 디지털 복제처럼 많은 복사본을 만들기에는 경제적 부담이 된다. 또한 복사 과정에서 기술적인 문제로 화질저하(열화)가 발생하기도 한다.

1928 독일의 기술자인 Fritz Pfleumer가 Magnetic Tape를 발명한 이래 1956년에 하드디스크가 발명됐고, 1963년에는 DRAM의 발명, 1971년 8인치 크기의 플로피 디스크, 그리고 CD등으로 이어지다가 1994년에 드디어 메모리형태의 저장장치인 compact flash 저장장치가 나타났다. 얇은 박판에 데이터를 기록하는 하드디스크는 저장용량이 점점 커지며, 반대로 가격은 낮아지면서 널리 보급되었고, 1995년 이래 카드형태의 메모리 저장장치, USB를 비롯한 소형 스마트 저장장치가 확산되었다. 최근에는 독립형 대용량 저장장치로서 메모리 형태의 SSD(Solid State Disk)가 보급되기 시작했고, 인터넷과 스마트 폰의 등장으로 인해 유무선 인터넷을 통해 먼 곳에 있는 대용량 저장소에 유무선을 통해 저장하고 내려 받는 클라우드 저장 서비스가 등장했다.

<그림 8> 기록매체 유형 (국가기록원-기록매체 요건 및 관리기준, 2012)

구분		특성	종류
종이기록매체		제지를 원료로 하는 매체	문서, 도서, 대장, 도면, 카드류 등
사진·필름기록매체		베이스에 감광하는 방식의 매체	인화사진, 사진필름, 영화필름, 마이크로필름 등
전자기록매체	아날로그 기록매체	아날로그 전기신호를 사용하는 매체	자기테이프, 음반
	디지털 기록매체	0과 1이라는 두가지 상태를 표현 및 구분하는 데에 전기·전자·광신호를 사용하는 매체	광디스크, 자기테이프, 자기디스크, 반도체저장장치

IT기술이 발전하는 과정에서는 CPU의 처리 속도와 저장 용량의 증대가 목적이 되었는데, 지금은 인터넷을 통해 전 세계가 데이터를 사용하면서, 고기능의 서버, 초대용량의 저장장치, 그리고 수많은 입출력 등을 유지하기 위해서는 엄청난 비용이 든다. IDC(인터넷 데이터센터)의 전기 소비가 가장 대표적이고, 수많은 저장장치(디지털 테이프, HDD 등)를 쌓아 올려야 하기도 한다. 이에 따라 전기소비와 발열을 줄이고, 저장 공간의 경제성 등에 관한 필요성이 대두되어, 작은 크기의 저장장치에 엄청난 데이터를 저장하고서도, 수만 수백만의 사용자가 유, 무선으로 동시에 입출력이 원활하게 하는, 또한 보존기간이 영구적인 장치의 개발이 필요하게 되었다.

마) 전송기술

디지털 데이터를 이동하기 위해서는 유,무선의 전송망을 이용한다. 전송기술에 관한 표준은 국제 전기전자 표준 (IEEE)에 따라 규정된 기술을 따르며, 이동통신에 관한 표준은 국제 전기통신연맹(ITU)이 정하며, 제5세대 이동통신을 IMT-2020이라 정하고, 서비스 속도를 최대 20Gbps, 기지국 내 음영지역에서도 최저 체감 속도 100Mbps로 정해서 현재의 4세대(LTE 포함)보다 40배 빠른 전송 속도를 제공할 것으로 전망된다. (Bps=Bites Per Second, bps=bits per second/ 1byte=8 bits)

무선유선 인터넷의 초고속 전송이 가능한 현실에서는 초대형 저장시설인 IDC에 저장하고 필요한 때에 불러와서 사용이 가능한 환경으로 변화하는 것을 의미한다. 또한 뒤에 설명할 대용량 디지털 영상의 분산(distributed) 저장과 분산 처리를 위한 시스템 사이의 통신에도 매우 중요한 요소라 할 수 있다.

2. 디지털 영상을 정리하기

1) 동영상을 데이터베이스로 만들기

대규모로 저장된 데이터 안에서 체계적이고 자동적으로 통계적 규칙이나 패턴을 찾아내는 것을 KDD(데이터베이스 속의 지식 발견, Knowledge-Discovery in Databases) 라고도 일컫는다. Data Mining은 통계학부터 패턴 인식에 이르는 다양한 계량 기법을 사용. 여러 단계의 과정을 거쳐서 빅 데이터를 추출하며 다양한 용도로 데이터 결과를 활용하도록 한다.

<그림 9> 빅데이터 추출 과정 (경희대학교 이정현교수, 2014)

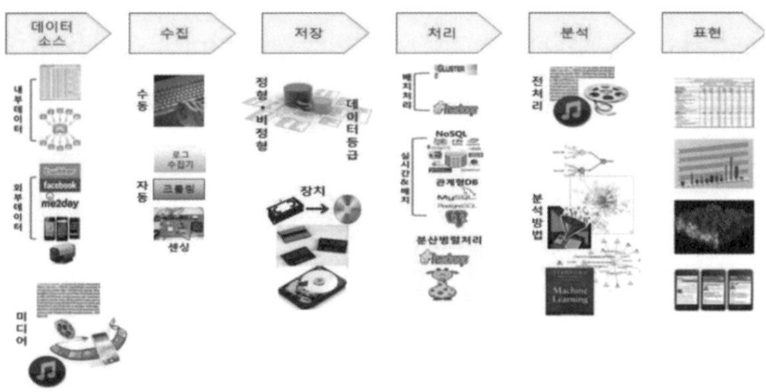

가) Data Source[21]

정형 데이터(Structured Data)[22]는 데이터베이스에 지정된 형태(이미 Digitizing 과정을 거쳐서 수치화된 데이터-POS 거래기록, 로그 기록 등)를 의미한다.

비정형 데이터(Unstructured Data)[23]는 일정한 규격이나 형태를 지닌 숫자 데이터

21) 출처:이정현 경희대학교 컴퓨터공학과 교수, 비정형데이터를 기반으로한 빅데이터 시스템 기반 기술 및 적용사례 http://www.slideshare.net/fullscreen/opendori/ss-21769292 , 2014
22) 정형과 비정형의 구분은, 형태의 유무, 연산의 가능 여부를 중심으로 정형-반정형-비정형으로 구분.
23) 출처 : 빅데이터, 나남 커뮤니케이션북스 2013.

(numeric data)와 달리 그림이나 영상, 문서처럼 형태와 구조가 다른, 구조화 되지 않은 데이터를 말한다. 비정형 데이터의 사례로는 책, 잡지, 문서의료 기록, 음성 정보, 영상 정보와 같은 전통적인 데이터 이외에 이메일, 트위터, 블로그처럼 모바일 기기와 온라인에서 생성되는 데이터가 있다(접속 기록은 정형 데이터). 문서에는 문자가 가장 많은 비중을 차지하고 있지만 숫자와 도표, 그림도 포함하고 있다. 이러한 문서 정보는 정보의 관점에서 보면 유형이 불규칙하고 의미를 파악하기 모호해서 기존의 컴퓨터 처리 방식을 적용하기 어렵다. 비정형 데이터는 불규칙 정도에 따라 반 정형 데이터(semi-structured data)로 구분하기도 한다. 비정형 데이터는 정형화 처리과정을 거쳐 정형 데이터로 변환해야 한다.

나) 수집

데이터의 소재는 무수히 널려 있다. 온오프라인을 통해 얻어지는 다양한 종류의 원시 데이터(Raw source)는 기본적인 규칙을 거쳐 저장하게 된다. 이 장에서는 주로 영상과 이미지, 음향 같은 AV데이터, 즉 대용량의 비정형 데이터의 수집을 위주로 생각해보기로 한다. 동영상데이터(음향 포함)나 이미지 데이터는 카메라나 녹음 장치를 통해 실시간 전송, 혹은 다른 저장 장치에 담긴 데이터를 가져오는 방식으로 수집된다. 전송의 방식으로는 유무선 기술을 이용하며, 온라인, 즉 you tube나 facebook 등에 게시된 영상과 사진도 내려 받을 수 있다. 아날로그 영상(필름, 자기테이프 등)은 디지타이

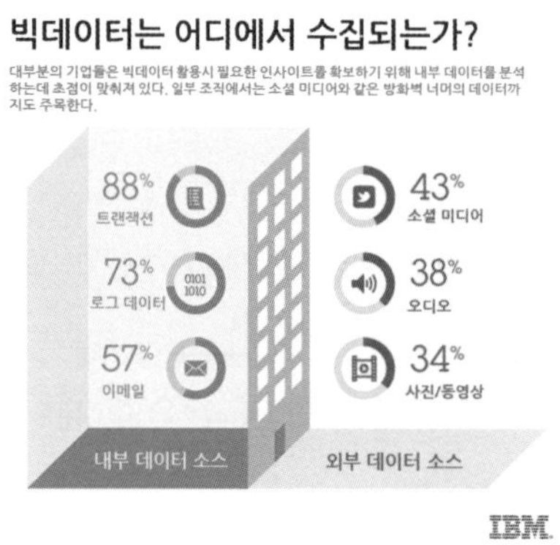

<그림 10> 빅데이터 소재의 수집(IBM, 2015)

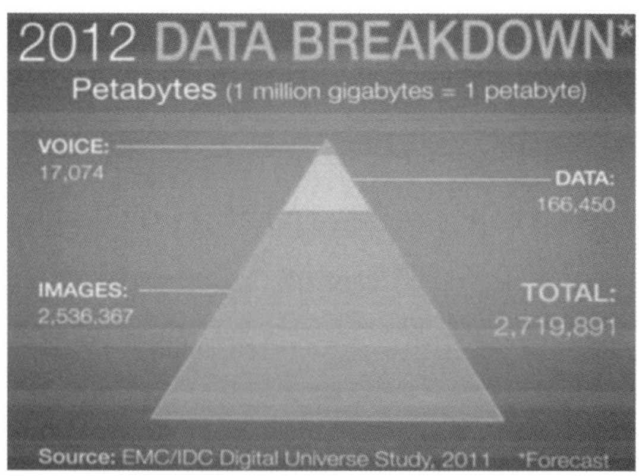

<그림 11> 데이터 소재의 구성비(EMC/IDC 자료, 2012)

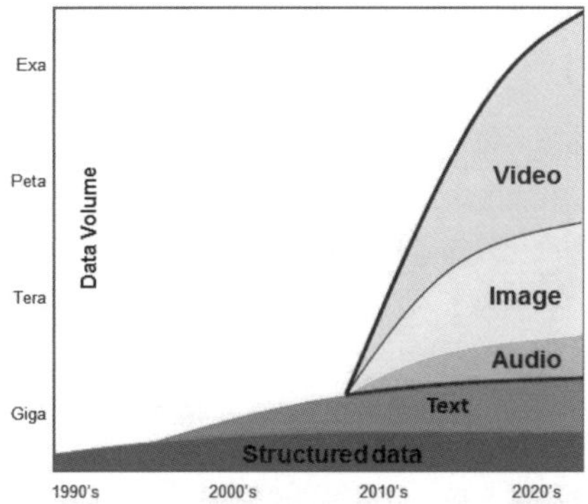

<그림 12> growth of audiovisual data-IBM 2013

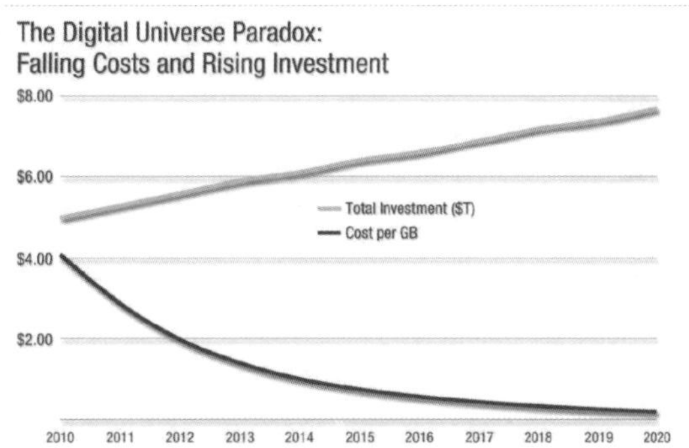

<그림 13> 출처 www.emc.com

징 또는 Ingest라는 변환 과정을 거쳐 디지털데이터 상태로 수집할 수 있다.

위 도표를 보면 비정형 데이터, 그 중에서도 사진과 동영상의 시간량, 데이터량 비중이 가장 많다는 점을 파악할 수 있다. 이미지, 비디오, 오디오와 같은 멀티미디어 데이터는 인터넷 트래픽의 60%, 모바일 폰 트래픽의 70%, 이용 가능한 비정형 데이터의 70% 이상을 차지하고 있을 정도로 급증하고 있으며, YouTube와 Facebook 등의 SNS에 엄청난 분량의 사진과 동영상이 업로드되고 있다.[24]

다) 저장- 디지털 영상의 데이터 베이스 구축

엄청나게 많은 디지털 영상 정보가 누적되어 있다는 것만으로는 지식 가치가 없다. 이러한 영상 데이터를 도서분류 기준(KDC- 한국십진분류법 기준)에 맞춰 분류하는 것조차 큰일이다. 더구나 동영상은 그 안에 장면들이 계속 바뀌고 있어서, 내용 분류는 엄두를 내지 못한다. 현재 동영상을 가장 많이 수집(촬영)하는 주체는 방송사라 할 수 있다.(KBS, MBC, SBS, YTN 등) 특히 올림픽 같은 종합 국제 스포츠대회는 한꺼번에 엄청난 양의 영상을 생산해 내기 때문에 방송사는 동영상 데이터베이스에 각각 고유한, 그리고 호환성이 있는 프로그램을 이용하여 동영상 데이터베이스를 구축한다.

24) 출처 : 고종국 외, 영상빅데이터 분석기술 동향(전자통신동향분석 제29권 제4호), ETRI, 2014.8

<그림 14> KBS 영상 입력 과정

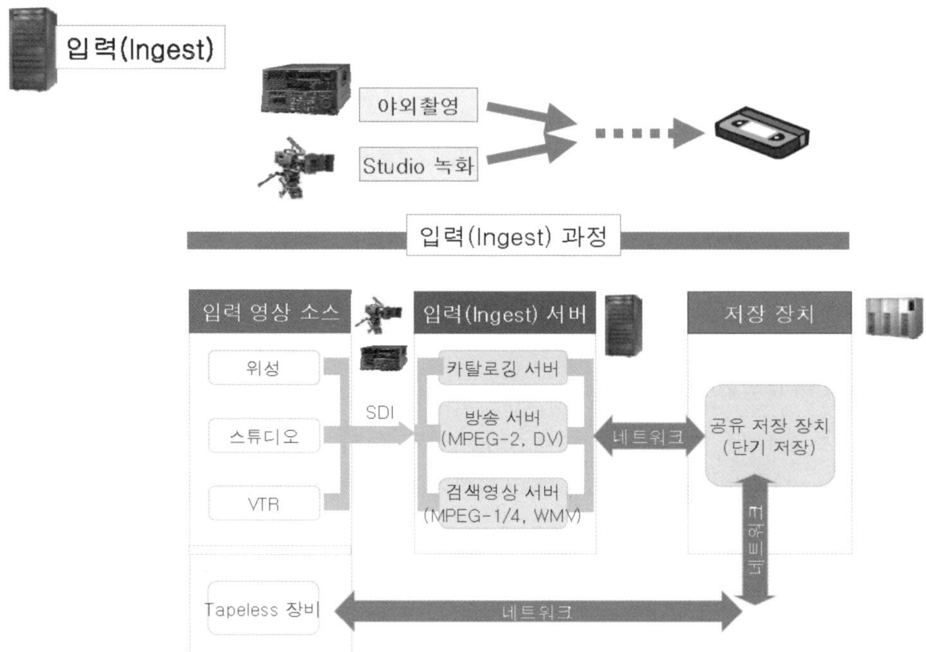

라) 저장의 초기 과정

(1) 입력 (Ingest)

촬영, 위성수신, 스튜디오 녹화 등 모든 동영상을 입력하는 단계이다. 방송용 고해상도 영상으로부터 검색용 저해상도 영상, Thumb nail 등 자동 생성하며, ingest 서버에서 기본 메타데이터(system metadata) 입력, key frame, 간단한 내용 등 입력한다. 또한, 고해상도 영상과 저해상도 영상은 똑같은 시간 정보 (Time Code), key frame, 메타데이터를 지닌다. 고, 저 해상도 영상과 메타데이터 등 정보는 각각 서버에 저장되며, 이 정보들은 완전히 동조(Synchronize)되어 있어야 한다.

(2) Cataloging (분류)

카탈로깅이란, 입력된 디지털 영상을 촬영 주제, 시간, 등장인물, 장소, 장면, 컷 단위로 분류하고 텍스트 형태로 내용을 입력해서 사용자가 정확하게 영상을 찾아서 쓸 수 있도록 분류, 정리하는 과정이다. 영상에 관한 모든 기술적, 내용적인 분류와 정보를 Metadata (data about data)라고 하는데, 이는 비디오 같은 비정형 데이터를 처리할 수 있도록 각각의 정의를 내려주는 것이다.

(3) Metadata 입력

메타데이터에는 설정에 의해 자동적으로 입력되는 Structural metadata와 사용자(방송사)가 정의한 분류형식인 Descriptive metedata가 있다. Structural metadata는 System Metadata라고도 하며, 파일 종류, 크기, 해상도, 길이, 촬영 환경(Device, 노출시간, 조리개 등), 촬영한 날짜&시간, 위치(GPS), 전송-저장한 시간, 저장 위치, 파일 이름(auto naming),Thumbnail / Low Res. Image, 저작자 (촬영자) 등을 입력한다. Descriptive metadata는 Customized Metadata라고도 한다. 일부는 디바이스에서, 대부분은 아카이빙 과정에서 서술적 입력. 구체적인 파일 이름(내용에 따른 naming), 내용, 장소의 지명, 상황, 기후, 화면 속 사람의 이름, 직책, 특징 등, 연설, 인터뷰 등의 스크립트, 제한요소(저작권, 프라이버시 보호, 사용상 주의, 보존기간, 관리주체 등), 스포츠 경우는 디테일한 상황 설명이 필수적이다. 특히 사람의 얼굴인식은 중요한 정보이므로, 전문성 있는 아키비스트가 확인하여 직접 입력하거나, 최근에는 로봇기술과 인공지능에 의해 분류하는 방식을 사용하기도 한다. 이는 데이터의 검색에서도 같은 정보 쿼리에 의해 검색을 정확하게 하기 위한 방법이기도 하다.(인식기술에 관해서는 뒤에 다시 설명함)

메타데이터의 입력에는 국제적인 규격 형식(Mpeg-7,[25] SMPTE Metadata Dictionary[26] 등의 Metadata Standard, 저작은 xml형식 등을 사용)이 있으며, 이에 따라 시스템 안에서 프로그래밍 된 규칙을 따르되, 입력하는 내용의 종류는 사용자의 결정에 의해 규정된다.

• 우리나라 주요 방송사는 중요인물의 경우는 거의 원본 상태로, 정치인이나 주

25) 출처: 한국정보통신기술협회, 멀티미디어로 구성된 데이터베이스에서 정보를 용이하게 탐색하여 추출할 수 있도록 표준화된 멀티미디어 콘텐츠 표현 방식(Multimedia Content Description Interface)을 제공하는 국제 표준 (ISO/IEC 15938). 이 표준은 멀티미디어 정보인 음성 및 영상 데이터 또는 이의 복합 데이터를 데이터베이스에서 용이하게 추출하기 위하여 영상의 색, 재질, 물체의 크기, 화상 내의 물체, 배경과 복합된 물체 등을 탐색하고 찾기 위한 표현 방식에 관한 표준 방식을 마련한 것이며, 화상 정보는 정지 영상, 그래픽, 오디오, 동영상들을 포함한다. MPEG-7에서는 특징 추출(feature extraction), 영상의 표현과 압축 방식들에 대해서는 관여하지 않으며 이것은 MPEG-4에서 담당한다.

26) 출처 SMPTE (Society of Motion Picture and Television Engineers)

요 인사의 스피치, 인터뷰 역시 원본 상태로 보관하며 일반적인 영상소재는 N.G 컷을 자르는 정도로 거의 원본에 비슷하게 저장하는 특징을 보이고 있다. 이런 현상은 방송사 내부의 책임소재에 관한 모호성에서, 누구도 결정을 내리지 못하는 분위기에 휩쓸리는 점과, 이로 인해 저장장치의 용량이 기하급수적으로 커지는 문제를 야기하지만, 자료(Archive)라는 측면에서는 원본 자체가 거의 보관된다는 점에서 긍정적인 면이 양면으로 공존한다고 볼 수 있다.[27]

- 방송사에서 디지털 아카이빙을 입수-저장-활용하는 단계는 BBC의 사례와 비슷하다.

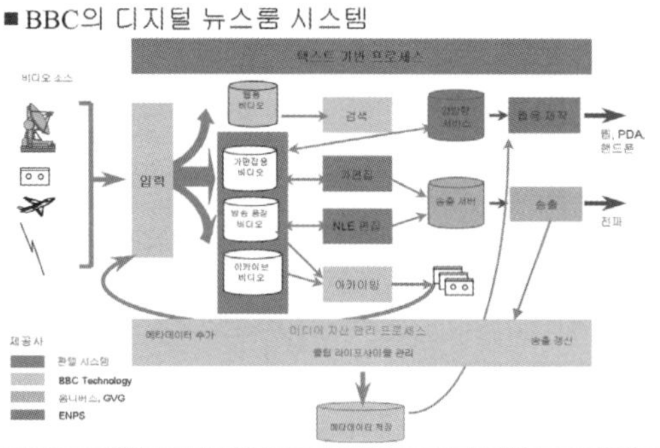

<그림 15> BBC디지털 뉴스룸 시스템 구조

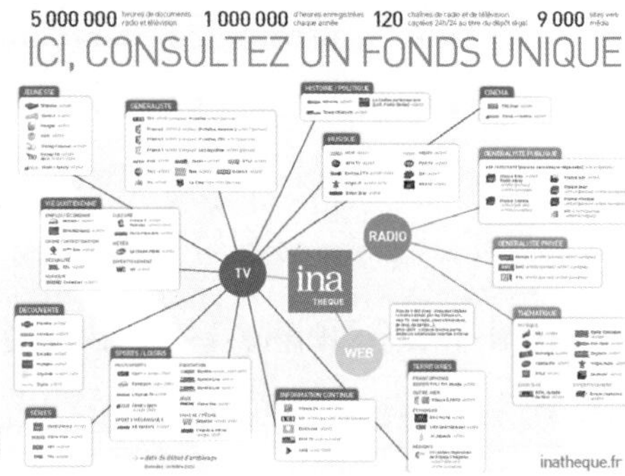

<그림 16> 프랑스 INA(국립시청각자료원)의 아카이브 공유 업무 흐름도

27) 우리나라 주요 영상 아카이브 구축 언론, 단체
KBS http://kbsarchive.com/
MBC www.mbcarchive.com
국가기록원 http://www.archives.go.kr/next/viewMain.do
KTV국민방송 (구 대한뉴스) http://www.ktv.go.kr/index.jsp
한국영상자료원 http://www.koreafilm.or.kr/
한국콘텐츠진흥원 http://www.kocca.kr
국방홍보원 http://www.dema.mil.kr/web/mov/library/list.do
기타 언론사, 국책 연구소 등에서 내부용 영상아카이브 구축.

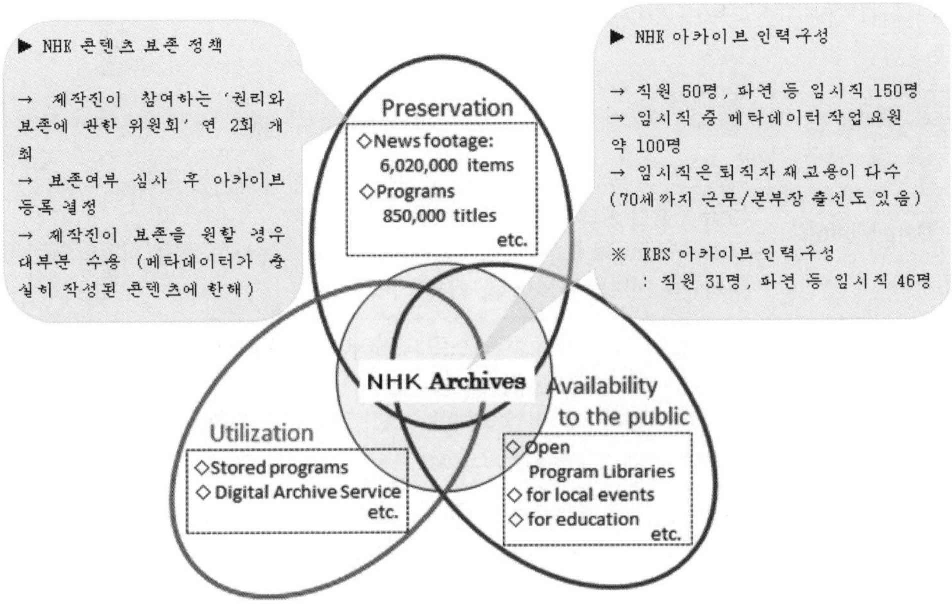

<그림 17> 일본 NHK아카이브개념(출처 KBS 아카이브 홈페이지)

2) 동영상 소스의 처리

가) 동영상의 특성

첫째, 동영상은 데이터 용량이 매우 크며, 영상의 시간적 변화(재생)에 따라 화면 속에 담긴 내용이 계속 변화한다(1초의 화면은 30장의 화면으로 구성 됨=30fps). 둘째, 모든 영상 장면마다 메타데이터를 입력하기에는 작업량이 너무 많다. 셋째, 문자나 사진 데이터에 비해 화면 내의 내용을 기술하기가 매우 복잡하다. 넷째, 특히 사람의 얼굴을 구분하는 것이 매우 어렵고 중요하다.(인명 메타데이터) 다섯째, 영상+음향+배경+상황 등 복합적인 설명 요소가 필요하다. 여섯째, 인공지능(AI)컴퓨팅, Robot 기술의 도움이 필요하다.

나) 데이터베이스로부터 정보를 캐내는 분야

<표 1> 인식기술의 분야

구 분	내 용
Data Mining	• 대용량의 Data, DB등에서 감춰진 지식, 기대하지 않았던 경향, 새로운 규칙 등의 유용한 정보를 발견하는 과정 • Data Mining을 통해 정보의 연관성(순차패턴, 유사성 등)을 파악함으로써 가치있는 정보를 만들어 의사결정에 적용
Text Mining	• 자연어로 구성된 비정형 텍스트 데이터에서 패턴 또는 관계를 추출하여 의미있는 정보를 찾아내는 과정 • 사람들이 말하는 언어를 이해할 수 있는 자연언어처리(Natural Language Processing) 기술을 기반으로 함.
Web Mining	• 인터넷 상에서 찾은 정보를 데이터마이닝 방법으로 분석, 통합하는 기법 • 웹마이닝은 콘텐츠마이닝(웹 검색, 수집 데이터), 구조마이닝(웹사이트 구조), 활용마이닝(사용자 이용형태) 등으로 세분함.
Social Mining (Social Analysis)	• 소셜 미디어에 올라오는 글과 사용자를 분석해 소비자의 흐름이나 패턴을 분석하고 판매나 홍보 등에 활용 • 마케팅분야 뿐만 아니라 사회의 흐름과 트렌드, 여론의 변화 추이를 읽어내는 소셜미디어 시대의 새로운 마이닝
Reality Mining	• 사람들의 행동패턴을 예측하기 위해 사회적 행동과 관련된 정보를 기기(휴대폰, GPS 등)를 통해 얻고 분석하는 기법 • 휴대폰 등 모바일 기기를 통해 현실에서 발생하는 정보를 기반으로 인간관계와 행동 양태 등을 추론
Audio Mining	• 컴퓨터 음성파일에서 단어를 추출하여 색인을 만든 후, 특정 단어나 어구를 검색할 때 이를 사용하는 프로세스
Video Mining	(카메라를 통해 나타나는 행동 패턴의 분석에서 얻어지는 데이터) • 매장에 비디오 카메라를 설치해 놓고 방문객들의 행태를 분석하여 구매에 연결하는 마케팅 기법. • 비디오카메라를 통해 고객들이 어떤 과정을 거쳐 물건을 구매하게 되는지를 면밀히 모니터하여 이들의 성별, 나이에 따라 특성을 분석

출처: JeongHeon Lee, Professor at KyungHee University / Dept.of Computer Engineering, 2013

3) 영상 내용을 인식하기 위한 기술

가) 사물인식기술 (Object Recognition Technology)

구글은 2012년 8월 특징벡터 기술을 이용한 자동 사물인식 기술의 특허를 획득하였으며, 스탠포드대 연구팀과 구글연구팀은 16000개의 컴퓨터를 연결해서 신경망 네트워크 구성하였다. 이후, 유튜브 동영상에서 찾은 1000만개의 디지털이미지의 썸네일 사진을 무작위로 주고 고양이의 모습을 찾도록 작업을 시켰는데, 이를 통해 컴퓨터는 고양이에 대한 조력정보가 없이도 자기학습을 통해 고양이를 인식하게 되었다. 이후, 수많은 컴퓨터나 데이터센터의 운영비용을 낮추면서도 자기학습형 연산을 수행하게 하였다. 이에 따라 Computer Vision, Machine Learning, Deep learning을 이용하여 음성, 언어 인식 기능의 발전을 이루게 되었으며, 심화학습을 통해 더 많은, 더 정확한 인식기능을 나타내는 연구가 진전되었다.

나) 얼굴인식기술(Face Recognition)

2012년 Facebook은 Face.com을 6000만 달러에 인수하였고, 2014년 Facebook은 Deepface 기술을 확보하였다.[28] Deepface는 페이스북에 사진을 올린 수백만 명의 얼굴 사이의 관계를 deep learning을 이용하여 분류하여, 얼굴을 찾아내는 것(face detection)보다 더 정교한 얼굴 인식(face recognition)기술을 갖게 되었으며, DeepFace는 97.25%의 정확도를 보이고 있다. 이는 인간의 평균 눈 수준인 97.53%에 육박하는 확률로, 사람 얼굴이 어둡게 찍히거나 카메라에서 멀리 떨어져 있거나 옆을 보고 있더라고 가려낼 수 있는 수준이다.

구글의 FaceNet은 99.96%의 인식률을 자랑하고 있다. 딥러닝(Deep learning)이라 불리는 인공지능 기술의 활용에 바탕을 두고 있는데, 1만 3,000여 명의 데이터 이미지를 사용한 결과 100%에 가까운 인식률을 기록한 것으로 알려지고 있다.

그러나, Facebook의 얼굴인식 기능은 유럽과 캐나다에서 사생활정보 침해 판결을 받아 얼굴 인식 기능을 삭제하게 되었다(Google photo 역시 사생활 침해의 문제로 소송 중에

28) "Facebook creates software that matches faces almost as well as you do", Technology Review, Massachusetts Institute of Technology, March 17, 2014

있음). 2016년4월, Facebook은 동영상에서도 사람의 얼굴을 인식하고 태그를 붙이는 기술을 발표했다. Facebook의 최종 목적은 실시간 스트리밍 동영상을 포함한 동영상 플랫폼으로 자리잡는 것이라고 밝혔다.

다) 인식기술의 대상

(1) 생체인식 : DNA, 홍채, 혈관, 지문, 성문 등

(2) 음성인식 : 음성의 내용을 분석 인식해서 음성의 발생원과 의미를 구분 (사람, 동물, 명령, 텍스트)

(3) 영상인식 : 카메라를 통해 얻어진 정보를 처리하여 사람의 눈으로 본 형태처럼 화면의 상황을 인식하여 데이터로 나타내는 기술

(4) 다중사물인식 : 화면 속의 여러가지 물체들이 혼재된 것에서 중요성이 없는 형상을 제외하고 중요한 물체만을 인식하는 기술

(5) 다중안면인식과 감정상태 인식 : 사람으로 구분된 물체 중에서, 사람마다 다른 형태의 얼굴 모습 특징, 기초적인 감정 상태 등을 다시 추출하여 구분하기[29]

(6) 패턴인식 : 어떤 일정한 형태로 나타난 부호(digit)의 조합을 비교하여 해당 물체가 어떤 것이라고 구분해주는 기술

(7) 문자, 필기인식 : 글자의 형태를 카메라가 읽고, 그 형태가 어떠한 자연언어적 글자로 나타내진다고 정의를 하는 기술.

<그림 18> 영상인식-Segmentation 기법

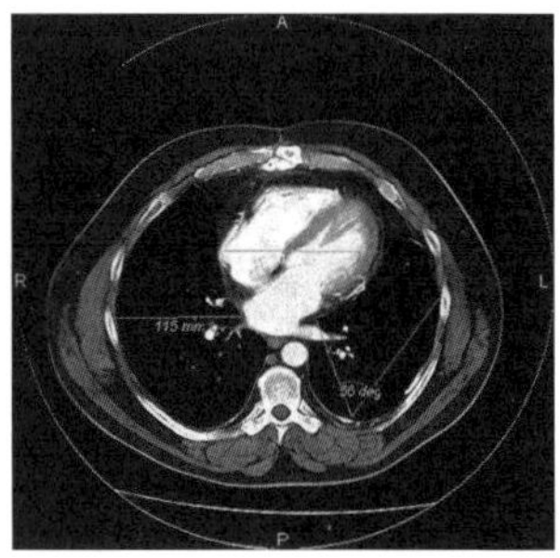

<그림 19> 패턴인식- 의학영상 검진에서 암세포 이상 형상 발견에 응용

29) MS의 표정인식기술 https://www.microsoft.com/cognitive-services/en-us/emotion-api#detection

4) 생체인식보안(Biometrics Authentication)의 문제

보안을 위한 생채인식 기술로는 지문(fingerprint)인식, 홍채(iris)인식, 망막(retina)인식, 손가락길이 인식, 정맥(vein maching)인식, 3D얼굴인식, 음성인식 등이 있다. 대부분의 생체인식은 해당되는 신체부위를 인증용 카메라의 영상을 디지털코드로 변화하여 기존의 데이터베이스와 비교하는 알고리즘으로 인식한다. 최근 초고화질 카메라의 보편화로 일반인들이 SNS에 올린 고화질 사진은 일정한 정보를 사진 자체의 meta-data로 지니고 있다. 이런 정보는 SNS를 검색하여 더 자세한 개인 정보를 파악할 수 있는 프로그램도 개발되어 있고, 이를 당사자의 지문이나 얼굴 사진의 눈동자 정보 같은 생체정보와 결합하고 데이터베이스화 하면 생체인증을 해킹할 수도 있으며,[30] 고성능의 3D프린터를 이용하여 인증 대상 생체를 복제도 할 수 있다는 우려가 제기되었다.[31] 이에 따라 다중요소인증(Multi Factor Authentication) 같은 안전장치를 사용하기도 한다.

google의 스트릿 뷰나 daum의 로드뷰는 사진에 찍힌 사람이나 지역의 지리적 정보(G.I.S)가 노출되며 엉뚱한 물의를 일으키기도 한다.

최근에는 자동차 블랙박스, CCTV 등이 급속도로 늘어나고 고화질 카메라가 보급되면서 이 카메라에 찍하는 피사체의 정보가 인식될 가능성이 커지고 있다. 생체인식정보는 한번 유출되면 대체가 불가능하다. 그러기 때문에 역설적으로 더욱 생체인식정보의 유출이나 복제를 위한 연구가 더욱 발전할 위험도 있다.[32]

5) 얼굴인식 기능을 회피하기 위한 또 다른 연구

얼굴인식 기술이 발전함에 따라 자신의 프라이버시를 지키기 위해 얼굴인식을 회

30) 출처 : Corneal Key Logger can extract PIN of any smartphone using the owner's selfie https://www.techworm.net/2015/10/hacker-reveals-how-to-extract-pin-of-a-smartphone-from-any-selfie.html.
중앙일보 "손가락 사진만으로 지문 복제 가능하다"(2014.12.30.) http://news.joins.com/article/16820033
31) 출처 : itworld 갤럭시 S5 지문인식, 가짜 지문에 뚫려(2014.4.17.) http://www.itworld.co.kr/news/87094
32) 출처 : 전파신문 생체인증, 보안 문제없나 "유출되면 대체 불가" (2016. 8.14) (http://www.jeonpa.co.kr/news/articleView.html?idxno=17992

피하려는 노력도 개발되고 있다. 최근에는 초고화질의 동영상, 사진 기술로 인해 보안 인식의 경계가 위험해지고 있다.[33][34]

영국 Gardian 신문은 미국인의 절반 가량인 1억1700만명의 얼굴 데이터베이스를 경찰이 확보했다는 보도(2016.10.16.일자)가 있었다.[35] HyperFace 회사는 OpenCV라는 인식기술을 무력화하는 False-face computer vision camouflage patterns[36]의 시제품을 발표하였고, CV Dazzling사는 컴퓨터비전을 혼란시키는 메이크업을 발표하였다.[37] 이는 실용적인가 하는 의문을 지닌 시도지만 사방에 널린 CCTV같은 영상장치의 얼굴인식으로부터 본인의 프라이버시를 지켜보겠다는 또 다른 반작용으로 이해할 수 있다.

3. 동영상 분석하기

1) 분석 Tool

가) Hadoop과 Apache Spark

거대한 크기를 지닌 동영상 데이터는 아카이빙 과정을 거쳐 저장된다. 이 아카이브 속에서 의미있는 데이터를 추출하기 위한 Tool로서 대표적인 것이다.

Hadoop(High-Availability Distributed Object-Oriented Platform)은 미국의 프로그래머

33) 특히 홍채인식, 지문인식 등을 이용한 생채인식 보안에서도, 고화질의 영상을 통해 정보가 누출 될 수 있다고 경고하고 있음. 페이스북에 올린 손가락 V 사진을 통해 그 사람의 지문을, 얼굴 사진을 통해 홍채 생긴다는 주장도 있음.
출처 포브스 Hacking Putin's Eyes: How To Bypass Biometrics The Cheap And Dirty Way With Google Images (2015.3.5.) https://www.forbes.com/sites/thomasbrewster/2015/03/05/clone-putins-eyes-using-google-images/#445715c7214a

34) 출처 : inews24 금융 바이오인증 '양날의 검'…사고시 대응은?(2017.2.25.) http://news.inews24.com/php/news_view.php?g_serial=1008490&g_menu=022400&rrf=nv

35) the Guardian, Half of US adults are recorded in police facial recognition databases (2016.10.16.) https://www.theguardian.com/world/2016/oct/18/police-facial-recognition-database-surveillance-profiling

36) HyperFace Camouflage https://ahprojects.com/projects/hyperface/

37) Camouflage from face detection https://cvdazzle.com/

<그림 20> 하둡이 데이터로부터 지식을 찾아내는 과정, 노란색 코끼리는 빅 데이터의 상징이다.

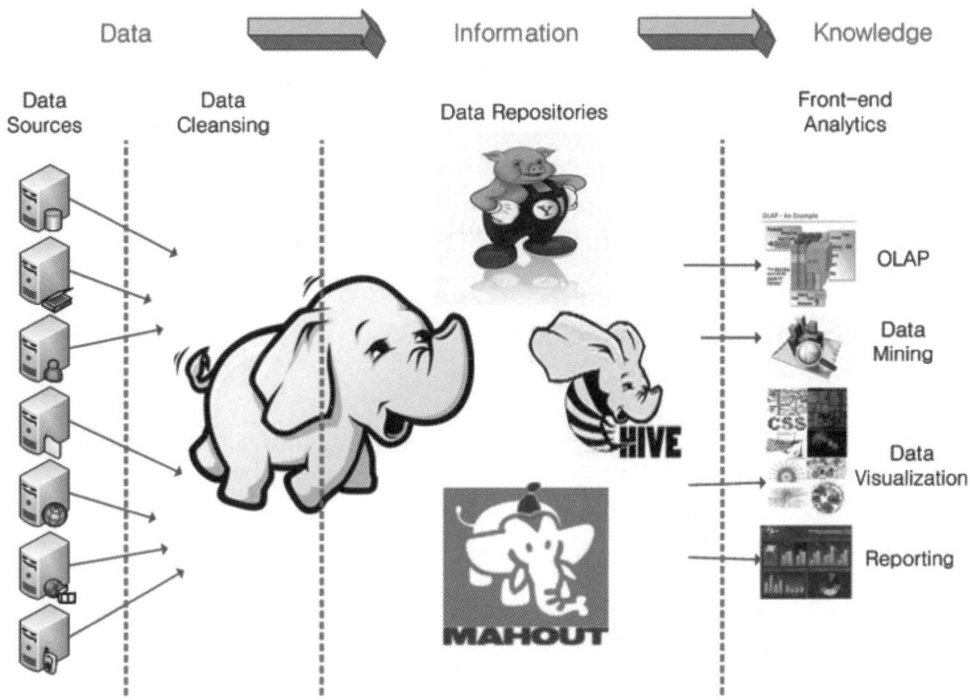

Doug Cutting이 2005년 개발한 것으로 오픈소스를 기반으로 한다. Hadoop의 기본 개념은 "분산"으로서 여러 개의 저가형 컴퓨터를 마치 하나의 컴퓨터인 것처럼 연결하여 이것을 통해 데이터를 분산해서 처리하고 분산해서 저장함으로써 계산 능력과 저장 공간을 늘려주는 개념이다.[38]

- Hadoop Common: 하둡의 다른 하위 프로젝트에서 공통으로 사용되는 유틸리티를 포함
- Hadoop 분산 파일 시스템 (HDFS, Hadoop Distributed File System): 여러 컴퓨터에 대용량 파일을 나눠서 저장한다. 데이터를 여러 서버에 저장하므로 안정적이며, 서로 다른 하드웨어와 소프트웨어 플랫폼들을 묶어도 쉽게 호환할 수

38) Chunsheng (Victor) Fang, Ph.D., https://blog.pivotal.io/data-science-pivotal/features/large-scale-video-analytics-on-hadoop, 2013.8

있다.

- 하둡 맵리듀스(Hadoop MapReduce): 분산된 서버의 CPU 자원 등을 사용해 저장된 데이터를 빠르게 분석하는 플랫폼이다.

Hadoop의 부족한 기능을 보완하는 오픈소스 프로젝트들도 등장하고 있는데 이런 Sub project 들을 묶어 Hadoop Ecosystem이라 부른다.(Hive, Pig, Mahout 등)[39]

나) Hadoop - 컨셉은 "분산"(Distributed)

(1) 분산저장

하둡 파일시스템(HDFS: Hadoop Distributed File System) 을 이용해서 파일을 적당한 블록 사이즈 (64MB)로 나눠서 각 노드 클러스터(각각의 개별 컴퓨터) 에 저장. 또한 데이타 유실의 위험이나 사람들이 많이 접근(Access) 할 때 부하처리를 위해서 각 블록의 복사본(Replication)을 만들어 둠. (보통 복사본은 최소 3카피 정도. 이유는 고성능 서버에서 저장 공간은 돈이 많이 들어가는 부분이므로 저가형 저장소 여러 개를 묶어서 마치 Raid 처럼 동작하게 하려는 목적으로 분산저장)

(2) 분산처리

MapReduce라는 framework를 이용해서 계산함. 프레임워크라는 것이 중요. (분산처리를 위해서 프레임워크를 만들고, 분산처리를 위해서 프레임워크에 맞추어서 코딩을 하고, Hadoop 시스템에서 그것을 실행하면 자동으로 분산처리). MapReduce 프레임워크는 Map + Reduce 라는 두 가지 형식으로 나눔. 개념은, Map 함수에서 데이타를 처리를 하고 Reduce 함수에서 원하는 결과값을 계산.

다) Apache Spark

Hadoop과 비슷한 역할을 하는 오픈 소스 데이터 처리 기술. University of Califor-

39) 하둡 에코 시스템의 종류와 기능에 관해서는 다음 사이트를 참조. 강성욱, Hadoop Echosystem, http://sqlmvp.tistory.com/751, 2015. 7.

nia, Berkeley의 AMPLab에서 개발하였다.[40] 하둡이나 아파치 스파크 들 다 빅데이터 프레임워크로서 널리 쓰인다. 경쟁자이면서도 상대를 보완해주는 특이한 관계로 병행하고 있다. 하둡이 분산 저장과 분산 처리를 하는데 비해, 스파크는 분산 저장 스토리지 역할을 하지 않고 다만 분산 처리를 하는 Tool로 기능을 수행한다. 하둡과 스파크는 별도로 각자의 기능을 수행할 수 있고 같이 기능을 수행할 수도 있으며, 둘을 같이 사용할 경우 더 좋은 효과를 발휘할 수 있다. Spark는 Hadoop의 MapReduce보다 처리 속도가 빠르다. Batch처리과정에서 하둡보다 10배, In memory(데이터를 디스크가 아닌 메모리에 저장하는 방식) 분석에서 100배의 처리속도를 가지고 있기 때문에 Streaming Data 분석이나 복합적인 작업이 필요할 경우에는 스파크가 더 유리하다. Failure Recovery(고장 회복)에 있어서 아파치 스파크는 RDD(Resilient Distributed Datasets)라 부르는 회복력 있는 분산 dataset 개념으로 고장 또는 작업 실패로부터 뛰어난 회복력을 지니고 있다고 알려져 있다.[41]

2) Streaming Video에서 데이터 추출하기

스트리밍 영상[42]이란 인터넷을 통해 실시간으로 촬영-전송-재생되는 동영상으로서 대표적으로는 CCTV의 인터넷 영상이나 인터넷 생방송 중계화면, 유튜브, 인터넷 개인방송 등을 예로 들 수 있다.(동영상의 원본은 서버에 저장) "기록"이라는 정의가 어떤 종류의 저장매체(종이, 진흙판, HDD 등을 망라)에 보관된 것만을 말한다면 스트리밍 영상은 기록에 해당되지 않을 수도 있지만, 실시간으로 얻어지는 영상도 그 안에 정보의 요소를 지닐 수 있다는 점에서, 또 그것이 이정헌교수가 분류한대로 video mining, reality mining, social mining이 결합된 형태로 볼 때는 유의미한 데이터의 소스로 가치가 있다고 할 수 있다.

40) https://en.wikipedia.org/wiki/Apache_Spark
41) Katherine Noyes, IDG News Service 2015.12-옮겨옴. http://www.itworld.co.kr/news/97026
42) 한국정보통신기술협회 IT용어사전 : 인터넷상에서 음성이나 동영상 등을 하나의 형태가 아닌 여러 개로 나누어 물 흐르듯이(streaming) 연이어 보내 실시간으로 재생하는 기법. 콘텐츠가 여러 개의 조각으로 나뉘어 연달아 전송되어 수신단에서 재생하기 때문에 전체 콘텐츠의 다운로드를 기다릴 필요가 없다. 따라서 하드 디스크의 용량에 제약받지 않고 빠르게 콘텐츠의 감상이 가능하다.

<그림 21> 전통적 데이터마이닝과 스트림 데이터마이닝 흐름

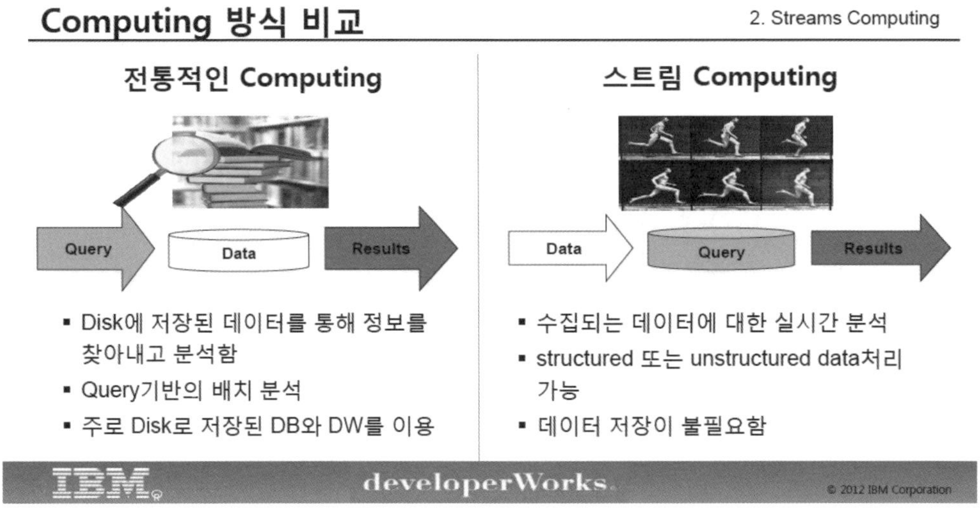

실시간으로 들어오는 동영상을 분석하는 Tool은 Google의 Dataflow, IBM의 Infosphere Streams, Apache Spark(Apache Beam) 등 많은 Tool이 오픈소스로 개발되어 있다.[43] 실시간 동영상으로 부터 패턴을 찾아내는 기술로 인해 CCTV나 웹캠 등을 활용하여 구매 패턴, 사회적 행동 패턴 분석, 행동 감시 등에 관한 빅 데이터를 얻어낼 수 있게 되었다.

3) 데이터의 분석 방법

통계학 분야에서 발전한 Exploratory data analysis (탐색적자료분석), 가설검정, 다변량 분석, 시계열(時係列) 분석, 일반 선형 모형 등의 방법론이 있다. 데이터베이스 분야에는 OLAP(온라인 분석 처리:On-Line Analytic Processing)이 있으며, 인공지능 분야의 SOM(Self Organizing Map), 신경망, Experts system 등 기술적인 방법이 있다.

Data Mining을 통해서 얻어지는 결과는 다음과 같다.

43) 출처 : 빅데이터 물결을 넘는 분석의 전략(IBM Developer Works), 최석재, 2012.
구글 데이타 스트리밍 데이타 분석 플랫폼 dataflow, 조대협, 2016. (http://bcho.tistory.com/1123)

분류(Classification)는 일정한 집단에 대한 특정 정의를 통해 분류 및 구분을 추론한다. 군집화(Clustering)는 구체적인 특성을 공유하는 군집을 찾는다. 군집화는 미리 정의된 특성에 대한 정보를 가지지 않는다는 점에서 분류와 다르다. 연관성(Association)는 동시에 발생한 사건간의 관계를 정의한다. 연속성(Sequencing)은 특정 기간에 걸쳐 발생하는 관계를 규명한다. 기간의 특성을 제외하면 연관성 분석과 유사하다. 예측(Forecasting)은 대용량 데이터 집합 내의 패턴을 기반으로 미래를 예측한다.

4) 얻어진 결과의 표현(시각화)

분석 도구에 의해 나타난 빅 데이터는 시각적인 표현을 통해 데이터 소비자에게 전해진다.

- 시간 시각화 : 막대그래프, 점 그래프 등
- 분포 시각화 : 파이형 차트, 도넛형 차트, 누적 연속그래프
- 관계 시각화 : Scatter plot, 버블 차트, 히스토그램 등
- 비교 시각화 : Heat map, star chart, 평행좌표계 등
- 공간 시각화 : 지도 매핑

빅데이터는 정보형과 설득형으로 나눠지는데, 얻어진 결과가 이해하기 쉽고 흥미를 유발할 수 있도록 그래프, 인포그래픽, 도표, 동영상 등으로 표현된다.

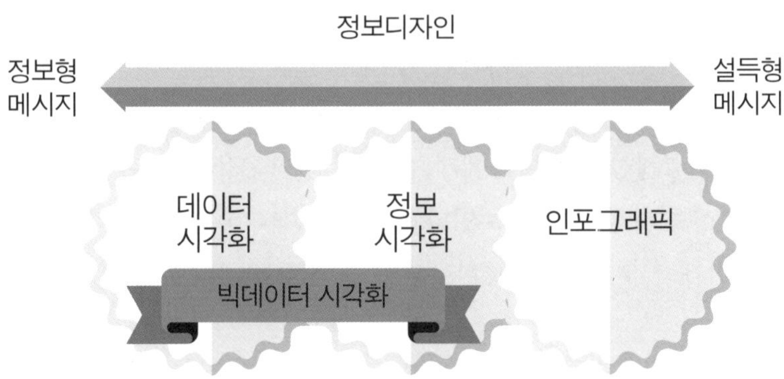

정보 시각화를 위한 여러 가지 Tool이 등장하게 되었다.

- 기본 Tool : 엑셀, 구글 차트 API, Flot, Infogram, D3 등
- Interactive GUI Control : Crossfilter, Tangle
- Mapping : Modest Maps, Leaflet, OpenLayers 등
- 전문가Tool : Processing, NodeBox, Weka, Gephi 등 프로그램

4. 인공지능과 영상

1) 인공지능을 이용한 영상 데이터의 추출

영상으로부터 데이터를 추출하기 위한 지능형영상인식의 기술적 요소는 Computer Vision(컴퓨터 시각), Machine Vision(기계 시각), Image Processing(영상 처리)이 있다.

대표적인 인공지능의 역할로는 Machine Learning(기계학습), Deep Learning, Control Robotics(제어기술), Neurobiology(신경세포학), Signal Processing(신호처리), 수학, 통계학적 기법이 있다.

2) 인터넷 번역에서의 인공지능

2016년 신경망기반기계번역(Neural Machine Translation) 등장[44]하였다. 인공지능 구현의 핵심 기술인 머신러닝(기계 학습)과 딥러닝(인공 신경망)을 활용해 특정 언어를 번역할 수 있는 모델(인공지능)을 만든 후 해당 모델을 활용한 엔진으로 번역 서비스를 제공하는 기술이다. 인공지능이 개발자에게 감독 학습(교육)을 받은 후 비감독 학습(자습)을 수행해 번역 성능을 향상시킬 수 있다.(알파고의 원리와 동일)

장점으로는 인간이 문장을 이해하듯 문장 전체를 이해하므로 문법이 틀린 문장이

44) 이전까지는 통계기반 기계 번역 엔진을 사용하였음.

나 다의어도 문장 전체의 흐름 속에서 이해할 수 있다.

하지만, 단점으로 번역 처리 속도가 늦다. 즉, 복잡한 신경망을 거치기 때문에 문장이 길어질수록 처리 속도가 급격히 저하될 수 있다.[45]

현재 번역 정확도는 약70~80%이다. 하지만, 90%의 정확도가 확보되면 상용화 가능하다.

다음과 같은 대표적인 신경망기반기계번역(NMT-Neural Machine Translation) 프로그램이 있다.

- Google Translate[46](영/불/독/스페인/포르투갈/중국/일본/한국/터키어 등 8 개 언어로 지원),
- Naver Papago[47] (한/영/중/일 4개국 통번역-200자 이내로 제한),
- MS translator[48] (2017년1월에 52개 언어 번역 예정)
- Systran[49] (한국어 포함 19개 언어, 베타버전, 2000자씩 나누어서 입력)

3) 인공지능의 한계

가) Tay Case (마이크로 소프트의 채팅 앱)

19세 소녀가 트위터에서 오가는 대화를 통해 인간언어 패턴을 흉내내고 지식을 쌓아가는 방식으로 학습하였으나, 런칭 16시간 만에 극우적, 반유태, 편향적, 성적인 비하 등을 학습하고 그런 태도로 대화를 하는 모습이 나타나서 가동을 중지하였다. 세뇌된 인공지능으로서 MS는 2016년 12월 Tay의 문제점을 개선한 새로운 AI Chatbot MS Zo를 발표하게 되었다.

---

45) GPGPU(General-Purpose GPU; 범용 그래픽처리연산장치)와 TPU(Text Processing Utility)를 활용해 번역 서비스를 제공 중인 클라우드 컴퓨팅 서비스의 성능을 강화하고 있고, 오픈소스를 활용한 인공신경망 처리 속도 최적화에 심혈을 기울이고 있다.
46) 구글 번역 홈페이지 https://translate.google.com/?hl=ko&tab=TT&authuser=0
47) 네이버 번역 홈페이지(http://translate.naver.com/#/en/ko)
48) MS 번역 홈페이지 https://translator.microsoft.com/
49) Systran demo 홈페이지 https://demo-pnmt.systran.net/production#/translation

나) Googl Photo Case

흑인의 사진을 고릴라로 인식하게 되었는데, 이는 인간의 문화적 특성을 감안하지 못한 기계학습의 잘못된 결과로 볼 수 있다.

다) Google 자율주행 자동차 사고 – 인공지능의 자책사고

- 여러 개의 센서와 제어시스템을 인공지능을 이용하여 컨트롤하여 자동차 스스로 운행.
- 자율주행차는 시속 3㎞ 이하로, 들이 받힌 버스는 시속 24㎞로 각각 주행.
- 자율주행차는 넓은 차로에 놓인 모래주머니를 피해 경로를 살짝 바꿨다가 차로 가운데로 재진입하려고 시도.
- 이때 앞에 있던 버스가 속도를 줄이거나 길을 양보할 것이라고 판단했다.
- 하지만 버스는 길을 양보하지 않았고 자율주행차는 버스 옆면을 살짝 들이받았다. (사망이나 부상 등 인명피해는 없음)
- 인간의 판단 vs 인공지능의 판단이 상충 - 인명사고의 경우 또는 돌발적 사고 시 책임을 누가 질 것인가?
- 테슬러 자율주행자동차는 사망사고 발생

4) 우리나라의 인공지능과 인공지능 기반 영상인식 연구

가) Exobrain(엑소브래인)

- 언어 AI기반 기술
- ETRI에서 개발
- 자연어를 알아듣고 어휘, 문장의 의미를 분석하는데 특화
- 2016.11 퀴즈대회에서 인간과 경쟁하여 완승을 거둠.

나) DeepView(딥뷰)[50]

- ETRI에서 연구 개발.
- 대량의 이미지와 동영상을 실시간으로 이해하고 분석해 도심의 위험을 감지-예측하는 도심영상 분석 시스템.
- SW가 카메라로 촬영한 영상을 사람처럼 정보를 판독할 수 있음.
- CCTV에 포착된 특정 인물이나 차량의 이동 경로를 추적할 수 있는 인식 기술.

<그림 23> DeepView 소개

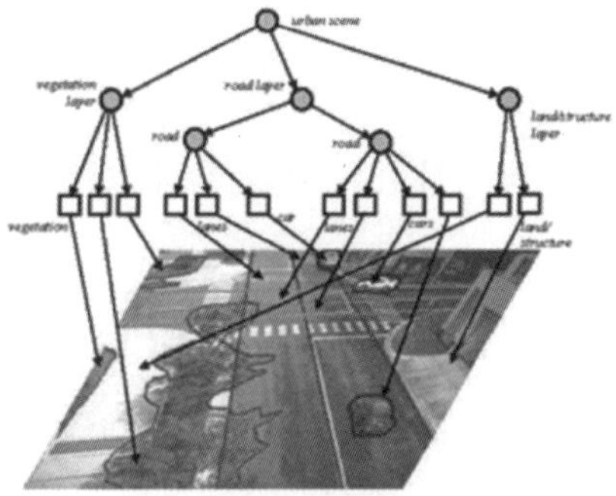

<그림 24> DeepView 개념

50) 양성은,최창열,최동규., 하둡 기반 빅데이터 영상 처리를 통한 차량 이동경로 추적 시스템의 설계 및 구현Journal of Digital Contents Society Vol. 14 No. 4 Dec. 2013

5. 종합 정리

1) 디지털 정보량의 급증과 저장 비용의 저감

디지털 기술의 발전과 초고속 유무선 통신 수단의 다양한 보급 등으로 인해 영상, 이미지 데이터가 대용량화, 초고화질을 갖추고 유무선 소통, 유통이 활발해지고 있다. Server Hotel 이라 불리는 대규모의 Internet Data Center(IDC)나 Cloud Data Center(CDC)가 늘어남에 따라 개인이나 기업, 연구소 등도 저비용으로 쉽게 디지털 데이터를 저장하고 접근 할 수 있게 되었다.[51]

2) 고화질 디지털 영상기기의 보편화와 모바일 기기의 확산[52]

전통적인 아날로그 영상기기인 필름 또는 마그네틱 테이프 등의 시대에는 영상장비의 구입비용이 비쌌고, 영상이나 사진을 재현하는 비용과 시간도 많이 필요했다. 그러나 디지털기술을 채택한 영상장비가 등장하면서 비용과 시간의 문제는 해소되었다. 즉, 디지털카메라나 휴대폰 같은 모바일 장치가 보급되면서 폭발적으로 동영상과 사진의 생산이 늘어났고, 스마트폰으로 full HD나 UHD 같은 초고화질의 동영상과 고해상도 사진의 공유-유통-저장이 보편화되었다.

저장 용량이 늘어난 소형 저장장치(SSD, SD카드 등), 초고속 무선망(수년 내 5G 상용화)을 통해 접속하는 클라우드 저장소 등의 다양성이 이루어지고 있으며, 자동차 블랙박스, 지능형 고화질 CCTV, 드론캠, 웹캠 등 수많은 영상 수집장치가 존재한다.

전통적 기록보존 방식인 종이를 사용한 문서, 등사, 모사(fax), 복사 등은 급격히 줄어들고, 전자결재시스템이 보급되었으며, 사진을 찍거나, 동영상, 녹음 등으로 기록하

51) Server Hotel이란 대규모의 건물에 수많은 컴퓨터로 이뤄진 서버 그룹, 그리고 초대용량의 디지털 데이터 저장장치, 초고속 전송망 등을 갖춘 시설을 갖추는 것을 말함. 통칭하여 데이터센터라고 부름.

52) 고종석,박경석,배종열,박경-영상 빅데이터 분석기술동향(전자통신동향분석 제29권 제4호 2014년 8월, ETRI)

는 방식이 확산되고 있다.[53] 또한, YouTube, facebook, 카카오톡, 라인, 밴드, 인스타그램, 텀블러 등의 SNS에 동영상과 사진을 게시하여 소통과 기록의 기능을 동시에 지니고 있다.[54] 이외에도 3D 촬영, 위성촬영, 비광학적 촬영(MRI등 의학 분야) 등의 기술 역시 사물이나 문서 등의 형태적인 기록을 원형과 거의 일치하도록 기록이 되고 있다.

Walter Benjamin이 1930년대에 발표한 바처럼, 기술복제시대[55]가 현실화 됐고, 동시대의 논문인 "사진의 작은 역사"[56]를 통해 인간의 지각구조에서 일어나고 있는 결정적 기능 전환이 이루어진다고 예측했다. Jean Baudrillard는 "Simulation et Simulacre"를 통해 원본과 복사본의 차이가 없이 복사본 자체가 원본이 되는 현상을 주장함으로서 영상기록물과 그 복사본(동영상, 사진 등)이 가지는 진본성을 강조했다.[57] 고화질의 디지털 시청각 기록은 사물이나 현상을 묘사하기 위해 기호나 상징적인 표현보다는 직접적으로 형상을 옮겨와서 전달할 수 있기 때문에 마치 수만 년 전의 동굴벽화의 내용이 그때나 지금이나 똑같이 이해할 수 있게 되는 것과 같다.

아날로그 시대에 만들어진 모든 기록과 정보들은 Digitizing을 거쳐 데이터로 저장되며, 많은 데이터들이 지닌 상관성과 공통의 패턴을 찾아내는 또 다른 기술적 도구[58]들을 쉽게 활용할 수 있기 때문에, 긍정적 측면(부정적인 효과도 존재함)을 강화한 영상의 기록과 정보, 그리고 빅데이터를 추출하는 소재로서의 가치와 기능이 무한대로 확장 할 것으로 예측할 수 있다. 기록의 보존을 위한 연구 결과들인, 새로운 저장기술들의 등장이 계속 이뤄지고, 실용화됨에 따라, 기록과 정보문화의 개념도 빠르게 변화하고 있으며, 이를 위한 적정 기술들의 이해와 활용에 익숙해지는 것이 필수적인 시대라고 판단한다. 재판이나 범죄 수사의 경우에는 디지털 정보의 진본성 또는 무결성을 확보하기 위한 방법이나 삭제된 디지털 정보를 복원하는 기술적 방식으로 Digital Forensics라는 절차를 거치도록 규정되어 있다.[59]

---

53) 국가기록원, 기록관리업무 표준-기록매체 요건 및 관리기준(v2.0) 2012.12.28.
54) 최근 정치적인 사안에서도 카카오톡이나 통화녹음, 스마트폰으로 촬영한 사진 등이 중요한 증거기록으로 등장. 디지털 세상에서는 "모든 접촉은 흔적은 남긴다"는 점(log 기록)에서 기록의 유지 뿐 만 아니라, 관리와 보존에서도 장점을 지니고 있음.
55) 발터 벤야민 저, 최성만 옮김, 기술복제시대의 예술작품-사진의 작은 역사 외(2008, 도서출판 길)
56) 같은 책. 47쪽. (복제기술은 복제된 것을 전통의 영역에서 떼낸다....하략)
57) Jean Baudrillard저 하태환 역, Simulacre et Simulation(1992.민음사)
58) Apache Hadoop 기반의 분석 Tool등을 말함.
59) 대검찰청 예규 제805호「디지털 포렌식 수사관의 증거 수집 및 분석 규정」(2015.7. 개정)

유현승("디지털 아카이브즈의 기록 콘텐츠 활용 방안 연구")이 제시한 기록 콘텐츠의 개념[60] 은 실시간적인 기록가치 및 미래의 가치에 관해 확장할 수 있는 논리적인 제시라는 측면에서 의미가 있다. 실시간 스트리밍 동영상의 분석이 가능하게 되어 현재진행형의 상황을 즉각 기록물로 분석-저장-활용 할 수 있게 됨. 이에 따라 동영상으로부터 빅데이터를 실시간으로 추출하게 되어 마케팅, 대상의 특정 패턴 파악, 안전관리, 행동연구 등에 다양하게 쓰일 수 있게 되었다.

전통적 기록물의 범주인 문서, 책자, 도화의 틀을 넘어, 이제는 시청각 기록(영상,음향, 사진)과 촉각적(3D 프린터 출력물) 기록물까지로 확장되었다.

매우 광범위하게 보급된 영상장치, 발달된 인식기능과 네트워크로 인해 개인 프라이버시의 침해 요소 역시 증가하고 있다. 특정 권력이나 기업, 집단이 수많은 개인 정보를 확보할 경우 또 다른 부작용을 야기 할 수 있다는 점을 유의해야 한다.

4) 결어

21세기의 디지털과 모바일 시대에는 기록과 정보의 생성과 보관에도 큰 변화가 이뤄지고 있다. 현대와 미래의 기록물은 물리적, 논리적 제한을 초월하고 있으며, 시간적인 지연에 관대하지 않다. 따라서, 신시대의 소통 언어인 시청각 영상(2D, 3D)이 소통과 기록의 영역에 널리 쓰이게 됨에 따라, 영상에 관한 이해와 활용이 더욱 요구되고 있다. 또한 실시간으로 대용량의 동영상 분석이 가능해 짐에 따라 빅데이터의 소재로서의 동영상의 가치 역시 증가되고 있다.

2016년 11월 2일 페이스북의 마크 저커버그 CEO는 "앞으로 5년 안에 동영상이 글과 사진을 뛰어넘어 온라인에서 가장 많이 소비되는 콘텐츠가 될 것이다" 라며, "페이스북과 인스타그램 등 자사 앱에서는 Video First 전략을 펼 것" 이라고 선언했다.[61]

인터넷과 모바일 기기를 통해 엄청나게 쏟아지고 소통되는 정보의 원천은 주로 고

---

60) 유현승, 디지털 아카이브즈의 기록 콘텐츠 활용 방안 연구, 한국외국어대학교 정보기록학과 석사논문. 2015

61) 출처 : Mark Zuckerberg talks up Facebook's 'video first' strategy, USA Today (2016.11.2.) http://www.usatoday.com/story/tech/news/2016/11/02/mark-zuckerberg-talks-facebook-video-first/93206596/

화질의 동영상과 사진이다. 비정형 데이터인 영상 속의 사물과 현상들을 인지하는 첫 번째 과정은 "광학적 눈"인 카메라이며, 카메라를 통해 입력된 형태를 컴퓨터가 인지하는 과정에서 인공지능이 활용된다. 즉, 이 시대는 라스코동굴이나 알타미라동굴의 벽화처럼, 눈에 직관적으로 보이는 형태를 기반으로 소통하며 정보를 파악하고 분석하는 시대로 회귀했다고 할 수 있다.

본 장을 통해 동영상의 생성부터 활용까지를 관통하는 기본적인 이해가 증진되고, 디지털 데이터의 특성과 확장성을 고려하여 다양하게 기능을 발휘하는 디지털영상에 관한 이해가 깊어지기를 기대한다.

참고문헌

고종국 외, 「영상빅데이터 분석기술 동향」-「전자통신동향분석」 제29권 제4호, ETRI, 2014. 8

고종석,박경석,배종열,박경, 「영상 빅데이터 분석기술동향」, 「전자통신동향분석」 제29권 제4호, ETRI, 2014.08

「기록매체 요건 및 관리기준」-「기록매체 유형」, 국가기록원, 2012

「기록관리업무 표준」-「기록매체 요건 및 관리기준(v2.0)」,국가기록원, 2012.12.28.

김성태.박창신.최홍규, 「빅데이터로서 뉴스콘텐츠 활용방안 연구」,지정주제 연구보고서2014-14, 한국언론재단, 2014.11

김태만.김창경.박노종.안승웅, 「쉽게 이해하는 중국문화」, 다락원, 2011.

「디지털 포렌식 수사관의 증거 수집 및 분석 규정」,대검찰청 예규 제805호 (2015.7. 개정)

민경구, 「Hadoop 기반 대용량 Data Mining System과 적용사례」, SK Planet 2102.11.

박대현,송동현, 「비정형 데이터 활성화의 정치경제문화적함의」, INTERNET & SECURITY FOCUS 2014.02.

양성은,최창열,최동규., 「하둡 기반 빅데이터 영상 처리를 통한 차량 이동경로 추적 시스템의 설계 및 구현」, 「Journal of Digital Contents Society」 Vol. 14 No 4 . 2013.12.

유현승, 「디지털 아카이브즈의 기록 콘텐츠 활용 방안 연구」, 한국외국어대학교 정보기록학과 석사논문. 2015

이정현, 「비정형데이터를 기반으로 한 빅데이터 시스템 기반 기술 및 적용사례」, 경희대학교 -「http://www.slideshare.net/fullscreen/opendori/ss-21769292」, 2014 「」

장주용,류문옥,박순찬, 「거리영상 기반 동작인식 기술동향」, 전자통신동향분석 제29권 제1호, ETRI, 2014년 2월

정용찬, 「빅데이터」, 나남 커뮤니케이션북스, 2013.

정치윤, 한종욱, 「지능형 영상분석 이벤트 탐지 기술동향」, 전자통신동향분석 제27권 제4호, ETRI, 2012년 8월

최석재, 「스트리밍 기술을 통한 실시간 데이터 분석 솔루션」-IBM Developer Works, 2012.

이정권, 「비정형 데이터 분석을 위한 하둡 기반의 분석 방법」-IBM Developer Works, 2012.

김도윤, 「대용량 데이터의초고속 분석 기술과 방법」-IBM Developer Works, 2012.

Paul Martin Lester저 금동호, 김성민 역, 「비주얼커뮤니케이션-메시지가 있는 이미지」, 나남출판,1996.

Walter Benjamin저 최성만 역, 「기술복제시대의 예술작품-사진의 작은 역사 외」, 도서출판 길, 2008

Jean Baudrillard저 하태환 역, 「Simulacre et Simulation」,민음사, 1992.

Goldman, N.; Bertone, P.; Chen, S.; Dessimoz, C.; Leproust, E. M.; Sipos, B.; Birney, E. (2013). "Towards practical, high-capacity, low-maintenance information storage in synthesized DNA". Nature vol. 494, 2013. (https://en.wikipedia.org/wiki/DNA_digital_data_storage)

Bailey, Douglass. Prehistoric Figurines: Representation and Corporeality in the Neolithic. Routledge Publishers. 2005

"Delaroche, Hippolyte". Encyclopædia Britannica. 7 (11th ed.). Cambridge University Press.

Wade, John . A Short History of the Camera. Watford: Fountain Press,1979

ENCYCLOPEDIA OF ART EDUCATION, http://www.visual-Arts-Cork.com, 2008

Otte & Co., Atomic Scale Data Storage, Kavli Institute of Nanotrchnology, Univ of Delft, Nature Nanotechnology, July 2016.

M.W. Gilbert,, University of Massachusetts Amherst Campus, Office of Information Technologies, 2003 (http://www.nature.com/nnano/journal/vaop/ncurrent/full/nnano.2016.131.html)

Grass, R. N.; Heckel, R.; Puddu, M.; Paunescu, D.; Stark, W. J. "Robust Chemical Preservation of Digital Information on DNA in Silica with Error-Correcting Codes". Angewandte Chemie International Edition 54, 2015

Nature Technology (http://www.nature.com/nnano/journal/vaop/ncurrent/full/nnano.2016.131.html), 2016.6. (델프트공과대학교 홈페이지 http://www.tudelft.nl/nl/actueel/laatste-nieuws/artikel/detail/kleinste-harddisk-ooit-schrijft-informatie-atoom-voor-atoom/)

JeongHeon Lee, Professor at KyungHee University / Dept.of Computer Engineering, 2013

Chunsheng (Victor) Fang, Ph.D.,https://blog.pivotal.io/data-science-pivotal/features/large-scale-video-analytics-on-hadoop, 2013.8

"Facebook creates software that matches faces almost as well as you do", Technology Review, Massachusetts Institute of Technology, March 17, 2014

SMPTE (Society of Motion Picture and Television Engineers)

the Guardian, Half of US adults are recorded in police facial recognition databases (2016.10.16.) https://www.theguardian.com/world/2016/oct/18/police-facial-recognition-database-surveillance-profiling

Bjorn Ommer, Theodor Mader, Joachim M. Buhmann, " Seeing the Objects Behind the Dots: Recognition in Videos from a Moving Camera", International Journal of Computer Vision, 2009.

<참고 인터넷 사이트>

에드워드 머이브리지가 얻은 연속 사진을 원판 위에서 돌려서 얻은 움직이는 사진(Motion Picture)과 초기 영화의 작품 : Birth of Motion Cinema <https://www.youtube.com/watch?v=R0jm6j3s_uE>

Lumiere의 초기 영화 작품들을 볼 수 있는 곳 https://www.youtube.com/watch?v=-JGugm8Dzmuc

에디슨의 초기 영화는 이곳에서 볼 수 있음. https://www.youtube.com/watch?v=W-

mZ4VPmhAkw
월드컵 축구 중계 주관사이트 HBS(Host Broadcasting Service) http://www.hbs.tv/missions
IOC의 올림픽 방송 주관 기관인 OBS(Olympic Broadcasting Service) https://www.obs.tv
저장장치 가격 추이 http://www.mkomo.com/cost-per-gigabyte-update, 2014
MS의 표정인식기술 https://www.microsoft.com/cognitive-services/en-us/emotion-api#detection
하둡 에코 시스템의 종류와 기능. 강성욱, Hadoop Echosystem, http://sqlmvp.tistory.com/751, 2015. 7.
Katherine Noyes, IDG News Service 2015.12-옮겨옴. http://www.itworld.co.kr/news/97026
조대협, 구글 데이타 스트리밍 데이타 분석 플랫폼 dataflow, 2016. (http://bcho.tistory.com/1123)
HyperFace Camouflage https://ahprojects.com/projects/hyperface/
Camouflage from face detection https://cvdazzle.com/
구글 번역 홈페이지 https://translate.google.com/?hl=ko&tab=TT&authuser=0
네이버 번역 홈페이지(http://translate.naver.com/#/en/ko)
MS 번역 홈페이지 https://translator.microsoft.com/
Systran demo 홈페이지 https://demo-pnmt.systran.net/production#/translation
KBS http://kbsarchive.com/
MBC www.mbcarchive.com
국가기록원 http://www.archives.go.kr/next/viewMain.do
KTV국민방송 (구 대한뉴스) http://www.ktv.go.kr/index.jsp
한국영상자료원 http://www.koreafilm.or.kr/
한국콘텐츠진흥원 http://www.kocca.kr
국방홍보원 http://www.dema.mil.kr/web/mov/library/list.do
INA France http://www.institut-national-audiovisuel.fr/
NHK Archives http://www.nhk.or.jp/archives/en/wwd.html

3-5. 디지털 아카이브즈

방재현

1. 디지털 아카이브와 정보기술

현재의 디지털 아카이브는 다양한 소장품이나 자료 등을 디지털 정보로 바꾸어서 보관하는데 그치지 않고, 자료 간의 관련성을 유지하고 맥락을 갖추어 향후 이러한 정보를 효율적으로 활용하고 체계화하는 과정을 말한다. 기존의 아날로그로 되어 있는 중요한 자료를 디지털로 변환하는 기술은 매우 다양하며, 이러한 변환기술이나 저장기술에 정보기술은 필수적으로 포함된다. 따라서, 현재의 디지털 아카이브에 적용되는 정보기술적인 측면을 살펴보고 단순한 저장에서 벗어나 활용과 적극적 이용을 위한 방법을 살펴보고자 한다.

최근 컴퓨터소프트웨어와 하드웨어 및 다양한 첨단 기술에 기반을 둔 디지털 기술의 발달로 융복합 트랜드와 가치창출에 대한 요구와 움직임이 활발하게 진행되고 있는 것도 사실이다. 특히 인터넷과 더불어 모바일 개인 단말기를 이용한 영향력이 급속히 증대되고 있으며, 이러한 개인에 대한 맞춤형 서비스 기술이 계속적으로 발전하고 있는 추세이다. 디지털 아카이브는 기록, 문화, 방송, 스포츠, 교육, 역사 등 사회 전반의 영역에서 이루어졌으며, 디지털 아카이브의 주체가 과거에는 공공, 기업, 자산을 소장하고 있는 단체, 방송사 등의 단체에서 현재는 개인 맞춤형 서비스로 확장되고 있다.

주목해야 할 점은 개방형 시스템화와 정보 공유의 의미가 더욱 강조되고 있으며, 하나의 정보원으로부터 다양한 정보화 기기로 서비스 할 수 있는 OSMU(One Source Multi Use)방식으로 변화되고 있다는 것이다. 이러한 디지털 기술에 기반을 둔 디지털 아카이브는 기존 전통적인 아카이브 과정을 변화시켰다. 디지털 아카이브의 가장 큰 장점은 시간적 공간적 제약에서 자유롭다는 점이었다. 하지만 모바일이 보편화 되고 개인적인 맞춤형 서비스 요구가 증대되는 시점에서 디지털 아카이브는 단순한 시간적 공간적 제약에서 벗어나 사용자의 관점에서 흥미를 유발하고 지속적인 서비스를 이용할 수 있도록 하는 것이 우선이다.

특히, 디지털 아카이브와 유사한 분야인 문화와 기술의 융합(CT)에서는 일찍이 기존의 문화 장르들을 해체하고 서로 융합해 새로운 장르(센서, 터치스크린 등 인터렉티브 기술, 홀로그램, 로봇, 무대 디자인 장치 등의 디지털 퍼포먼스)를 만들어 가고 있다. 이러한 사례로 보아 디지털 아카이브는 현재의 일방적인 정보전달의 역할에서 벗어나 디지털 콘텐츠와 사용자 간의 상호교감을 통해 새로운 가치를 만들어가는 방향으로 발전할 것이다.

1) 콘텐츠의 디지털화

기본적으로 디지털 아카이브는 콘텐츠를 생산하는 단계와 콘텐츠를 활용하는 단계로 크게 구분할 수 있다. 즉, 전형적인 콘텐츠 생산단계는 수집과 정제, 디지털 변환이라는 3단계로 구성할 수 있다. 디지털 아카이브에서 구성되는 자료의 형태는 모두 디지털이다. 이러한 디지털 자료는 디지털 기기에서 생산된 자료와 아날로그로 제작된 형태로 구분된다. 아날로그로 수집된 자료의 경우는 디지털로 변환해야 한다. 아날로그 자료의 형태는 크게 문서, 사진, 필름, 영상, 음성, 박물 등이 있다. 디지털로 변환하는 기기는 자료의 형태에 따라 적절한 장비를 사용하게 된다.

우선, 문서나 사진 등 2차원의 자료들은 우리가 흔히 알고 있는 스캐너를 이용한다. 자료를 디지털화 할 때 가장 많이 사용하는 기기로 평판스캐너, 문서스캐너(고속,양면)가 일반적이다. 두 번째로 VHS와 같은 비디오 테이프 또는 캠코더(8mm, 6mm) 등의 디지털 변환 방법으로는 컨버터라는 기기를 이용하는 방법과 VHS 데크와 같은 재생하는 성능이 좋은 전문적인 기기를 사용한다.

각 아날로그 자료를 디지털 자료로 변환하는 기기들은 매우 다양하며, 이러한 변환을 통해 디지털 아카이브 콘텐츠를 확보하게 된다. 최근 3D 스캔 기술의 발달로 박물류나 문화유산과 같은 형태의 자료도 3차원 정보로 변화할 수 있게 되었다. 디지털 아카이브가 2차원적인 자료에서 3차원 형태의 서비스를 지원하게 된 것이다. 다음은 이러한 3차원 데이터를 획득하는 장치인 3차원 스캐너의 한 종류이다.

3D 프린터 산업의 발달로 손쉬운 3차원 입체영상 데이터의 획득이 필요로 하게 되었으며, 가격경쟁력을 갖추고 작은 물체를 손쉽게 스캔할 수 있는 3D 스캐너가 속속들이 등장하고 있다. 이렇듯 아날로그 형태의 자료를 디지털 자료로 변환하기 위한 기기들은 매우 다양하다.

2) 디지털 아카이브의 정보기술 분야

디지털 아카이브는 시간적/공간적 제약을 받지 않는 고유한 특성을 가지고 있다. 이러한 특성은 정보기술의 발달로 손쉽게 아카이브의 콘텐츠를 소비할 수 있도록 해주는 매우 중요한 요소 중 하나이다. 디지털 아카이브를 위한 정보기술분야는 <표 1>과 같이 크게 5가지 분야로 구분할 수 있다.

대부분의 디지털 아카이브는 사진, 동영상, 이미지와 같은 멀티미디어 콘텐츠를 웹사이트에서 자유롭게 구현할 수 있고, 인터넷으로 연결된 네트워크를 통해 언제 어디서나 콘텐츠에 접근하여 사용할 수 있는 특징을 가지고 있어 웹 기술이 필수적이다. 또한 웹 기술은 인터넷 사이트 상에 가상의 박물관, 미술관을 만들거나, 공공문화유산을 데이터베이스화해 웹사이트 상에서 기록관을 만드는 데도 이용된다.

기록관리분야에서 활발하지는 않지만 박물관이나 미술관에서는 전시를 하는데 최신 정보기술을 적극 활용하는 추세이다. 박물관/미술관 전시에 최신 정보기술을 적용한 사례로는 박물관과 미술관 관람 시 스마트폰 애플리케이션을 통해 전시 작품에 대한 정보를 제공받거나 증강현실(AR)기술을 이용해 스마트폰 화면에만 나타나는 CG를 감상하도록 하는 다양한 시도가 이루어지고 있다. <그림 1>은 런던의 스트리트 뮤지엄(Street museum)이라는 이름의 애플리케이션을 개발해 관광객이나 시민들에게 런던의 주요 장소에 역사적인 사진을 중첩해 보여주고 있다.

<표 1> 디지털 아카이브를 위한 정보기술 분야

대분류	기술 활용 목적	세부 기술	활용 사례
웹 기술	웹 아카이브즈를 구축하거나 웹을 통해 사이버 전시, 작품과의 인터렉션을 구현할 때 이용	- HTML, CSS, XML - ASP, Java - Web API	- 가상 박물관을 웹사이트 형태로 구축 - 웹사이트에서 예술 작품/공연에 대한 정보를 제공
네트워크 기술	인터넷이나 P2P, 기계간 (M2M)통신과 커뮤니케이션을 가능하게 하는 기술	- 서버/클라이언트 기술 - 유/무선/모바일 네트워크 기술	- 초고속 네트워크를 통해 해외에서 실연되고 있는 공연을 실시간으로 중계 - 스마트폰 등 모바일 네트워크로 관객의 SNS나 애플리케이션 데이터를 받아 미디어 아트 작품 인터렉션에 활용
인터렉션 기술	작품이나 공연이 관객이나 관람자와의 인터렉션을 형성할 때 필요한 기술	- 인터렉티브 미디어 프로그래밍 - 터치 스크린 - 동작 인식 - 증강 현실	- 디지털 예술 작품과 관객의 실시간 상호작용을 위해 Processing, Max/MSP 등의 인터렉티브 미디어 프로그래밍 언어 사용 - 터치 스크린이나 종작 인식 센서로 관객의 피드백 반영
CG 기술	컴퓨터 그래픽으로 만들어지는 가상의 이미지, 동영상을 기록 콘텐츠에 활용	- 3D CG - 홀로그램 - 퍼포먼스(동작) 캡쳐	- 각종 디지털 아트에서 CG 기술로 이미지와 영상 구현 - 공연에서의 홀로그램 사용 - 공공문화재의 GC 구현
데이터 처리 기술	디지털 아카이브에 콘텐츠를 구성하고 관리하기 위해 데이터를 처리하고 관리하기 위한 필수적인 기술	- 데이터마이닝 - 텍스트마이닝 - 머신러닝 - 인공지능	- 디지털 아카이브의 수집되는 자료를 효율적으로 분류하기 위한 분류기술에 적용 - 각종 이미지 데이터의 메타데이터를 추출하기 위한 딥러닝 기술을 적용(구글 포토)

<그림 1> 증강현실을 이용한 기록 콘텐츠 활용 사례-런던 스트리트 뮤지엄

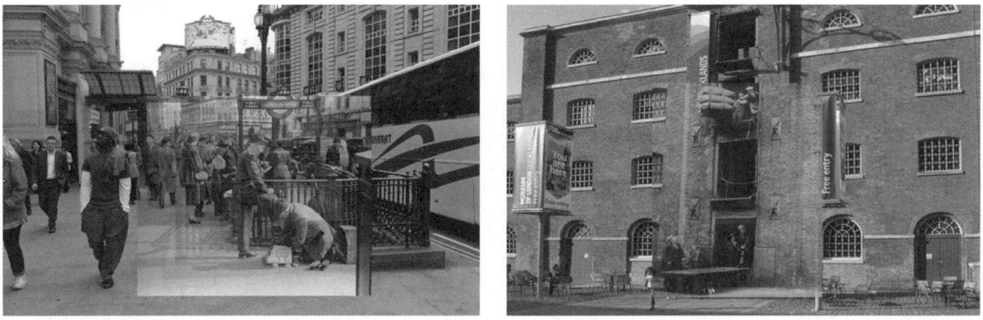

아카이브와 정보기술의 융합은 학제간 경계를 넘어 수집과 관리를 포함하여 활용적인 부분에도 적용된다. 디지털 아카이브 활용을 위해 중요한 요소는 크게 세 가지를 들 수 있다. 먼저 메타데이터의 표준화 이슈가 있다. 디지털 아카이브 시스템에 저장된 정보를 효과적으로 관리하기 위해서는 자료의 효과적인 발견, 사용, 운용을 가능하게 하는 구조화된 정보인 메타데이터의 활용이 필수인데 시스템마다 메타데이터 양식이 상이할 경우 자료이동, 연계 서비스 등이 불가능해지는 등 운용상의 비효율을 초래하게 된다. 두 번째로 아날로그 자료의 디지털화에 따른 저작권 문제이다. 디지털 콘텐츠는 재생산에 따른 비용이 거의 0에 가깝기 때문에 무제한적인 복제 및 배포가 가능하다. 따라서 디지털 아카이브 시스템 구축을 위해 아날로그 자료를 디지털로 변환할 경우 불법 복제 이슈가 필연적으로 등장할 수 밖에 없다. 마지막으로 클라우드 컴퓨팅의 활용에 따른 디지털 아카이빙의 확신이다. 대규모 조직의 경우 스스로 데이터베이스를 관리할 예산 및 인력을 보유하고 있지만 그렇지 않은 조직의 경우 디지털 아카이브 구축에 어려움이 존재해, 적은 컴퓨팅 자원으로 디지털 아카이브 구축을 가능하게 하는 클라우드 컴퓨팅에 주목하고 있다는 것이다. [한국콘텐츠진흥원, 2013 창조산업과 콘텐츠, 7월호]

최근에는 인공지능 기술의 발달로 디지털 아카이브에 적용하고자 하는 다양한 시도가 이루어지고 있다. 디지털 아카이브는 웹 기술로만 구현되는 것은 아니다. 웹은 단순한 아카이브를 표현하는 도구이며 이러한 도구는 해당 아카이브나 기록 콘텐츠의 특성에 부합하는 다양한 정보기술로 표현하는 것이 전달력을 극대화 하는 방법인 것이다. 예를 들어 2016년 인공지능이 전 세계적인 이슈가 되었으며, 일본에서는 일본 작가 나쓰메 소세키를 로봇으로 부활하고자 안드로이드 로봇을 제작하고 있다. '나는 고양이로소이다'로 유명한 일본 작가 나쓰메 소세키의 말년 모습을 안드로이드 로봇으로 제작하고 있다. 소세키의 표정이나 음성을 재현해 중·고·대학에서 소설 낭독과 강연을 하기 위한 프로그램을 탑재하고 인공지능(AI)를 이용해 간단한 회화가 가능하도록 할 계획이라고 한다. 오사카대 이시구로 히로시 교수는 "소세키의 진실한 모습을 재현하는 것이 목적이 아니라 현대인이 안드로이드를 통해 소세키 상(像)을 만들어가는 것이 매우 재미있다"고 말했다. 이시구로 교수는 "로봇공학이 문학에 새로운 연구 방법을 제공하는 것"이라고 말했다. [조규남, 2016년 6월 8일자 로봇신문사 기사 중 발췌] 이시구로 교수는 안드로이드가 컴퓨터 기술을 활용해 문화를 후세에 전하는 '디지털 아카이브'라고 규정하고 "안드로이드는 그 사람의 존재감을 전하는데 최적의 미디어"라고 강조하기도 했다.

이와 같이 정보기술의 발달로 기존의 제한적인 디지털 아카이브의 표현방식이 점차 다양화 되고 있으며, 표현방식 및 도구로써의 정보기술이 아닌 디지털 아카이브를 관리하고 운영하는데도 적용하는 연구가 이루어지고 있다.

2. 디지털 아카이브와 인공지능

현대 사회는 각종 디지털 기기와 시스템으로부터 수많은 데이터를 생산하고 있다. 이러한 다양한 종류의 데이터를 단순히 저장하는 것이 아닌 유용한 정보를 추출하여 실생활이나 업무에 활용하고자 하는 요구가 증대하였고, 이러한 빅데이터에 기반한 데이터 분석 및 예측분석의 필요성은 기계학습(Machine Learning) 기술이 재조명되는 계기가 되었다. 현재의 디지털 아카이브도 대규모의 데이터를 보관하고 운영하고 있으며, 이러한 데이터는 인간의 처리한계를 벗어난 경우가 많다. 따라서, 이번 절에서는 인공지능 기술의 현황에 대해 살펴보고 디지털 아카이브에 적용가능한 요소기술 및 기능에 대해 알아본다.

1) 인공지능 기술의 현재

최근 구글 알파고와 이세돌 프로기사의 대국으로 전 세계적으로 인공지능의 열풍이 몰아치고 있다. 다양한 산업분야에서 인공지능 기술을 융합하고자 하는 움직임이 활발해 지고 있으며, 해당 서비스와 산업에 적용된 사례들이 보고되고 있다. 이러한 인공지능 기술은 컴퓨팅 파워에 대한 가격이 낮아지고 기계학습(Machine Learning)과 딥러닝(Deep Learning)기술에서 새로운 해결 방안들이 제시되는 알고리즘의 개선으로 탄력을 받게 되었다. 가장 중요한 것은 클라우드 컴퓨팅과 빅데이터로 표현되는 수많은 데이터의 생산이다. 이는 인공지능 기술의 핵심인 학습에 매우 유용한 데이터를 제공하고 있으며 빠르게 성능 개선이 이루어지고 있다.

인공지능의 역사는 우리가 생각하는 것보다 오래되었다. 1950년 앨런 튜링이 '기계가 생각할 수 있는가?'라는 도발적 질문을 던진 '컴퓨팅 기계와 지능' 논문은 이후 지능을 갖는 기계에 대한 기초적 사유를 제시했다고 할 수 있다. 1956년 존 매카시, 마빈 민스키, 나다니엘 로체스터, 클로드 샤논 같은 당시 최고의 정보 과학자들이 다트머스 대학에 모여 '인공지능'이라는 분야를 창시한 이후 수많은 도전과 좌절을 겪은 분야이기도 하다. 문제를 너무 쉽게 생각했다는 현실에 부딪치면서 이후 1980년까지 첫 번째 인공 지능의 겨울을 지나 1990년대 초까지 제2의 인공 지능의 겨울을 맞이하게 된다. 하지만 딥러닝 알고리즘이 현실화 되고 다양한 분야에서 연구성과가 나타나면서 인공지능은 새로운 시대를 맞이하게 된다. 2000년대를 넘어서면서 인공지능 기술의 새로운 가능성을 인식한 구글, 페이스북, 마이크로소프트, 아마존, IBM 등이 적극저 인재영입과 기술개발에 적극 투자하면서 제4차 산업혁명의 중심에 서게 된다. 가트너와 IDC에서는 2013년 IT 기술의 메가트랜드 중의 하나로 빅데이터 기반의 인공지능기술을 선정하였으며, MIT에서는 추론과 학습 및 의사소통이 가능한 인공지능 기술(Deep Learning)을 2013년 10대 돌파형 기술로 선정하였다. 우리에게 잘 알려진 구글의 알파고는 구글이 4억달러(약 4,300억원)에 인수한 전자 상거래, 게임 등에 대한 예측 모델을 개발하는 2012년에 설립된 딥마인드라는 회사의 기술이다. 세계적인 거대 IT기업들이 인공지능 분야의 기술을 가진 회사를 적극적으로 사들이기 시작하였고 인재영입 또한 발빠르게 움직이고 있다.

구글은 2013년 3월에 토론토 대학의 제프리 힌튼 교수를 영입했다. 이를 위해 힌튼 교수의 회사 DNN리서치를 인수했으며, 토론토 대학의 다른 연구가들도 같이 끌어들였다. 페이스북 역시 인공지능과 딥러닝에 대한 본격적인 투자를 시작했다. 2013년 12월 뉴욕대학의 얀 르쿤 교수를 영입해서 새로 만든 인공지능 랩을 끌고 나가도록 했다.

마이크로소프트 역시 다양한 내부 프로젝트와 서비스를 통해 인공지능 기술을 선보이고 있다. 이미지 내의 물체 인식을 하는 아담 프로젝트, 음성 인식의 코타나, 스카이프에서 선보인 동시통역 기술 등이 대표적이며 마이크로소프트 리서치를 끌고 가는 에릭 호르비츠가 대표적인 인물이다. 구글, 페이스북, 마이크로소프트, IBM, 아마존, 세일즈포스 등 주요 기업은 이미 인공지능 기술을 통해 자사의 서비스를 한 단계 향상하거나, 이를 기반으로 하는 새로운 영역을 개척하고 있다. 특히 빅데이터 시대에 인공지능 기술은 서로 상호보완적인 역할을 할 것으로 기대되고 있으며, 인공지능 기술에는 자동제어, 기계학습, 시멘틱웹 등 데이터 분석에 적용할 수 있는 다양한 기술 분야가 존재한다. 디지털 아카이브 분야에서도 인간의 관리범위를 벗어나고 있는 전자기록을 수집하고 관리하는데 있어 점차적으로 인공지능 기술을 접목하고자 하는 시도가 이루어 질 것으로 전망된다. 인공지능은 컴퓨터에 인간과 같은 지능을 실현하기 위한 시도 및 일련의 기술을 의미한다. 그 동안 현실성이 떨어지는 기술로 간주되었던 인공지능 기술이 빅데이터로 인해 그 가능성이 재조명되고 있는 실정이다. 인공지능의 분석과 예측기술은 빅데이터의 신뢰성 및 현실성과 융합되면서 커다란 시너지를 발생시키고 있는 것이다. 인공지능 분야는 매우 광범위하며, 데이터 분석 및 처리를 위한 핵심기술로 디지털 아카이브에서 관리하고 있는 데이터에 다양한 기계학습 관련 기법들을 적용함으로써 그 잠재력을 최대로 끌어올릴 수 있을 것이다. 인공지능의 주요 기술분야는 <표2>와 같다.

현재는 이러한 인공지능의 핵심인 기계학습 알고리즘의 개선과 기법의 개발로 다양한 서비스 분야에서 이용되고 있다. 주로 이미지 처리 분야에서 활발하게 이루어지고 있으며, 몇 가지 적용 사례를 살펴보았다.

첫 번째로 기계학습을 기반으로 하는 이미지 태깅(image tagging)과 분류 API를 제공하는 이미지 인식 서비스 업체인 Imagga이다.

사용자가 업로드 하거나 웹에 있는 이미지의 주소를 지정해 주면 Tagging API가

<표 2> 인공지능 주요 기술분야 - 한국정보화진흥원(2012.07)

관련기술분야	주요 내용
자동제어	- 제어 대상에 미리 설정한 목표 값과 검출된 Feedback 신호를 비교하여 그 오차를 자동적으로 조정하는 제어
로보틱스 인지로봇공학	- 로봇에 관한 과학이자 기술학으로 로봇의 설계, 제조, 응용분야를 다룸 - 제한된 계산자원을 사용해 복잡한 환경의 복잡한 목표를 달성하도록 하는 인식능력을 로봇에게 부여
컴퓨터비전	- 로봇의 눈을 만드는 연구분야로 컴퓨터가 실세계 정보를 취득하는 모든 과정을 다룸
기계학습	- 새로운 정보를 학습, 습득한 정보를 효율적으로 사용할 수 있는 능력과 결부시키는 방법 - 작업을 반복적으로 수행함으로써 결과를 얻어내는 기술의 개선 과정
자동추론	- 계산기 과학의 한 분야로 추론의 다양한 측면을 이해함으로써 컴퓨터에 의한 완전한 자동추론을 가능하게 하는 소프트웨어 개발을 목표로 함
데이터마이닝	- 많은 데이터 가운데 숨겨져 있는 유용한 상관관계를 발견하여, 미래에 실행 가능한 정보를 추출해 내고 의사 결정에 이용하는 과정
지능엔진	- 인공지능적 기능을 가진 소프트웨어 엔진 - 사용자를 보조하고 반복된 컴퓨터 관련 업무를 인간을 대신하여 실행하는 엔진
시멘틱웹	- 컴퓨터가 정보자원의 뜻을 이해, 논리적 추론까지 할 수 있는 차세대 지능형 웹

해당 이미지에 여러 개의 태그를 추천하게 되고 사용자는 이 중 선택하게 되는 방식이다. 태깅이 마무리 된 이미지들은 자동분류 API에서 태그를 분석하고 이미지가 소속될 수 있는 카테고리들을 모두 추천해 주는 서비스로 이미지 자동 분류 서비스라고 할 수 있다.

두 번째로는 구글 포토(Google Photos) 서비스이다. 구글 포토 서비스는 날짜와 시간, 위치정보, 얼굴인식 등을 이용해 같은 장소나 시간대 혹은 동일인물이 찍힌 사진들을 자동으로 분류해주는 기능으로 구성되어 있다.

사진이 자동으로 서비스에 등록되도록 설정하기만 하면 그냥 찍기만 해도 구글포토에서 자동으로 백업 및 분류되는 서비스이다. 장소, 시간, 인물 등을 인식하고 자동으로 스토리가 있는 앨범으로 제작해 주거나 수정이 필요한 사진들은 자동으로 보정해 주기도 한다. 세 번째는 페이스북 모멘츠(Facebook-Moments Service)라는 서비스이다. 이 서비스 역시 구글 포토와 마찬가지로 시간, 장소, 얼굴인식 기능이 가능하며, 위치부터 안면 인식까지 다양한 요소를 활용해 같은 장소나 같은 시기에 찍은 사진을 정리해주고, 공유할 친구를 제안하며, 뮤직 비디오와 같은 콘텐츠를 제작할 수 있다. 위에서 살펴본 이미지 처리 기반의 서비스는 모두 기계학습 기술이 적용되었다. 그렇다면 디지털 아카이브에서는 앞에서 언급한 바와 같이 매우 다양한 형태의 디지털 자료를 수집하고 관리하고 있다. 인공지능의 핵심 기술인 기계학습을 적용할 경우 효율적인 콘텐츠의 관리는 물론 수집과 분류에 획기적인 전환이 이루어 질 것이다.

2) 인공지능 기술을 통한 디지털 아카이브즈

디지털 아카이브즈는 아카이브의 목표와 활용분야에 따라 매우 다양하게 존재한다. 일반적으로 국내에서 디지털 아카이브는 기록, 문화, 예술 등의 분야에서 연구와 서비스가 이루어지고 있는 실정이다. 디지털 아카이브가 디지털 정보를 기반으로 운영된다는 점을 감안할 때 그 확장성은 매우 크다. 공공 아카이브 외에도 개인 아카이브 서비스는 국내보다는 해외에서 좀 더 활발한 실정이다. 인공지능 기술의 적용가능성은 이미 앞에서 언급한 바와 같이 일부분에 국한되지는 않는다. 예를 들어 가계도를 만들기 위한 서비스를 제공하는 엔세스트리(Ancestry)는 역사기록, 출생기록, 사망기록, 전쟁 및 이민기록, 심지어 연감에 이르기까지 110억 개 이상의 기록과 4페타바이트(PB)의 콘텐츠를 유지하고 있으며, 이러한 규모의 정보를 처리하고 서비스하기 위해 기계학습 기술을 도입했다. 사용자에게 선택되거나 선택되지 못하는 과정으로부터 알고리즘의 지속적인 개선이 이루어지고 고객이 연계고리를 찾는 데 도움을 주기 위해 DNA 처리 기능을 추가하여 이로써 새로운 데이터 스트림도 생성하게 된다. 약간의 타액만 있으면 고객의 DNA를 추출해 데이터베이스에 포함된 먼 친척과 같은 사람들을 검색할 수 있는 것이다.

다시 말해 인공지능 기술은 향후 디지털 아카이브를 운영하고 구축하는데 중요한 플랫폼으로 자리할 것이며, 페타바이트(PB)단위에서 운영되는 디지털 아카이브 내의 데이터를 수집하고 분류하고 운영하는데 필수적인 기술로 인식될 것이다. 또한, 현재의 디지털 아카이브 사용자들은 원하는 정보를 손쉽게 접근할 수 있고 단순한 검색에서 벗어나 데이터의 재가공을 통한 새로운 콘텐츠를 제공받는 요구가 증가할 것으로 예상된다.

3. 인공지능 기술을 통한 보존과 활용

현재의 디지털 아카이브는 수집과 보존에 치중되어 왔다. 이는 새로운 콘텐츠와 데이터 홍수에서 원하는 데이터를 신속하게 검색하고자 하는 사용자들의 욕구를 충족하지 못한다. 따라서 사용자의 패턴을 분석하고 특성에 맞는 콘텐츠를 제공하는 기술이 필요한 시대다. 인공지능 기술은 아직은 많은 오류가 존재하고 개선할 점도 많지만 빅데이터와 결합하여 높은 시너지효과를 발휘하고 있으며, 디지털 아카이브에서도 적극 도입을 검토하고 있다. 기존에 인간에 의해 수집되고 분류되고 관리되었던 아카이브의 모형은 현재에는 부적합하다는 인식에서 국 내에서도 문화유산의 원천정보에 적합한 기록관리도구의 개발에서 지능형 아카이브시스템 개발을 위한 정보화전략계획이 수립되고 있다. 문화유산 원천정보 아카이브 구축 기본계획 바탕에 딥러닝 알고리즘, IBM 왓슨(Contencts analytics)과 기록관리도구들의 종합적 기능을 부여하는 아카이브 시스템 통합 구축을 추진하고 있다.

인공지능 기술이 인간을 대신해 모든 것을 해결해 주지는 않는다. 하지만 대량으로 생산되는 데이터와 이러한 데이터를 관리하는 어려움으로부터 좀 더 효율적인 협력방안을 찾을 수 있을 것이라 기대한다.

찾아보기

번호

A

D

F

H

I

L

M

O

P

R

S

ㅇ

ㅈ

ㅊ

ㅋ

ㅌ

ㅍ

아카이브
콘텐츠 아카이빙

초 판 1쇄 발행 2017년 8월 30일
개정판 1쇄 발행 2019년 3월 4일
개정판 2쇄 발행 2021년 8월 25일

지은이 노명환 · 조민지 · 김명훈 · 김덕묵 · 이정연
배은경 · 김태현 · 최정은 · 문정현 · 한상진
김택헌 · 송주형 · 양성호 · 방재현 · 홍원기
최동운 · 원종관
발행인 윤성우 Director, University Knowledge Press
편집장 신선호 Executive Knowledge Contents Creator
도서편집 이근영 Contents Creator
장혜정 Contents Creator
재무관리 조아라 Managing Creator
정윤경 Managing Creator
전자책 · 사전 장지혜 Contents Creator
발행처 한국외국어대학교 지식출판콘텐츠원
02450 서울특별시 동대문구 이문로 107
전화 02)2173-2493~7
팩스 02)2173-3363
홈페이지 http://press.hufs.ac.kr
전자우편 press@hufs.ac.kr
출판등록 제6-6호(1969. 4. 30)
디자인 · 편집 (주)이환디앤비 02)2254-4301
인쇄 · 제본 (주)케이랩 053)583-6885

ISBN 979-11-5901-221-1 13300 정가 22,000원

*잘못된 책은 교환하여 드립니다.

HUINE은 한국외국어대학교 지식출판콘텐츠원의 어학도서, 사회과학도서, 지역학 도서 Sub Brand이다. 한국외대의 영문명인 HUFS, 현명한 국제전문가 양성(International +Intelligent)의 의미를 담고 있으며, 휴인(携引)의 뜻인 '이끌다, 끌고 나가다'라는 의미처럼 출판계를 이끄는 리더로서, 혁신의 이미지를 담고 있다.